Carien Karsten

Welcher Stresstyp bin ich?

Carien Karsten

Welcher Stresstyp bin ich?
Stress gezielt bewältigen

Aus dem Niederländischen
von Waltraud Heitzer-Gores

KREUZ

Die niederländische Originalausgabe ist erschienen unter dem Titel
»Daar ga ik weer!« im Verlag Kosmos Uitgevers B.V., Utrecht/Antwerpen.
© Kosmos Uitgevers, part of VBK/media B.V., Utrecht, The Netherlands.

MIX
Papier aus verantwor-
tungsvollen Quellen
FSC
www.fsc.org   FSC® C106847

© Kreuz Verlag
in der Verlag Herder GmbH, Freiburg im Breisgau 2013
Alle Rechte vorbehalten
www.kreuz-verlag.de

Umschlaggestaltung: Vogelsang Design
Umschlagmotiv: © istockphoto.com – pidjoe
Autorenfoto: © privat

Satz: de·te·pe, Aalen
Herstellung: fgb · freiburger graphische betriebe
www.fgb.de

Printed in Germany

ISBN 978-3-451-61227-5

Inhalt

DAS ANTI-STRESS-PROGRAMM
FÜR DEN HOCHSENSIBLEN TYP

Vorwort

»Das ist ja prima«, beglückwünsche ich Robert, »Sie haben es geschafft: Eine Woche lang keinen Sport. Gratuliere.« Vor zehn Jahren hätte ich noch völlig anders reagiert. Die richtigen Körper-Übungen, ausreichend Bewegung und eine geeignete Diät galten allgemein als probate Gegenmittel bei Stress- und Burnout-Beschwerden.

Bei vielen Menschen funktioniert das auch tatsächlich so. Erst kürzlich erlebte ich, wie ein tonangebender Grafikdesigner wieder Boden unter die Füße bekam, nachdem er gelernt hatte, *Spinning* und andere sportliche Aktivitäten fest in sein Leben zu integrieren. Natürlich spielen immer auch andere Aspekte eine Rolle, wie zum Beispiel weniger von sich selbst zu fordern, klare Entscheidungen zu treffen und sich auf die Dinge zu fokussieren, die wirklich wichtig sind, Dinge, die man auf dem Sterbebett nicht bereuen würde.

Ich habe eine Fachärztin zehn Jahre lang in dem Prozess, ihre Burnout-Beschwerden in den Griff zu bekommen, begleitet. Es ist nicht so, dass sie sich verweigert oder in der Opferrolle festgebissen hätte. Sie hat einfach nicht genügend Stresshormone Adrenalin und Cortisol produziert. Es gab einzelne Situationen, in denen die Hormonausschüttung funktionierte, nämlich einmal bei einer Notsituation unterwegs (Adrenalin) und bei einem Urlaub in Südfrankreich, den sie ausschließlich mit Zeichnen verbrachte (Cortisol). Offenbar gelang es damals, die Stresshormone ins Gleichgewicht zu bringen. Andere Wege, zum Beispiel die Einnahme von Antidepressiva, versagten. Sie haben ihr nur einige zusätzliche Kilos auf der Waage eingebracht.

Aufgrund dieser Erfahrungen und einiger anderer Fälle in

meiner Praxis fing ich an, zwischen einem Burnout-Typ 1 und einem Burnout-Typ 2 zu unterscheiden. Bei Typ 1 wurde das Stresshormon Cortisol noch ausreichend produziert, während bei Typ 2 die Produktion erlahmt oder erschöpft war. Natürlich war die Substanz noch vorhanden, aber nicht in der Menge, die für einen ganzen und vor allem für einen guten Tag gebraucht wird.

Im Januar 2010 hielt ich das Buch »*So stressed*« der amerikanischen Gynäkologinnen Stephanie McClellan und Beth Hamilton in Händen. Schon wieder ein Buch über Stress, dachte ich, ob es etwas Neues zu bieten hat? Studien über die Wirkung von Stresshormonen haben bislang eigentlich eher enttäuscht. Durch den Tag- und Nachtrhythmus von beispielsweise Cortisol konnte nur wenig Erhellendes über das Stressniveau herausgefunden werden; eine objektive Maßeinheit für Stress erwies sich als Illusion. Zwischen dem, was Menschen subjektiv an Stress erleben und berichten, und einem objektiven Maß für das Stressniveau im Körper gab es wenig Übereinstimmung. Sollten nun also diese beiden Frauen etwas Neues entdeckt haben?

McClellan und Hamilton haben nach den Terroranschlägen des 11. Septembers viele Frauen mit Stresssymptomen getroffen und daraufhin alles gelesen, was zu diesem Thema veröffentlicht worden war. Sie befragten einen Spezialisten für Neuromuster und kamen am Ende zu einer Einteilung in vier Stresstypen auf der Basis der Stresshormone und des sympathischen und parasympathischen Teils des vegetativen Nervensystems. Der sympathische Teil ist vergleichbar mit dem Gaspedal im Auto, der parasympathische mit der Bremse. Die Bremse sorgt dafür, dass wir uns nach einer Anspannung wieder erholen.

Interessant fand ich, dass für jeden Stresstyp eine andere Behandlung empfohlen wurde. Der eine Typ sollte viel Sport treiben, der andere nicht. Der eine sollte Kaffee trinken, der andere nicht. Als Coach oder Therapeutin sollte man den einen Typ eher verlangsamen und den anderen eher stimulieren. So war es zum Beispiel für Robert K. nicht sinnvoll, so viel Sport zu treiben, wie er es bisher getan hatte.

Das Buch von McClellan und Hamilton inspirierte mich dazu, eigene Untersuchungen über die einzelnen Stresstypen zu betreiben, sowohl bei meinen Klientinnen und Klienten als auch im Internet. Die Einteilung in die verschiedenen Typen habe ich in Workshops ausprobiert. Meine Forschungsfragen lauteten: Kann man Menschen in Stresstypen einteilen und wenn ja, wie sieht die Verteilung aus? Wie finden die einzelnen Stresstypen ein berufliches Umfeld, das zu ihnen passt? Und: Wie können die Stresstypen in ihrer (privaten) Beziehung glücklicher werden?

In diesem Buch beziehe ich mich auf McClellan und Hamilton, ich verwende ihre Einteilung in vier Typen, nenne sie aber anders und gestalte die Typisierungen psychologischer. Einige Dinge habe ich übernommen, wie die physiologischen Hintergründe der Typen, die Ernährungstabellen und die Vitamin-Empfehlungen. Die Fallbeispiele stammen in den meisten Fällen aus meiner Praxis, sind aber immer etwas abgewandelt. Bei den meisten Beschreibungen sind die Besonderheiten mehrerer Menschen zusammengefasst.

Für die Bestimmung der Stresstypen habe ich einen Fragebogen entwickelt, der anhand eines einfachen Punktesystems ausgewertet werden kann.

Den großen Stresstypen-Test, bei dem Sie Ihre individuelle Stressreaktion bestimmen können, finden Sie auf S. 75. Im Anschluss finden sich viele praktische Tipps für die unterschiedlichen Stresstypen.

Dieses Buch ist nicht nur für Menschen geeignet, die Gefahr laufen, auszubrennen. Es ist breiter angelegt: Es handelt davon, wie man im Leben mit den Dingen, mit denen man konfrontiert wird, umgeht, welche typische Reaktion man zeigt: kämpfen, fliehen oder erstarren. In unserer Gesellschaft, in der ein allgegenwärtiger »Wohlstandswind« weht, wird man trotzdem immer wieder mit den eigenen Begrenzungen konfrontiert. Über viele Generationen hinweg wurde uns immer wieder gesagt, dass wir alles erreichen können, wenn wir es nur wollen. Dass das ein Märchen ist, entdeckt jeder Mensch irgendwann, und diese Entdeckung ruft oft Schamgefühle hervor (»Du bist genauso ein Loser wie alle anderen«) und Schuldgefühle (»Du hättest es retten können, wenn du dich noch ein wenig mehr angestrengt hättest«). Wir führen unser Scheitern auf uns selbst zurück. Oder auf den Rest der Welt.

Für Robert und alle anderen, die lange brauchen, um sich zu erholen und zu regenerieren, will dieses Buch ein Mutmacher sein. Sie werden es schaffen, aber sie brauchen eben etwas anderes als der umtriebige, multitaskingfähige Leistungsträger, der nach einem Burnout bald wieder voll einsetzbar sein will.

Respektieren Sie die Unterschiede und finden Sie für jeden Stresstyp die passende Behandlung, das ist meine Botschaft an meine Coaching- und Beraterkollegen. Es verhindert unnötiges Leid und Versagensgefühle bei den Menschen, deren Weg anders verläuft, als wir es gerne hätten.

Carien Karsten

1. Stress – ein Phänomen mit vielen Gesichtern

Lange hat man gedacht, dass sich Stress bei jedem Menschen auf dieselbe Art auswirkt. Neue Forschungen zeigen, dass das so nicht stimmt. Wir erleben Stress individuell verschieden. Stress aktiviert zwei Systeme im Körper, die auch dafür zuständig sind, dass wir nach einem bedrohlichen Ereignis unser Gleichgewicht wiederfinden. Stress ist nützlich: Wir können unsere Leistung steigern, über uns selbst hinauswachsen und so etwas wie ein *Flow*-Gefühl erleben.

Die unterschiedlichen Stresserfahrungen lassen sich – grob zusammengefasst – in vier Grundmuster unterteilen. Demnach gibt es Menschen, die bei Stress noch mehr Einsatz zeigen und das Tempo erhöhen. Andere strotzen vor Energie und machen immer weiter, bis … der Motor streikt. Wieder andere geraten wegen Kleinigkeiten in Panik und überreagieren auf Bagatellen. Und es gibt Menschen, die sich – wie Einsiedler – zurückziehen, um sich vor Stress zu schützen. Solche Menschen sind zwar unabhängig, aber manchmal zu wenig produktiv.

In diesem Buch werden die vier Grundmuster der Stressreaktion ausführlich besprochen. Vielleicht erkennen Sie dabei Ihre typische Verhaltensweise. Dann könnten die dazugehörigen Tipps und Empfehlungen, wie man die jeweiligen Fallstricke umgeht, hilfreich für Sie sein.

Stress wird in diesem Buch nicht als etwas Negatives betrachtet. Auch das Wort Stresstyp ist als neutrales Wort zu verstehen, das dazu dient, die vier Reaktionsmuster zu beschreiben. Stress gehört zum Leben dazu, jeder Mensch kommt mit Stress in Berührung. Überspitzt gesagt: Ohne Stress kein Leben. Wer allerdings seinen persönlichen Stresstyp genau kennt, ist besser dafür gewappnet, Arbeit und Leben auf das eigene Energieniveau abzustimmen. Damit wird die Work-Life-Balance gestärkt.

Juliane rennt

Wieso Prioritäten setzen? Sie kriegen doch immer alles hin! Sie strotzen nur so vor Energie? Sie kennen weder Grenzen noch Probleme, sondern nur Herausforderungen und Lösungen? Bis Sie vor eine unmögliche Wahl gestellt werden …

Juliane ist 26 Jahre alt. Sie ist als Trainee in einem Beratungs- und Trainingsbüro angestellt. Ihr Soziologiestudium hat sie *cum laude* abgeschlossen. Juliane ist aufgeweckt, klagt nie über zu viel Arbeit. Sie liefert Topqualität und hat so viel Energie, dass sie nie Prioritäten setzen muss. Ihre Arbeit ist immer rechtzeitig fertig und so wundert sich Juliane über Kollegen, die an den Wochenenden die Trainings vorbereiten. Die Kollegen finden sie dominant und beneiden sie manchmal. Juliane spricht schnell und mit lauter Stimme, ist ungeduldig, trommelt bei Sitzungen mit den Fingern auf den Tisch. Langes Sitzen fällt ihr schwer. Zwei Stunden ist das Maximum.

Dann wird Juliane ungeplant schwanger. Sie ist nicht überschwänglich glücklich darüber, aber sie akzeptiert, dass es nun einmal so ist, wie es ist. Nach einer unkomplizierten Schwangerschaft wird ihr Sohn geboren. Ab diesem Zeitpunkt wirkt sie erschöpft. Sie schläft schlecht, leidet unter Kopfschmerzen und gelegentlich unter Angstgefühlen. Wie bekommt sie ihre Position am Arbeitsplatz zurück? Wird sie neue Aufträge bekommen? Nach ihrem Mutterschaftsurlaub nimmt sie ihre Tätigkeit wieder auf, es fällt ihr aber schwer, weil ihr Sohn nicht aus der Flasche trinken will, wenn ihr Freund sie ihm gibt. Auch ihre Mutter schafft es nicht, dem Kind die Flasche zu geben. Ihr Sohn trinkt erst wieder, wenn sie von der Arbeit zurück ist und ihn abends stillen kann. In dieser Zeit sinkt ihr Selbstwertgefühl. Zählt sie im Kollegenkreis überhaupt noch etwas, seit sie Mutter ist? Wenn sie zur Arbeit kommt, wartet kein Stapel mit Arbeit auf sie. Sie muss selbst akquirieren, um Aufträge zu bekommen. Das bedeutet, dass sie viel unterwegs ist zu potenziellen Auftraggebern und manchmal erst gegen acht Uhr abends nach Hause kommt. Die Arbeit und die Betreuung ihres Kindes nehmen ihre gesamte Zeit in Beschlag. Sport treiben oder mit einer Freundin zum Yoga gehen, fällt aus. Ihre Freundinnen rufen immer seltener an, weil Juliane Termine manchmal im letzten Moment absagt und kurz angebunden reagiert, wenn jemand etwas von ihr braucht.

Zähne zusammenbeißen und durch

Juliane ringt mit der für sie unmöglichen Wahl zwischen Kind und Job. Sie steckt in der Zwickmühle und spricht darüber mit ihrer belgischen Freundin Irene, deren Kinder schon größer sind. Irene gelingt es gut, ihre Vollzeitstelle mit ihrer Familie in Einklang zu bringen. Wie schafft sie das, Arbeit und Familie unter einen Hut zu bekommen?

»Zähne zusammenbeißen und durch«, antwortet Irene. »Die Zeit, in der es richtig schwer ist, weil das Baby noch nicht durchschläft, ist nur kurz.« Sie fügt hinzu, dass in Belgien fast alle gut ausgebildeten Frauen in Vollzeit arbeiten und dass schon allein deshalb ein mütterfreundliches Arbeitsumfeld besteht. Irene: »Einmal verlässt du eine Sitzung vorzeitig, um dein Kind abzuholen, und ein andermal ist es ein männlicher Kollege. Kurz nach der Geburt meines zweiten Kindes gab es an meinem Arbeitsplatz Umstrukturierungen und ich musste gleich ins Flugzeug. 60-Stunden-Wochen, keine Nachtruhe mehr, ich war kaputt! Aber ich bin froh, dass ich durchgehalten habe, ich habe einen tollen Job und zwei fantastische Kinder.«

Irene gibt Juliane den Rat, Prioritäten zu setzen. Juliane ist irritiert: Versteht Irene denn nicht, dass sie gar keine Wahl hat, dass alles gemacht werden muss? Das Gespräch endet in einer kühlen Atmosphäre: Juliane hat das Gefühl, dass ihr der aufgeweckte Ton, in dem Irene erzählte, wie sie es geschafft hat und dass sie, Juliane, sich durchkämpfen soll,

15

nicht wirklich weiterhilft. Juliane wird allerdings bewusst, dass sie früher auch immer den Kollegen, die ihr erzählten, dass sie mit der Zeit nicht über die Runden kommen und am Wochenende arbeiten müssen, solche Dinge gesagt hat.

Analyse der Situation

Menschen wie Juliane und Irene sind es gewöhnt, in Lösungen zu denken und zu handeln. Von ihren Eltern haben sie schon früh gelernt: »Nicht meckern, sondern machen.« Bei Stress geben sie Gas und möchten die Kontrolle über alles behalten, anstatt Gas zurückzunehmen und es ruhiger angehen zu lassen. Diese Haltung hat sie weit gebracht, aber dann kam sie an den Punkt, an dem das beherzte Anpacken zu einem Kampf gegen Windmühlen wurde. Juliane und Irene laufen Gefahr, durch die Kombination von Arbeit und Familie über ihre Grenzen zu gehen. Ob es tatsächlich so weit kommt, hängt auch von den Umständen ab, ob zum Beispiel ein Baby durchschläft oder ob man von außen Hilfe bekommt. Irene hat es geschafft, weil ihre Stresszeit nicht zu lange andauerte. Ihr Baby schlief schon nach einigen Monaten durch und nach den Umstrukturierungen an ihrem Arbeitsplatz kam sie in ruhigeres Fahrwasser. Juliane war unter anderem deswegen so erschöpft, weil ihr Baby nicht trinken wollte, wenn sie nicht da war und weil sie keine Unterstützung von den Kollegen hatte. Letzteres hat sie zu einem Teil sich selbst zuzuschreiben, da sie sich in der Zeit, in der es ihr noch gut ging, nicht eben kollegial verhalten hatte. Dafür bekam sie nun die Rechnung präsentiert. Sie fühlte sich isoliert, angsterfüllt und insgesamt wieder wie ein kleines Mädchen in der Schulklasse, das ausgeschlossen wird.

Juliane und Irene gehören zum selben Stresstyp. Als Turbofrauen reagieren sie ähnlich auf schwierige Situationen, nämlich mit noch mehr Power. Durch die unterschiedlichen Rahmenbedingungen fühlt sich die eine, als ob sie in einen Abgrund stürzen würde und die andere, als ob sie gerade noch einmal davongekommen wäre.

Viele Frauen und auch manche Männer neigen dazu, sich

selbst die Schuld zu geben, wenn sie sich verausgabt haben. Sie haben dann in ihren Augen versagt und empfinden sich selbst als nicht gut genug. Durch die Selbstverurteilung verschlimmern sie die unangenehme Situation nur noch. Es würde ihnen weiterhelfen, wenn sie akzeptieren könnten, dass jeder Mensch Grenzen hat, und wenn sie sich darauf einlassen könnten, andere um Unterstützung zu bitten. Man wird dadurch nicht kleiner oder weniger bedeutend. Im Gegenteil, es ist ein Schritt hin zur Heilung. Sie werden dadurch zu einem besseren Manager für sich selbst.

Vertauschte Rollen

Juliane hat glücklicherweise rechtzeitig bemerkt, dass sie auszubrennen drohte, wenn sie sich nicht an die veränderten Umstände anpassen würde. Anstatt alle anderen mit Erfolgsgeschichten zu übertrumpfen, teilte sie ihren Freundinnen und Kollegen zum ersten Mal in ihrem Leben offen mit, dass sie nicht zurechtkomme, trotz der Unterstützung durch ihre Mutter und ihren Freund. Das kostete sie viel Überwindung. Die Reaktion der Kollegen war aber weitaus positiver, als sie erwartet hatte. Juliane dachte nämlich, dass sie, wenn sie einmal nicht mehr die Beste sein könnte, ein Nichts wäre. Das Gegenteil war wahr. Da sie jetzt nicht mehr so bedrohlich war, waren ihre Kollegen weniger eifersüchtig auf sie. Sie tat ihnen in der Rolle der überforderten Mutter ein wenig leid. So halfen sie ihr bei der Kundenneugewinnung, indem sie vielversprechende Kontakte an sie weiterreichten. Ihren Sohn gab Juliane zu einer Tagesmutter, wo er, animiert durch die anderen Kinder um ihn herum, auch aus dem Fläschchen trank, als wäre es die normalste Sache der Welt.

Für Juliane ist es nach wie vor schwierig, ihren beruflichen Ehrgeiz mit der Mutterrolle zu vereinbaren. Sollte sie im Interesse des Kindes einen Arbeitsplatz suchen, der näher bei ihrem Zuhause liegt? Wäre das richtig? Sie trifft eine ungewöhnliche Entscheidung: Sie wird wieder schwanger.

Juliane ein halbes Jahr später

»Mir geht es gut«, mailt mir Juliane nach einem halben Jahr. »Seit ein paar Monaten bin ich wieder vier Tage pro Woche bei der Arbeit und der Job macht mir richtig Spaß. Es gelingt mir auch gut, die Arbeit loszulassen. Ich genieße es, mich inhaltlich in die Arbeit vertiefen zu können, habe Freude an der Zusammenarbeit mit den Kollegen und der Kombination von Familien- und Berufsleben (der Mittwoch mit meinem Sohn ist mir heilig!). Da ich noch viel Resturlaub habe, arbeite ich nur noch bis Ende der Woche, nehme dann fünf Wochen Urlaub und gehe anschließend in Elternzeit. Alles in allem: Ich bin wieder da. Nächstes Jahr will ich wieder in einem Krankenhaus arbeiten. Ich habe bereits mehrere Gespräche geführt und zwei Tage lang hospitiert, wobei mir jetzt schon deutlicher wurde, was ich genau will. Ich hoffe, eine interessante Aufgabe zu finden. Das wird sicher ziemlich spannend. Ich bin mir auch bewusst, was ich dann aufgebe: einen Job bei einer interessanten Beratungsgruppe. Ein toller Job, aber mit zwei kleinen Kindern doch etwas zu viel verlangt. Es fällt mir nicht leicht, dabei zuzusehen, wie manche Kollegen nach dem Ende des Traineejahres die tollsten Jobs an Land ziehen.«

Aus diesem Bericht von Juliane kann man ablesen, dass sie Grenzen setzen kann und sich auch traut, einen guten Arbeitsplatz abzulehnen, weil er sich nicht mit zwei Kindern vereinbaren lässt. Ihr Perfektionismus und ihre Geltungssucht, die mitverantwortlich dafür waren, dass sie bei Stress das Tempo erhöhte, haben nachgelassen. Dass diese Wahl auch schmerzt, ist unumgänglich. Es wird schwierig bleiben, ihre Karriere mit dem Muttersein zu kombinieren. Mit leichter Eifersucht schaut sie auf Kollegen, die uneingeschränkt ihrer Karriere nachgehen können. Wenn sie sich aber fragt, ob sie denn tauschen wollte, ist ihre Antwort nein. Diese Erkenntnis hilft ihr dabei, die Nachteile des Mutterseins zu akzeptieren. Juliane fühlt sich mit dieser Entscheidung gut. Das heißt aber nicht, dass ihre Lösung, Ambitionen herunterzuschrauben, für jede oder jeden richtig ist. Es gibt auch hochqualifizierte Frauen – Anwältinnen, Architektinnen – mit Kindern, die die Idee der »erweiterten Familie« umsetzen und viel Unterstützung für zu Hause organisieren. Nicht nur Verwandte und Freunde, sondern auch ein Koch oder eine Tagesmutter kommen zum Einsatz.

Ein Tipp für Menschen wie Juliane
Nehmen Sie sich morgens und abends ein wenig Zeit, um sich bewusst den Tag anzuschauen. Lassen Sie sich am Morgen in aller Ruhe durch den Kopf gehen, welche Pläne Sie für den Tag haben, und überlegen Sie, inwieweit diese realistisch sind. Eventuell können Sie jetzt noch korrigierend eingreifen. Am Abend nehmen Sie sich die Zeit, den Tag in Bezug auf Ihre morgendlichen Pläne zu betrachten. Sie nehmen wahr, was gut gelaufen ist und was nicht. Analysieren Sie die entsprechenden Punkte und überlegen Sie, wo Sie nachbessern können. Das kostet Sie keine 20 Minuten pro Tag, führt aber zu einem besseren Energie- und Zeit-Management.

Alexander stürzt ab

Der 34-jährige Alexander, der in der Finanzbranche tätig ist, hat sich auf Empfehlung seines Hausarztes wegen Burnout-Symptomen sechs Wochen krankschreiben lassen. Die Ursache seiner Beschwerden ist ein Zusammenspiel mehrerer Faktoren. Seine Arbeit ist belastender geworden, weil er zusätzliche Aufgaben übernehmen musste. Hinzu kommt, dass sein älterer Bruder vor wenigen Monaten an seiner Krebserkrankung gestorben ist. Alexander leidet seit Wochen unter Schlafstörungen und Angstgefühlen sowie relativ häufig auftretenden Panikattacken. Bei der Arbeit muss er sich durch seine Müdigkeit hindurchkämpfen.

Es ist nun das dritte Mal innerhalb von sechs Jahren, dass er sich völlig erschöpft fühlt. Vor etwa eineinhalb Jahren – es war gerade eine schwierige Phase in seinem Team – war er auch schon einmal zusammengebrochen. Damals litt er ebenfalls an Schlafstörungen, gegen die ihm sein Hausarzt Antidepressiva verschrieb. Die Medikation wirkte zwar, dämpfte Alexander aber zu stark. Er fühlte sich wie ein Zombie und setzte die Medikamente ab. Einige Monate hat er in dieser Zeit nicht gearbeitet. Vier Jahre zuvor war er zum ersten Mal in seinem Leben nächtelang wach gewesen. Der Betrieb, bei dem er beschäftigt war, erklärte ihm nach der Reorganisation, seine alte Stelle sei gestrichen worden. Es folgte für ihn eine Zeit der Stellensuche, er bewarb sich sowohl intern als auch extern. Aus einem Impuls heraus, um dem Druck auszuweichen, kündigte er, was er allerdings nach einem Jahr bereute. Aufgrund einer Rückkehrregelung, die er sich bei seinem Abschied ausbedungen hatte, konnte er innerhalb einer Jahresfrist zu seinem Arbeitgeber zurückkehren. An seine neue Position stellte er weniger hohe Anforderungen und er wurde als Teamleiter eingestellt. Er war somit wieder in einem Angestelltenverhältnis. Im Nachhinein schämte er sich dafür, dass er so kleinlaut zurückgekommen war und noch dazu in einer niedrigeren Funktion. Damals war er – genau wie jetzt – einige Monate krankgeschrieben.

Alexander hatte Wirtschaftswissenschaften und Psychologie studiert und war schon im Praktikum bei einem Unternehmen der Finanzbranche tätig. War diese Tätigkeit das, was er wirklich wollte? Alexander hatte Zweifel. Als Jugendlicher hatte er davon geträumt, bei der Marine zu arbeiten. Er sehnte sich nach der Kameradschaft der Männer untereinander und er liebte das Abenteuer. Leider konnte er die strengen körperlichen Voraussetzungen nicht erfüllen und wurde nicht angenommen.

Besonders mit seiner direkten Vorgesetzten, die seit zwei Jahren an der Stelle ist, kommt er nicht gut zurecht. Seine Rückkehr als Teamleiter war nicht zuletzt mit der Erwartung verbunden, dass er im Unternehmen Aufstiegschancen hätte. Aber von seiner Chefin kam diesbezüglich nie ein Wort.

In der amerikanischen Organisation herrscht eine reine Leistungskultur, die nicht zu Alexander passt. Seine Vorgesetzte droht ihm und schüchtert ihn ein: »Wenn Sie nicht selbst auf die Zahlen schauen, haben Sie ein Problem.« Alexander steckt in einem Dilemma. Er muss vor allem im operativen Geschäft Einsatz zeigen, aber seine Arbeitsfreude liegt mehr im Bereich von Strategie und Planung. Die Leistungskultur zeigt sich in seiner Abteilung vor allem dann, wenn es um Krankheitsausfälle geht: Wer krank ist, ist schwach. Als sich Alexander krankmeldete, fragte ihn seine Vorgesetzte: »Wie wollen Sie das regeln?« Alexander konnte eine Vertretung durch seinen Kollegen Theo organisieren, aber er fühlt sich mit dieser Lösung nicht besonders wohl. Jedes Mal, wenn Theo ihn wegen irgendeiner Sache anruft, hat Alexander Schuldgefühle. Hinzu kommt, dass er sich als Versager fühlt, da Theo neben den eigenen Aufgaben auch noch seinen Job erledigt. Dabei wirkt Theo energiegeladen und hat am Wochenende sogar Zeit, Hockey spielen zu gehen.

Bisher ist in Alexanders Leben so gut wie alles glatt gelaufen, er war mit seinem Studium schnell fertig und sah eine positive Zukunft vor sich. Jetzt ist er desillusioniert und zweifelt, ob er in diesem Unternehmen bleiben will. Seit er sich krank gemeldet hat, gelingt ihm nichts mehr. Wenn er Sport macht, spürt er die Folgen noch Stunden später. Sein Herz hämmert und er schwitzt übermäßig stark. Im Fitnessstudio steigt er nicht mehr aufs Fahrrad, sondern macht ein Training mit Gewichten. Außerdem hat er mit Yoga angefangen.

Auch wenn seine Ausbildung und Karriere glatt verlaufen sind, als Kind hatte es Alexander nicht leicht. Sein Vater war ein jähzorniger Mann, der seine Kinder schlug. Alexander erinnert sich, dass er schon mit zwei Jahren Schläge vom Vater bekam, weil er einen Becher hatte fallen lassen. Den Vater hat er seit mehr als zehn Jahren nicht mehr gesehen. Über mehrere Ecken hat er erfahren, dass er im Krankenhaus liegt und wahrscheinlich nicht mehr lange zu leben hat. Alexander ringt mit sich, ob er sich vom Vater noch verabschieden soll.

Die Angst vor dem impulsiven und hitzköpfigen Verhalten seines Vaters wirkt in seinen heutigen Beziehungen immer noch nach. Alexander unterwirft sich anderen lieber, damit es nicht zu Streit kommt. Er sagt über sich selbst, dass er damit übertreibt, es anderen immer recht machen zu wollen. Für seine eigenen Bedürfnisse und Wünsche bleibt wenig Raum.

Da er jetzt zu Hause ist, fühlt er sich mehrfach schuldig: in Bezug auf die Arbeit, die Mutter und seine Freundin. Und er schämt sich. In seinem Kopf kreisen negative Gedanken: »Gerade jetzt, wo ich gebraucht werde, bin ich nicht da, ich habe versagt, ich bin nicht gut genug, ich tauge nicht zu der Arbeit. Wenn ich wieder ins Büro komme, wird alles von vorne losgehen und ich bekomme wieder ein Burnout ... es wird nie mehr gut.«

Alexander denkt daran, mit dem Arbeiten aufzuhören und auf sein Erspartes zurückzugreifen. Vielleicht könnte er ja mit einer guten Bekannten einen eigenen Betrieb starten. Die Unternehmerin macht gerade ein Sabbatical und könnte ihm auf die Beine helfen. Da Yoga ihm selbst so guttut, überlegt er, ein »*Business Yoga*«-Angebot aufzubauen. Aber vielleicht sollte er lieber einen bestehenden Betrieb übernehmen? Alexander grübelt viel über seine Zukunft. Eines weiß er ganz sicher: Durch die Rückkehr zum alten Unternehmen wird er keine neue Energie gewinnen.

Analyse der Situation

Alexanders Problem ist, dass er sich noch nicht von seinem Vater und seiner Mutter gelöst hat. Er hat seinen eigenen Weg noch nicht gefunden. In der Arbeitssituation funktioniert es nicht, seine Leistung ist unterdurchschnittlich und er hat einen Autoritätskonflikt mit der weiblichen Vorgesetzten. Er selbst empfindet einen schmerzlichen Mangel an Anerkennung. Er befürchtet, dass er versagt hat und in den Augen der anderen eine Niete ist. Er macht sich zudem Sorgen, weil es innerhalb weniger Jahre schon zum dritten Mal vorkommt, dass er völlig abstürzt. Und auch dieses Mal hat er die Probleme nicht kommen sehen. Die Zusammenbrüche betrachtet Alexander als seine typische Reaktion auf Stress und macht sich nun Sorgen, dass ihm das immer wieder passieren wird.

All die negativen Gedanken über sich selbst und andere Menschen halten ihn davon ab, Entscheidungen zu treffen. Der Grund für die negativen Denkmuster liegt in seiner Kindheit. Die Vorstellung, er tauge nichts, entwickelte sich wegen der Misshandlungen durch den Vater. Wie die meisten Kinder suchte er die Schuld für die Misshandlungen bei sich selbst. Er tauge eben nichts, sein Vater sei ein guter Vater gewesen und er sei zu Recht von ihm bestraft worden. Auch heute noch weist er sich selbst immer wieder ab und versucht, in den Augen der anderen zu punkten, die doch, wie er meint, nur das Beste für ihn wollen.

Den Vater loslassen

Allmählich wird Alexander bewusst, dass die gestörte Beziehung zu seinem Vater ihn stärker geprägt hat, als er bisher glaubte. Die Tatsache, dass er sich immer noch Bestätigung von seinem Vater wünscht, hat ihm die Augen geöffnet: Als würde alles, was er selbst unternahm, nicht zählen, nur weil sein Vater die Anerkennung verweigerte. Dieses Denkmuster hat das Potenzial, ein ständiger Stressfaktor in Alexanders Leben zu sein, denn die Anerkennung des Vaters wird vermutlich nie kommen.

An einem Sonntag nahm Alexander das Auto und beschloss, zusammen mit seiner Freundin, den Vater im Krankenhaus zu besuchen. Sein Vater sah verletzlich aus, er hatte stark abgenommen. Zu seiner Überraschung empfand Alexander fast nichts. Sein Vater war nicht mehr dieser wütende Mann aus seiner Kindheit. Innerhalb weniger Sekunden veränderte sich das Bild, das er von seinem Vater hatte. Dieser Mann war kein Mann mehr, auf den er böse sein wollte oder vor dem er sich hätte fürchten müssen. Alexander sah einen bemitleidenswerten Mann vor sich, der einsam auf seinem Sterbebett lag. Ihm lief ein kalter Schauer über den Rücken, als er versuchte, sich in die Position seines Vaters hineinzuversetzen. Er stand am Bett, schaute seine Freundin an und erkannte: Unser Leben liegt noch vor uns, es ist ausschließlich unsere Sache, wie wir es gestalten. Er fühlte sich stark und hatte die Kraft, beim Abschied die Hand seines Vaters zu halten. Für ihn war es eine Geste der Vergebung.

Alexander ein halbes Jahr später

»Es war nicht leicht zu lernen, mich selbst und meinen Zustand zu akzeptieren, aber das war der Schlüssel zum Erfolg. Meinen Vater loszulassen und meine eigenen Wünsche und Sehnsüchte zu entdecken war wohl das Schönste, was dieser Burnout mir gebracht hat. Für meinen Heilungsprozess war es wichtig einzusehen, dass ein Burnout auch zu guten Dingen führen kann. Er ist ein Spiegel, der zu mehr Bewusstheit, Akzeptanz, befriedigender Arbeit und Befreiung führt.«

Anneke gibt Gas und bremst zugleich

Anneke ist höflich, zuvorkommend und angenehm im Umgang, sie hat ein gepflegtes Erscheinungsbild und ist eine zuverlässige Kollegin. Sie hat Jura und Orthopädagogik studiert und arbeitet für ein international tätiges Beratungsunternehmen. Ihre Beurteilungen sind gut, regelmäßig erhält Anneke einen Bonus. Der einzige Schwachpunkt ist, dass sie manchmal allzu perfektionistisch ist: Sie kann Dinge nicht gut loslassen und reagiert auf Vorgänge zu emotional und überengagiert. Sie möchte lernen, Feedback nicht persönlich zu nehmen, sondern ausschließlich in Bezug auf ihre Funktion zu sehen. Sie als Person ist tadellos, aber wie jeder andere Mensch kann auch sie Fehler machen, findet ihr persönlicher Mentor.

Vor Kurzem ist Anneke zum zweiten Mal Mutter geworden. Davor war sie mit ihrer Familie umgezogen, gemeinsam haben sie das neue Haus gründlich renoviert. Anneke hatte eine Vorahnung, dass der Umzug, die Renovierungsarbeiten und ein zweites Kind viel Kraft kosten und zusätzlichen Stress verursachen würden. Deshalb hat sie nach der Schwangerschaft drei Monate unbezahlten Urlaub genommen. Mit diesen drei Monaten und der reduzierten Arbeitszeit nach dem Wiedereinstieg (von fünf auf drei Tage) glaubte sie, gut über die Runden zu kommen.

Doch ein neuer Auftrag machte ihr einen Strich durch diese Rechnung. Die Auftraggeberin, der sie zugeteilt war, verlangte, dass sie Vollzeit arbeiten sollte. Sie kontrollierte Anneke außerdem permanent. Es blieb ihr keine Zeit, neben der Arbeit an dem Auftrag noch die üblichen Aufgaben zu erledigen. Ihr direkter Vorgesetzter hatte kein Verständnis für ihre Probleme und forderte die übliche Mitarbeit an den Teamaufgaben. Auch zu den Zeiten, an denen sie zu Hause nur mit den Kindern beschäftigt sein wollte, rief er seelenruhig an, um Teamangelegenheiten zu besprechen.

Von den Kollegen bekam Anneke keine Unterstützung. Langsam verlor sie den Boden unter den Füßen, sie fühlte sich reduziert auf eine »Mitarbeiterin mit B-Status«, die sowieso nur noch Kritik für die Organisation und die anderen Mitarbeiter übrig hatte. Sie befürchtete, auf dem Abstellgleis zu landen. Die Unsicherheit nagte an ihr, ständige Müdigkeit begleitete sie. Sogar wenn sie ausreichend lange geschlafen hatte, fühlte sie sich nicht wirklich erholt. Sie hätte andauernd schlafen können. Immer häufiger plagten sie Kopfschmerzen und ein stechender Schmerz in den Augen.

Anneke spürte, dass sie zu emotional auf ihren Vorgesetzten, ihre Auftraggeberin und ihre Kollegen reagierte. Sie verlor an Selbstvertrauen und wurde anderen und deren Absichten gegenüber immer misstrauischer. Ihr Mentor am Arbeitsplatz erkannte, dass Annekes direkter Vorgesetzter sich ab und zu wie ein Kommunikations-Analphabet verhielt, und sorgte dafür, dass sie in ein anderes Team kam. Das lief zunächst gut, aber auch dort war Annekes Vertrauen zu ihrem nächsten Kollegen schon bald gestört. Der hielt Termine vor ihr geheim, kam Absprachen nicht nach, nahm sie zu wichtigen Besprechungen nicht mit und erzählte hinter ihrem Rücken, dass er sie für einen paranoiden Kontrollfreak hielt.

Zu Annekes emotionalen Problemen kam noch der hohe Arbeitsdruck hinzu, der nicht zuletzt dadurch zustande kam, dass sie nicht gut Nein sagen konnte. Das müsse sie aber mindestens fünfmal am Tag machen, meint ihr Mentor – nur, es gelingt ihr nicht. Der Mentor hatte Sorge, dass Anneke langfristig wegen eines Burnouts ausfallen könnte, und meldete sie für ein Präventions-Coaching an.

Situationsanalyse

Anneke sagt von sich selbst, sie sei zu emotional bei der Arbeit. Sie wäre gern nüchterner und egoistischer, aber andererseits auch wieder nicht, denn dann wäre sie von einem Teil ihrer Persönlichkeit abgeschnitten. Sie ist ständig mit sich selbst im Konflikt, teilt sich aber nicht mit, sodass sich viel Wut aufstaut, die an ihr nagt. Die Verärgerung, die sie in Bezug auf ihre Kollegen empfindet, richtet sie gegen sich selbst. Ihre Höflichkeit erlaubt ihr nicht, ihre Kollegen adäquat anzusprechen und für ihre eigenen Interessen und Bedürfnisse einzustehen.

Bezeichnend für Anneke ist, dass weniger die Reize von außen den Stress auslösen als vielmehr die Reize von innen, zum Beispiel ihr ständiges Grübeln und ihr Sich-selbst-Niedermachen. Zeit für Erholung oder Spaß ist nicht vorhanden, weil Anneke sich selbst unter Druck setzt. Sie hat nicht nur hohe Ansprüche an andere, sondern auch an sich selbst.

Entspannen und schöne Dinge tun

Das Wichtigste und Schwierigste, das Anneke im Coaching lernen muss, ist, zu entspannen und zu genießen. Auf Empfehlung des Betriebsarztes lässt sie sich einen Monat krankschreiben und bekommt für diese Zeit folgendes Programm:

- Fotos in Alben einkleben
- Kleidung für die Kinder aussuchen
- Atemmeditation
- Mit Freundinnen ein Wochenende in London verbringen
- Tagesausflug mit ihrer Mutter
- Besuch des Museumsviertels der Stadt

Grenzen setzen

Nach dem Wiedereinstieg managt Anneke ihre hohen Ansprüche. Ihre Erwartungen an ihren Vorgesetzten sind riesengroß:

- Ich verdiene es, für meinen Einsatz und meine Loyalität respektiert zu werden.
- Ich erwarte, dass mein Vorgesetzter umfassend kompetent ist, sodass ich an ihm wachsen kann.
- Ich erwarte von meinem Chef, dass er weiß, was ich brauche, um im Job gut zu funktionieren.
- Ich erwarte, dass mein Chef Tiefgang und Lebenserfahrung besitzt.
- Ich erwarte von meinem Vorgesetzten, dass er es versteht, zwischen dem geschäftsmäßigen Funktionieren und dem persönlichen Wohlbefinden seiner Mitarbeiter abzuwägen.
- Ich erwarte von meinem Chef, dass er seine Verantwortung wahrnimmt.
- Ich erwarte von meinem Chef, dass er ein sicherer Hafen für mich ist.
- Ich erwarte, dass mich mein Vorgesetzter für meinen Einsatz und meine Loyalität entsprechend gut belohnt.
- Ich erwarte, dass mein Chef offen und ehrlich ist und keine heimliche Agenda hat.

Das ist noch nicht einmal die vollständige Liste. Die Listen, in denen Anneke angibt, was sie allgemein von anderen

Menschen und von einem Unternehmen erwartet, unterscheiden sich nicht sehr von dieser Aufzählung. Anschließend beschreibt sie, wie die Wirklichkeit aussieht. Real findet sie, dass sie sich selbst respektiert, selbst weiß, was gut für sie ist, und dass es in der Natur der Sache liegt, dass ein Unternehmen wie das, in dem sie arbeitet, eine konkurrierende Grundhaltung hat, wobei das Prinzip des »Überlebens des Stärkeren« eher die Regel als die Ausnahme ist. »Grundsätzlich gilt: jeder für sich und Gott für alle«, sagt sie.

Ihre Art und Weise, mit Problemen umzugehen, verändert sich, da sie einen anderen Blick auf ihren Vorgesetzten und das Unternehmen entwickelt. Sie findet ihre Selbstachtung wieder und entscheidet sich dann, den Arbeitgeber zu wechseln. Um noch mehr an Stärke zu gewinnen, nimmt sie sich in der Phase zwischen dem Abschied von ihrem alten Arbeitgeber und dem Neuanfang einen Monat frei.

Anneke drei Monate später

»Die Zeit war wie im Flug vorbei«, mailt sie mir. »Der Abschied vom Arbeitsplatz ist super gelaufen. Einen Monat zu Hause sein – noch dazu ohne Firmenauto – ist gewöhnungsbedürftig. Jetzt ist die Möglichkeit da, Ruhe zu finden, gleichzeitig will ich die Zeit auch nutzen, um sinnvolle Dinge zu tun. Wir waren mit den Kindern im Freizeitpark. Mein Mann und ich waren auch einmal über Nacht weg; schön, dass wir jemanden für die Kinder hatten. Diese beiden Ausflüge habe ich sehr genossen. Ein paar Mal war ich mit der Schule meiner Tochter unterwegs und ich habe öfter für Freunde gekocht. Insgesamt eine wertvolle Zeit mit wunderbaren Momenten, allerdings fühlte ich mich auch sehr mit mir selbst konfrontiert.

Mir wird immer mehr bewusst, dass ich nicht nur hohe Ansprüche an mich selbst stelle, sondern auch an meine Umgebung, und dass ich mein Bezugssystem von anderen bestimmen lasse anstatt von mir selbst. Das ist gut zu wissen, aber jetzt stellt sich die Frage: Wie gehe ich damit um, sodass es gut ist für mich und für die anderen? Ich bin sehr weit über meine Grenzen gegangen und das will ich ja auch so: meine Grenzen verschieben und mich persönlich weiterentwickeln. Ich spüre nur leider nicht, wenn ich zu weit gehe, sowohl mit mir selbst als auch mit anderen. Ich hatte deswegen einen Riesenkrach mit einer Freundin und das hat mich sehr betroffen gemacht.«

Anneke ist auf einem guten Weg. Die Auseinandersetzung mit ihrer Freundin setzt ihr zwar zu, aber es gibt Fortschritte. Sie ist sich bewusst geworden, dass sie hohe Ansprüche an sich und ihre Umgebung stellt. Und was vielleicht noch wichtiger ist: Sie nimmt sich jetzt Zeit für Erholung, Spaß und Entspannung.

Roman bleibt zu lange auf dem Bremspedal

Roman ist ein 29-jähriger Wissenschaftler, der wegen Burnout-Beschwerden einen Termin in meiner Praxis vereinbart. Er arbeitet bei einem renommierten Forschungsinstitut und hat Schwierigkeiten, das Arbeitspensum zu bewältigen. Seinem ehrgeizigen Projektleiter schwebt vor, mit Forschungsarbeiten für die Pharma- und die Lebensmittelindustrie Millionen zu verdienen. Er erwartet zu viel von Roman. Dieser wohnt noch in einem Studentenwohnheim mit relativ hoher Fluktuation und entsprechendem Lärmpegel. Er lässt sich gern überreden, mit den anderen abends wegzugehen, obwohl er das mit dem Job nicht wirklich vereinbaren kann. Roman klagt über extreme Müdigkeit, Angstgefühle, Panikattacken und Herzrasen nach Anstrengungen.

Seine Beschwerden geben Anlass, ihn auch zum Physiotherapeuten zu schicken. Besteht die Müdigkeit in Kombination mit einem niedrigen Stresshormonspiegel? Wenn das so ist, muss es im Coaching berücksichtigt werden. Roman kann dann nicht so einfach wie Juliane Sport treiben, um besser mit dem Stress klarzukommen.

Der Physiotherapeut findet, dass Roman sehr müde wirkt. Er stellt fest, dass die Herzfrequenzvariabilität (HRV) zu niedrig für sein Alter ist. Dennoch findet der Physiotherapeut keine physischen Anzeichen für einen Burnout. Roman kann ohne Einschränkungen arbeiten, aber er geht nun äußerst vorsichtig mit sich selbst um. Er hat Angst, dass er sich nach größeren Anstrengungen nicht wieder entspannen kann, außerdem fehlt es ihm an Selbstvertrauen. Dem Physiotherapeuten ist dieses Bild von Patienten mit traumatischen Erfahrungen bekannt.

Roman hat Ökonometrie studiert und arbeitet als wissenschaftlicher Mitarbeiter an verschiedenen Projekten. Inhaltlich findet er die Projekte nicht sonderlich interessant. Er zweifelt, ob er das richtige Studienfach gewählt hat. Seine Eltern haben ihn sehr ermutigt, er zeigte sich immer als klarer Denker und konnte gut mit Zahlen umgehen. Roman kommt aus einer beschützten Umgebung. Sein Vater ist Jurist, seine Mutter Coach. Er hat nie für etwas richtig kämpfen müssen. Mit seinen Eltern konnte er über alles reden, sie haben ihn immer unterstützt.

Nach langem Zögern erzählt Roman doch von einem kleinen Vorfall, der ihm, wie er versichert, eigentlich zu banal erschien, um ihn überhaupt zu erwähnen. Oder vielleicht zu schambesetzt, er hat jedenfalls noch nie mit jemandem darüber gesprochen. Er war zehn Jahre alt, als seine Mutter ein Pornoheft mit Männern darin bei ihm fand. Sie legte das Blatt auf sein Nachtkästchen, möglicherweise als Einladung zu einem Gespräch. Er aber schämte sich und sprach nie mit seinen Eltern darüber. Mit 18 sagte er ihnen, dass er homosexuell sei. Die Eltern haben nie auf diese Nachricht reagiert. Der Kontakt war dann jahrelang dürftig und oberflächlich. Es gab wenig, was er mit ihnen teilen konnte, und er hatte das Gefühl, sie würden sich nicht für ihn interessieren. Auch wenn seine Mutter sich oft um seine Angelegenheiten kümmerte und ihm half, erlebte er das mehr als Kontrolle und weniger als Interesse an seiner Person. In der Familie sah er sich mehr als Zuschauer und weniger als Akteur, eine Rolle, die langsam auch sein heutiges Leben bestimmte. Was er auch tat, er blieb immer auf Abstand zu anderen. Er fand sich unwichtig. Wenn er dann einmal im Fokus der Aufmerksamkeit stand, war es meistens unangenehm für ihn. Ein Dozent an der Hochschule hatte ihn mehrfach vor der Gruppe lächerlich gemacht, weil er immer so korrekt gekleidet war, mit Jacke und Krawatte. Ein künftiger »Absahner«, so spottete der Dozent. Dabei war Roman tatsächlich vor allem an der Forschung interessiert.

Hoher Arbeitsdruck, ein uninteressantes Aufgabengebiet und ein kaum vorhandenes Sozialleben hatten Roman innerlich ausgehöhlt. Sein Gegenmittel war der Rückzug. Endlos saß er allein in seinem Zimmer und hoffte, dass er sich erholen würde, wenn er sich derart schonte. Leider ging die Rechnung nicht auf, nach einem halben Jahr ging es ihm noch schlechter als vorher.

Herausforderung in einem neuen Job suchen

Roman ging im Coaching alle Faktoren noch einmal durch, wog Für und Wider ab und beschloss zu kündigen. Zur Erholung buchte er einen Urlaub an einem exotischen Ort. Das erwies sich als ungünstig, denn er war zu sehr allein mit seinen Gedanken und hatte mit Panikgefühlen zu kämpfen. Wieder zu Hause fand er einen Job bei einer Umweltorganisation. Die Arbeit begeisterte ihn und er stand nicht so stark unter Druck. Doch auch bei diesem Arbeitgeber gab es Probleme.

Roman lehnte es ab, sich dem Schmerz zu stellen. Alles, was irgendwie an seine Probleme rührte, löste bei ihm ein Gefühl der Verwirrung aus. Es war schwierig, therapeutisch mit ihm zu arbeiten. Er bekam Aufgaben, die ihn dazu anregen sollten, anders zu denken, sich zu bewegen, etwas zu unternehmen, um andere Menschen kennenzulernen. Er hielt sich nicht daran. Das Einzige, das bei ihm funktionierte, war, Dinge, die gut klappten, unter ein Vergrößerungsglas zu legen und ihm viel Bestätigung zu geben. Die negative Seite war aber, dass dies seine Selbstständigkeit und Unabhängigkeit nicht verstärkte.

Zugespitzt formuliert sagte Roman: »Sorg dafür, dass mein Leben genauso beschützt und unter Kontrolle ist wie früher, denn ich ertrage den Schmerz des Lebens im Hier und Jetzt nicht.« Der Schmerz war für ihn so schrecklich und beängstigend, dass er am liebsten jeder Herausforderung aus dem Weg gegangen wäre. Wenn schon Veränderungen, dann bitte so sanft wie möglich und nicht zu viele auf einmal.

Roman ein halbes Jahr später

»Ich bin immer noch zurückhaltend, wenn es um Veränderungen geht. Aber ich habe die meisten Dinge gut unter Kontrolle und bin stabil, sowohl zu Hause als auch bei der Arbeit. Meine Termine sind übersichtlicher geworden und das verschafft mir Luft. Ich möchte diese Situation gerne so halten und möglichst Schritt für Schritt ausbauen. Ich brauche immer noch einen Coach, der mir zur Seite steht, wenn es nötig ist, und mir weiter beim Aufräumen hilft. Auf jeden Fall werde ich meine Pläne weiterverfolgen und ich will versuchen, deutlicher zu vermitteln, was ich brauche. Aber alles der Reihe nach. Das Gleichgewicht könnte sonst wieder ein Problem werden.«

Die Dinge haben sich bei Roman verbessert, er geht arbeiten und sein Beruf macht ihm Freude. Er hat die Kontrolle über sein Leben zurückgewonnen. Das ist schon ziemlich viel und es stärkt sein Selbstvertrauen. Vielleicht kann er noch den Schritt machen, den Schmerz aus der Vergangenheit, den Mangel an Intimität mit seinen Eltern und die Kränkungen im Studium zu verarbeiten. Das würde ihm mehr Freiraum verschaffen und mehr Raum geben für Kontakte mit anderen Menschen. Das Wesentliche ist, dass er selbst die Verantwortung für sein Leben übernimmt, die Verantwortung auch tragen kann und sie weiter ausdehnt.

2. Wie wirkt Stress?

Akuter Stress

Gereiztheit oder Irritation kann man als Symptom für eine leichte Form von Stress sehen, den Druck, den jeder von uns gelegentlich zu spüren bekommt. Diesen Druck oder Stress kann man sich vorstellen wie eine interne oder externe Kraft, die einen besonders aufmerksam sein lässt und den Körper aktiviert.

Eine solche Aktivierung des Körpers ist ein physiologischer, psychologischer und chemischer Prozess. In einer akuten Stresssituation, zum Beispiel bei einem Wohnungsbrand oder einer gefährlichen Verkehrssituation, wird mit einem Mal viel Adrenalin ausgeschüttet, wodurch wir befähigt werden, schnell zu handeln. Der Herzschlag wird schneller, Blut fließt in die Muskulatur, während die Verdauung kurzfristig stillgelegt wird. Der Körper wird in kurzer Zeit in einen Zustand versetzt, in dem er handeln kann: fliehen oder kämpfen. Eine weitere Stressreaktion wäre die sogenannte *Freeze-Reaktion*: Statt einer Aktion tritt eine Art Erstarrung ein.

Manchmal herrscht Unklarheit darüber, was Stress eigentlich genau ist: Ursache oder Wirkung? Dieses Buch beschäftigt sich mit den Wirkungen von Stress. Der Reiz, auf den die Stressreaktion folgt, kann negativ oder positiv sein. Ein negativer Reiz wäre zum Beispiel die Nachricht einer drohenden Kündigung, positive Reize sind Momente wie die eigene Hochzeit, eine Beförderung oder die Geburt eines Kindes. Stress ist die Reaktion auf positive oder negative Reize. Die Stressreaktion selbst ruft ihrerseits angenehme oder unangenehme Gefühle hervor. Wenn wir spüren, dass wir unser Ziel erreichen können, fühlen wir uns gut. Wenn wir aber merken, dass wir dabei sind, die Kontrolle zu verlieren, oder dass uns die Dinge über den Kopf wachsen, ergibt sich ein negatives Stressgefühl.

Stresssignale

Welche Momente geben – oder gaben – Ihnen das Gefühl, jetzt geht es um alles oder nichts? Ein Moment, in dem die Luft zum Schneiden war? Ein Streit? Ein Punkt, an dem Sie keinen Ausweg mehr sahen? Ein Satz, den jemand über Sie gesagt hat? Eine Grenze, die Sie überschritten haben? Momente des Erfolgs, des Versagens, der Krise? Eine Hochzeit, eine Geburt, eine schwere Krankheit, ein Todesfall? Die Aufteilung einer Erbschaft? Entbehrung, ein Trauma, eine Katastrophe? Oder ein Moment, an dem Sie über sich selbst hinausgewachsen sind?

Oft erkennt man erst in Momenten, die einem sehr wichtig sind, was wirklich zählt. Denken Sie einmal an einen Moment, als man Ihnen sagte, jemand sei plötzlich verstorben. Oft sind es solche Augenblicke, an denen einem bewusst wird, worum es im Leben wirklich geht. Manchmal kommt man auch im Urlaub zu einer solchen Erkenntnis. Nur wie schnell hat man sie nicht wieder vergessen! Meistens schenken wir dem, was uns sehr wichtig ist (zu) wenig Aufmerksamkeit.

Das können Sie ändern. Reservieren Sie mindestens eine Viertelstunde am Tag für all das, was Ihnen im Leben am wichtigsten ist. Das ist zugleich ein ausgezeichnetes Gegengewicht für den unvermeidlichen Stress im Leben. Sorgen Sie dafür, dass irgendetwas Sie an diese Viertelstunde erinnert: ein Foto, eine Nachricht auf Ihrem Telefon … Ohne Gedächtnisstütze halten gute Vorsätze meist nicht lange.

Die gesunde Seite von Stress

Die Behauptung, Stress an sich sei schädlich, ist nicht unbedingt richtig. Manchmal wirkt Stress langfristig gesehen positiv. Mit einer Dosis gesunder Anspannung gelingt es einem leichter, eine Deadline einzuhalten, als gänzlich ohne Stress. Bei einer Präsentation ist man konzentrierter, und einen wichtigen Sportwettkampf gewinnt man mit Stress eher als ohne. Das Adrenalin sorgt dafür, dass wir uns angenehm aktiviert fühlen.

Auch kurzfristig ist Stress vorteilhaft, denn wenn uns alles kalt ließe, könnten wir nicht überleben. Der Stress ist dann positiv zu sehen, wenn er einem dazu verhilft, die eigenen Ziele zu erreichen, und wenn der Körper nach der Reaktion auf den Stresszustand wieder zur Ruhe kommt. Stress ist positiv, wenn er unsere Fähigkeit zu handeln vergrößert.

Stress und Geschlechterunterschiede

»Stress ist gut für Jungen«, titelte vor Kurzem eine Zeitung. Warum nicht für Mädchen? Untersuchungen hatten ergeben, dass sich Jungen unter stressigen Umständen Dinge besser merken konnten. Die Probanden bewarben sich um eine Assistentenstelle an der Universität und bekamen es mit einer Bewerbungskommission zu tun, die keinerlei Emotionen zeigte. Anschließend mussten sie eine heikle Rechenaufgabe lösen, über die die Forscher gesagt hatten, sie sei sehr einfach. Das sorgte zusätzlich für eine Adrenalin- und Cortisol-Ausschüttung, die das Lernen bei den Jungen förderte. Bei Mädchen schien es den Zusammenhang in dieser direkten Form nicht zu geben, was aber auch durch die Verwendung der Pille erklärt werden kann, denn die Verhütungspille unterdrückt die Ausschüttung von Stresshormonen.

In der niederländischen Tageszeitung *NRC* wurde vor Kurzem eine Grafik gezeigt, die belegt, dass Frauen bezüglich psychischer Gesundheit schlechter abschneiden als Männer. In der Altersgruppe 18 bis 25 Jahre sind Frauen demnach zweimal so häufig psychisch krank wie Männer. Bis 65 Jahre liegt der Prozentsatz der psychisch nicht gesunden Frauen mit Schwankungen bei etwa 15 Prozent, bei Männern beträgt der Anteil etwa 10 Prozent. Für beide Geschlechter gilt, dass der Anteil der Erkrankten zwischen dem 45. und 55. Lebensjahr etwas höher liegt (17 beziehungsweise 12 Prozent). Ab dem 65. Lebensjahr nehmen bei Frauen die psychischen Erkrankungen rapide zu, zwischen dem 65. und 75. Lebensjahr liegt der Anteil bei 18, nach dem 75. Lebensjahr bei 23 Prozent. Der Anteil der Männer über 75 Jahre mit Beeinträchtigung der geistigen Gesundheit liegt bei 13 Prozent (Quelle: *NRC*, 12. Juni 2011). Ich gehe nicht davon aus, dass Frauen im Alter mehrheitlich einen Burnout haben, wahrscheinlich ist, dass sie an Depressionen leiden.

Akute Belastungsreaktionen

Akuter Stress ist nicht dasselbe wie eine akute Belastungsreaktion. Die akute Belastungsreaktion oder -störung ist eine Reaktion auf ein (lebens-)bedrohliches Ereignis oder eine sehr starke psychische Belastung. Ein Fall aus den Niederlanden: Die Altenpflegerin Ina Post bekannte sich schuldig, einen Klienten getötet zu haben. Erst bei ihrem Freispruch wurde klar, dass sie dieses Geständnis sehr wahrscheinlich unter dem Einfluss einer akuten Belastungsreaktion gemacht hatte. Sie erlebte die Ermittler als sehr angsteinflößend. Während der Verhöre erlitt sie einen Schock. Ihre Gefühlswelt war betäubt, ihr Gedächtnis und ihre Konzentration ließen sie im Stich, sie fühlte sich hilflos. Ina Post wurde 1987 verurteilt, weil sie die Tat gestanden hatte, und saß viele Jahre im Gefängnis, obwohl sie ihre damalige Aussage schon kurze Zeit später widerrief und immer wieder beteuerte, unschuldig zu sein. Erst 2010 wurde sie freigesprochen. Eine akute Belastungsreaktion kann einige Tage lang nach einem bedrohlichen Ereignis auftreten und bis zu vier Wochen anhalten.

Übermäßige Stressreaktion
Wenn die körperlichen Stresssymptome nicht dem eigenen Interesse dienen, erlebt man das als Druck. Das passiert zum

Beispiel, wenn man übermäßig stark auf Kleinigkeiten reagiert oder wenn die Stressreaktion nicht wieder verschwindet. Der Druck wird von außen auf einen ausgeübt oder man übt ihn auf sich selbst aus. In der Folge spürt man die negative Spannung, die auf den Druck folgt.

Aus Studien geht hervor, dass konstante mentale Anspannungen oder lang anhaltender Arbeitsdruck bei fast allen Menschen zu Stress führen beziehungsweise führt. Dennoch sind nicht alle Menschen in Bezug auf ihre Widerstandskraft gegenüber Stress gleich. In manchen Berufen ist es wichtig, weitgehend stressresistent zu sein, das gilt zum Beispiel für Krankenschwestern und -pfleger, für Fahrer von Krankenwagen, Fluglotsen und Beschäftigte im mittleren Management, die häufig sowohl den Druck von den Mitarbeitern als auch von den Vorgesetzten zu spüren bekommen.

Stress und Partnerschaft

Reibungen und Konflikte in persönlichen Beziehungen lösen häufig starke Emotionen wie Angst, Wut oder Trauer aus. Angenommen, Ihr Partner möchte, dass Sie mit ihm ausgehen, Sie wollen aber den Abend lieber zu Hause mit einem guten Buch auf dem Sofa verbringen. Der Druck, der von Ihrem Partner ausgeht, kann Sie in einen inneren Konflikt führen: Sie möchten gerne tun, wozu Sie Lust haben, wollen aber andererseits Ihren Freund nicht enttäuschen. Sie fühlen den Druck im Körper, die Spannung wächst, Sie atmen schneller, vielleicht spüren Sie eine leichte Form von Angst. Wenn Sie nicht nachgeben, schlafen Sie wegen der Uneinigkeit mit Ihrem Partner möglicherweise schlecht. Zu einer Freundin sagen Sie am nächsten Tag, Sie hätten Stress.

Grübeln Sie nun öfter darüber nach, wie das mit Ihnen und Ihrem Freund läuft, und denken Sie, dass die Beziehung eigentlich nicht funktionieren kann, weil sie so verschieden sind, dann beginnt chronischer Stress. Durch den Schlafmangel fühlen Sie sich müde. Vielleicht fangen Sie an, mehr zu essen, weil Sie sich nicht wohlfühlen, später bereuen Sie es und verurteilen sich. Sie grübeln nun noch mehr. Ihre Haare sitzen nicht gut, Sie bekommen Ringe unter den Augen. Stress macht alt! Ihre Haut wird dünner, Ihre Haare grauer und Sie bekommen mehr Falten. Die Beschwerden nehmen zu. Die negative Anspannung beeinträchtigt Ihre Gesundheit und wirkt sich auf das zentrale sowie das vegetative Nervensystem aus.

Wir reagieren vor allem dann mit Stress, wenn wir nicht Sorge dafür tragen, dass unsere Grundbedürfnisse befriedigt werden. Wir kommen nicht gut damit zurecht, wenn wir uns nicht entfalten können, wenn wir keine Anerkennung bekommen, wenn wir – etwa wegen einer Kündigung – Gefahr laufen, sozial abzurutschen, wenn wir unsere Wohnung verlieren oder keine Krankenversicherung mehr haben.

Stress und die Folgen

Viele Arbeitnehmer klagen über einen zu hohen Arbeitsdruck. Sie müssten zu viel erledigen in zu kurzer Zeit. Hinzu kommen psychische Faktoren wie das Gefühl der Unsicherheit über den Fortbestand des Arbeitsplatzes oder der Druck, dem sich vor allem ältere Arbeitnehmer selbst aussetzen, weil sie sich keinen Jobwechsel mehr zutrauen. Andauernder Stress hat schwerwiegende Folgen:

- Bei 44 Prozent der Erwachsenen hat Stress negative Folgen auf die Gesundheit.
- Frauen sind eher bereit, darüber zu sprechen, dass sie Stress empfinden (51 gegenüber 43 Prozent).
- 95 Prozent aller Besuche beim Hausarzt stehen in irgendeinem Zusammenhang mit Stress.
- Es gibt einen Zusammenhang zwischen Stress und den sechs häufigsten Todesursachen: Herz- und Kreislaufkrankheiten, Krebs, Lungenleiden, Unfälle, Lebererkrankungen und Suizid.

- Frauen haben ein 2,7 Mal höheres Risiko als Männer, Autoimmunerkrankungen zu entwickeln, die auch mit Stress zusammenhängen, wie Diabetes Typ 1, Multiple Sklerose, rheumatische Arthritis, Lupus erythematodes, Schilddrüsenerkrankungen und das Reizdarmsyndrom.
- Weibliche Hormone, Östrogene, stimulieren die Stressachse, das männliche Hormon Testosteron bremst die Stressachse. Das könnte erklären, weshalb Frauen ein doppelt so hohes Risiko haben, an einer Depression zu erkranken, als Männer.
- Stressbedingte Herzproblematiken sind bei Frauen die Todesursache Nummer eins, aber nur 13 Prozent der Frauen betrachten Herzversagen als Gesundheitsrisiko.
- Frauen, die in der Arbeit gestresst sind, haben ein weitaus größeres Risiko, einen Herzinfarkt oder ein anderes Herzleiden zu bekommen. Das Risiko für kardiovaskuläre Erkrankungen steigt um 40 Prozent, das eines Herzinfarkts um 88 Prozent. Für die Studie, die diese Zahlen lieferte, wurden die Daten von 17 415 ansonsten gesunden Frauen in mittlerem Alter erhoben. Die Studie wurde von der *American Heart Association* durchgeführt. (Quelle: McClellan und Hamilton)

Chronischer Stress

Der Stress, über den wir klagen, ist meist chronischer Stress. In letzter Zeit sagt Frieda (39) häufig, sie leide unter Stress. Sie schläft schlecht und kann sich nicht gut konzentrieren. Zudem ärgert sie sich viel schneller über ihre Kollegen als früher. Frieda arbeitet bei einer Wohnungsbaugesellschaft, bei der harte Sparmaßnahmen durchgeführt worden sind. Viele Mitarbeiter wurden entlassen, das übrige Personal muss dennoch dieselbe Menge an Arbeit bewältigen und es droht eine weitere Kündigungswelle. Die Atmosphäre am Arbeitsplatz leidet enorm. Zu Hause bekommt Frieda wenig

Unterstützung: Ihr Freund geht kaum auf ihre Probleme ein. Frieda befürchtet, dass sie nicht nur ihren Job, sondern auch ihren Partner verliert. Wie soll sie dann die Hypothek abbezahlen? Werden sie ihr Haus verkaufen müssen?

Physische Anzeichen

Frieda befindet sich in einer erkennbar stressigen Situation: finanzielle Unsicherheit, hoher Arbeitsdruck, drohende Kündigung, Beziehungsprobleme und möglicherweise ein Umzug. Jeder dieser Faktoren kann für sich allein genommen schon Stress auslösen.

Seit sie die Probleme am Arbeitsplatz und in der Beziehung hat, leidet Frieda unter Kopfschmerzen und Schwindelgefühlen. Schulter und Nacken sind steif, ihre Muskeln und Gelenke schmerzen. Fast jeden Morgen wacht sie um halb fünf auf und kann nicht mehr einschlafen, obwohl sie schrecklich müde ist. Dann grübelt sie darüber nach, dass sie an diesem Tag am Arbeitsplatz nicht fit sein wird, dass ihr die Konzentration fehlen und sie die Arbeit am Ende nicht fertig bekommen wird. Die Aussicht, ihren Arbeitsplatz zu behalten, schätzt sie täglich geringer ein.

Stresshormone

Friedas Körper befindet sich durch den Stress permanent in einem Fluchtzustand. Für den Körper ist es nicht entscheidend, ob der Stress physisch oder psychisch ist. In beiden Fällen wird dieselbe Menge an Stresshormonen produziert. Friedas Muskeln sind dauerangespannt, es erfolgt keine Entspannung mehr, was zu den entsprechenden körperlichen Beschwerden führt. Hinzu kommt, dass ihr Körper zusätzliche Mengen des Stresshormons Cortisol produziert, wodurch die Produktion des Stresshormons Adrenalin gebremst wird.

Die Cortisol-Konzentration unterliegt einem Tag- und Nachtrhythmus. Etwa eine halbe Stunde nach dem Aufwachen ist im Körper eine relativ hohe Menge Cortisol vorhanden. Dann nimmt die Cortisol-Konzentration etwas ab, um beim Mittagsessen wieder anzusteigen. Am Abend sinkt der Cortisolwert, damit wir schlafen können. Gestresste Menschen haben dagegen oft dauerhaft einen zu hohen Cortisolspiegel im Körper, wodurch sie weniger gut einschlafen können und früher aufwachen. Studien haben gezeigt, dass zusätzliches Cortisol zum Grübeln und zu unangenehmen, ohnmächtigen Gedanken führt. Bei Ratten hat man Ähnliches anhand von Tests mit Elektroschocks herausgefunden. Wurde den Ratten vorher Cortisol gespritzt, verhielten sie sich passiv und wichen den Elektroschocks nicht mehr aus, obwohl sie die Möglichkeit gehabt hätten. Sie hatten es aufgegeben. Bei depressiven Menschen ist der Cortisolspiegel häufig erhöht. Damit kann ein Teufelskreis beginnen: Grübeln führt zu Stress, was mehr Adrenalin freisetzt und dadurch wiederum mehr Cortisol, sodass man nachts wach bleibt und grübelt.

Erhöhter Cortisolspiegel

Aus Tierversuchen können wir einiges über die Wirkung von Stress lernen. So haben polnische Biologen die Ausscheidungen von Raben im Hinblick auf die Cortisol-Konzentration untersucht. Die Ausscheidungen von Tieren, die als Paare lebten und ihr Revier verteidigten, enthielt weniger Cortisol als die Ausscheidungen von jungen Raben, die in Gruppen lebten, kein eigenes Revier hatten und miteinander um das vorhandene Futter konkurrierten. Die Biologen waren davon ausgegangen, dass Raben, die ein Revier zu verteidigen haben, mehr Energie verbrauchen würden als diejenigen ohne Revier. Das hat sich jedenfalls nicht bestätigt. Ihre Annahme war, dass dem Stresshormon Cortisol die Aufgabe zukommt, die Raben auf ein Leben mit hohem Energiebedarf einzustellen. Junge Raben werden möglicherweise selbst öfter zum Beutetier. Außerdem ist das Nahrungsangebot für die Raben in der Gruppe kleiner als für die Revierverteidiger; deshalb brauchen sie mehr Cortisol. (Quelle: *Biology Letters*)

Die Anzeichen bei chronischem Stress

Bei Frieda dauert der Stress bereits zu lange an. Ihr Körper protestiert. Menschen im (Dauer-)Stress sind weniger widerstandsfähig gegen Erkältungskrankheiten oder Virusinfektionen. Chronischer Stress kann sogar zu lebensbedrohlichen Krankheiten wie Herz-Kreislauferkrankungen oder Diabetes Typ 2 führen. Chronischer Stress ist zudem dafür verantwortlich, dass sich das Gehirn weniger gut neue Erinnerungen einprägen und alte abrufen kann. Chronischer Stress kann die Produktion von Neuronen erschweren und so bestimmte Gehirnleistungen einschränken, das heißt: Die Fähigkeit, sich durch Reize aus der Umgebung anzupassen, lässt nach. Gerade dieses physische Anpassungsvermögen des Gehirns, die Neuroplastizität, scheint wichtig zu sein in Bezug auf die Fähigkeit, sich neue Ziele zu setzen. Darüber hinaus sind sowohl die Produktion als auch die Anpassung von Neuronen bedeutsame Faktoren, um den Alterungsprozess des Gehirns zu verlangsamen.

Wegen der Risiken, die mit chronischem Stress einhergehen, ist es wichtig, schon die ersten Stresssignale zu erkennen.

Alarmsignale ignorieren

Was sind die Alarmsignale bei Stress? Wenn Sie merken, dass Sie trotz ausreichender Nachtruhe am Morgen nicht erholt sind. Wenn Sie keine Freude mehr an den Dingen haben, die Ihnen normalerweise Spaß machen. Wenn es Ihnen schwerfällt, Ihre Kollegen oder Freunde zu treffen oder mit den Kindern etwas zu unternehmen. Oder wenn Sie mit Ihren Kollegen oder den Kindern aneinandergeraten, wenn Sie unnötige Risiken im Autoverkehr eingehen, wenn Sie mehr trinken oder essen, als gut für Sie ist. All das deutet darauf hin, dass Sie überlastet sind. Es ist an der Zeit, Hilfe in Anspruch zu nehmen und Gegenmaßnahmen zu ergreifen. Wer die Signale ignoriert, riskiert Unausgeglichenheit und Gereiztheit und im schlimmsten Fall einen Burnout. Fragt man Menschen mit dem Burnout-Syndrom, wann sie sich zuletzt richtig fit gefühlt haben, ist die Antwort – im Schnitt – vor sechs Jahren. Genauso lange haben sie die Warnsignale negiert.

Burnout als Glücksfall?

Im Nachhinein betrachtet gab es Signale, die darauf hindeuteten, dass Aldith sich zu viel abverlangte, aber sie ignorierte sie. So suchte sie zum Beispiel mit allen anderen Menschen Streit, war kurz angebunden, konnte schlecht schlafen, erwachte mit dem Panikgefühl, sie habe verschlafen, und konnte monatelang keine vernünftigen Schuhe tragen, weil sie sich immer an den Zehen stieß – ein typisches Beispiel für Missgeschicke, die während eines Burnouts gerne passieren.

Aldith suchte Rat bei ihrem Hausarzt und bekam zwei Wochen Ruhe verordnet. Dann nahm alles seinen Lauf. Sie fühlte sich extrem schlapp, nichts wollte ihr gelingen. Eines Tages setzte sich ein Marienkäfer auf ihr Knie und sie brach in Tränen aus. Nicht wegen des Käfers, sondern weil sie sich insgesamt so elend fühlte. Sie erkannte sich selbst nicht mehr, der aufgestaute Stress von vielen Jahren brach aus ihr heraus.

Danach befand sie sich zehn Monate lang in einem Wiedereingliederungsprozess bei ihrem Arbeitgeber. Das lief nicht wirklich gut, sie spürte großen Widerwillen gegen die Arbeit. Ihr Arbeitgeber bot ihr einen Auflösungsvertrag an, den sie akzeptierte. Heute sagt sie: »Ich habe nicht zur Kultur des Nachrichtensenders gepasst und habe versucht, das zu kompensieren. Das hat mich viel Energie gekostet und schließlich dazu geführt, dass ich einen Burnout bekam.« Im Lauf ihres Regenerationsprozesses hat sie mit vielen Menschen gesprochen und dabei entdeckt, dass sie in der Vergangenheit keine guten Entscheidungen getroffen hatte. Sie stellte sich folgende Fragen:

- Wer bin ich?
- Was kann ich?
- Was will ich?
- Und vor allem: Was will ich nicht mehr?

Die Arbeit beim Sender gefiel ihr zwar ausgesprochen gut, aber sie hätte ein angenehmeres Umfeld gebraucht. Heute arbeitet sie während einer Hälfte des Jahres freiberuflich als Reporterin, Moderatorin, Interviewerin und Filmerin. Die andere Hälfte des Jahres verbringt sie auf Jamaika und führt dort Touristen über die Insel.

Aldith sagt: »Für mich ist es sehr wichtig, dass ich ich selbst sein kann.« Für sie bedeutet das unter anderem, dass sie als Gesprächsleiterin in einem eleganten Armani-Anzug auf die Bühne kommt und dazu eine witzige Mütze tragen kann. Ich bin, wie ich bin, ist ihre Botschaft. Was andere von ihr halten, beschäftigt sie nicht. Es ist ihr Leben.

Beispiele für Stresssituationen und Tipps für junge Berufseinsteiger

Welche Situationen haben in den letzten drei Monaten Stress bei Ihnen verursacht und warum? Im Folgenden finden Sie ein paar Stresssituationen, die im Leben vieler junger Berufseinsteiger vorkommen. Sie sind mit ihrem Studium fertig und haben den ersten Job. Was kann sie aus der Ruhe bringen? Stresssituationen sind zum Beispiel:

- ein Umzug
- ein Urlaub mit unvorhergesehenen Schwierigkeiten und Hindernissen
- eine Hochzeit, bei der ein Problem auftaucht

Solche Stressmomente erlebt jeder von uns. Es handelt sich dabei um einmalige, nicht wiederkehrende Situationen. Sobald der Stress vorbei ist, erholt man sich wieder. Risikoreicher sind die chronischen Stressauslöser, zum Beispiel hohe Arbeitsbelastung, (häufige) Auseinandersetzungen mit den Vorgesetzten und erbarmungslose Konkurrenz. Jungen, gut ausgebildeten Fachkräften gelingt es meist, Spannungen abzubauen, indem sie die Dinge relativieren. So erzählte mir

Frank, einer meiner Klienten, dass es ihm hilft, wenn er sich vorstellt, wie ein Astronaut in einem Shuttle über der Erde zu schweben. Er schaue dann durch ein kleines Fenster auf die Erde. Aus dieser Entfernung sehe alles sehr friedlich aus. Eine andere Klientin, Paula, meinte, sie habe immer einen Notizblock neben ihrem Bett liegen, um gute Ideen aufschreiben zu können.

Rechtzeitig zu Bett zu gehen und für ausreichend Ruhe zu sorgen ist für viele Menschen wichtig. Und: sich gründlich auf die Arbeit vorzubereiten. Durch regelmäßiges Wiederholen und häufiges Üben gelangt man zu einer souveränen Beherrschung seines Fachgebiets, die es einem erlaubt, über sich selbst hinauszuwachsen und Lösungen zu erkennen. Ebenfalls kann es nützlich sein, Stress als etwas zu betrachten, das schlichtweg dazugehört.

Warum gehört Stress dazu?

»Nennen Sie zwei Gründe, weshalb Stress zu Ihrer Karriere dazugehört« – so lautete eine Übungsfrage bei einem Workshop für Nachwuchskräfte. Alle Teilnehmer waren der Meinung, dass »Stress zur Karriere dazugehört«. Sie hoben die positiven Seiten hervor: Stress verbessert die eigene Leistung, durch Stress lernt man etwas, Stress holt einen aus der Komfortzone heraus. Ohne Stress kein Fortschritt. Stress wird aber destruktiv, so die Teilnehmer, wenn man den Überblick verliert und keine Entscheidungen mehr fällen kann. Dann schafft man sich selbst zu viele Baustellen. Nein sagen können ist ein wesentlicher Punkt, um die innere Ruhe zu wahren. Das fällt den jungen Berufstätigen allerdings ziemlich schwer. Es gelingt nicht immer, Nein zu sagen, weil der Vorgesetzte einen manipuliert oder ein Nein als Antwort nicht akzeptiert. Entscheidet man sich dann dafür, die entsprechenden Aufgaben doch zu erledigen, sollte man die Konsequenzen akzeptieren, dass zum Beispiel dadurch die Zeit für soziale Kontakte und Aktivitäten fehlt. Man kann nicht immer alles haben, aber man kann auch daran denken, dass man – je höher man auf der Karriereleiter steigt – selbst mehr zu sagen haben wird und seine Arbeit selbst organisieren kann. Diese Zeit wird kommen.

Wer nicht gewinnt, ist deshalb kein Loser

Wie kann man den hohen Druck, den man sich selbst auferlegt, vermindern? Es ist auf jeden Fall wichtig, belastende Erfahrungen, wie eine Zurückweisung oder einen Zusammenbruch, zu verarbeiten. Beschäftigen Sie sich damit. Fragen Sie sich, was die negative Erfahrung über Sie aussagt und welche Folgerungen Sie daraus ziehen. Wenn Ihre Schlussfolgerung über Sie selbst negativ ist, wenn Sie zum Beispiel denken, dass Sie als Person wertlos sind oder versagt haben, dann müssen Sie diese Auffassung korrigieren. Die Tatsache, dass man Sie zurückgewiesen hat oder dass Sie versagt haben, macht Sie nicht als Person schwach oder schlecht. In vielen Konkurrenzsituationen kann es nur einen Gewinner geben. Das bedeutet aber nicht, dass alle anderen Teilnehmer Loser sind. Ihnen hat in diesem Moment das entscheidende Quäntchen Glück gefehlt. Unterscheiden Sie zwischen Ihrer Person und Ihrem Verhalten.

> **Übung *Heart Assisted Therapy* (HAT, siehe auch S. 221)**
> Legen Sie Ihre beiden Hände übereinander auf die Brust, an die Stelle, wo sich Ihr Herz befindet. Atmen Sie dreimal ein und wechseln Sie dann die Hände. Atmen Sie dreimal zu Ihren Händen hin. Bringen Sie nun die Hände zurück in die Ausgangsposition und denken Sie an die Situation, in der Sie sich zurückgewiesen gefühlt haben. Sagen Sie laut zu sich: »Ich akzeptiere mich voll und ganz, auch wenn ich mich momentan schlecht fühle, weil ich übergangen wurde.«
> Es geht nicht darum, dass Sie eine negative Situation in Ihrem Leben bagatellisieren, sondern dass Sie sich der

Situation stellen. Es ist, wie es ist. Das hat keine Auswirkung darauf, wer sie sind. Klientinnen und Klienten haben mir bestätigt, dass diese Übung schon wegen des ersten Teils wirkt: Ich liebe mich selbst und ich akzeptiere mich selbst. Viele sprechen zum ersten Mal in ihrem Leben einen so positiven Gedanken über sich selbst laut aus.

Spring einfach

Fast alle Sportler seiner Disziplin hätten mentale Probleme, sagte der niederländische Hochspringer Martijn Nuijens in einem Interview. Bei den Leichtathletik-Weltmeisterschaften von 2009 in Berlin sprang er 2,27 Meter und wurde Fünfter. Er weiß, dass er höher springen kann, aber solange er sich Sorgen um seine Zukunft macht, wird ihm das kaum gelingen. Nun hat er sich vorübergehend vom Sport verabschiedet, um sich auf sein Studium zu konzentrieren und so für seine Zukunft zu sorgen. Wenn er das Studium abgeschlossen hat, will er zum Sport zurückkehren. Gleichzeitig lernt er mit der Unterstützung eines Mentalcoachs, seine Gedanken in Schach zu halten. »Man müsste wieder lernen, völlig unbefangen zu springen«, sagt Nuijens. Das klappt allerdings nur bei Anfängern. Später ist es immer auch eine Frage der Technik. Diese kann Nuijens nur dann einwandfrei zeigen, wenn er seine Gedanken unter Kontrolle hat. Empfindet er Stress, geht das zulasten der Sprunghöhe, etwa zehn Zentimeter weniger sind dann das Ergebnis. Denn, so Nuijens, wenn sein Körper beim Absprung auch nur minimal vom richtigen Winkel abweiche, sei der Sprung vermasselt. Sobald er unter Stress steht, kommt seine alte Technik wieder durch und es geht schief. In Berlin hat er den Stress loslassen können, indem er sich die Wolken anschaute.

Um den Stress unter Kontrolle zu bekommen, suchen Topathleten Sportpsychologen auf. Es hilft Nuijens zum Beispiel auch recht gut, wenn jemand aus dem Publikum ruft: »Ach, was macht es schon. Spring einfach!« Dann denkt er: Genau, was macht es schon aus? So kann er Wettkämpfe gewinnen. Aber auf Kommando unbefangen zu springen ist für ihn noch eine Kunst, die er sich gerne aneignen würde.

Die Messlatte hängt im Sport immer höher

Miriam kombiniert ihr BWL-Studium mit Leistungssport. Vor einigen Jahren wurde sie niederländische Meisterin im Hochsprung. Als sie an internationalen Wettkämpfen teilnehmen durfte, bekam sie es mit Versagensängsten zu tun. Beim Absprung blockierte etwas in ihr und sie lief, ohne abgesprungen zu sein, zurück zum Startpunkt. Die Versagensangst machte sich vor allem ab dem Zeitpunkt bemerkbar, als die Latte auf Augenhöhe lag. Einmal ist es schon vorgekommen, dass sie bei einem nationalen Wettkampf deshalb überhaupt nicht gesprungen ist. Sie machte sich daraufhin Vorwürfe. Ihr Trainer ist davon überzeugt, dass noch deutlich mehr Potenzial in ihr steckt, und meldet Miriam in meiner Praxis an, um ihre Ängste behandeln zu lassen.

Als Miriam mit dem Hochsprung anfing, lag die Latte bei 95 Zentimetern. Richtig Angst bekam sie bei einer Höhe von 1,70 Meter. Herzschlag und Atmung wurden schneller und sie spürte einen Knoten im Magen. Ihr Angstgedanke lautete: Beim Absprung bleibe ich am Boden. Falls ich doch springe, sieht es nach nichts aus. Dann kam noch ein Gedanke hinzu: Das wird nichts. Diese negativen Gedanken boykottierten ihre Entwicklung, obwohl sie auf der körperlichen Ebene alles dafür tat, um so gut wie möglich springen zu können. Dafür trainierte sie sechsmal die Woche zweieinhalb bis drei Stunden.

Welche Anforderung stellt sie selbst an den Hochsprung? Es sollte alles wie von selbst gehen, denn wenn sie sich nicht in irgendeiner Weise anstrengt, springt sie sehr gut. Ihr Ideal ist »unbefangen zu springen«, wie das auch ihr Kollege Martijn Nuijens formuliert hat. Dieser Wunsch steht in scharfem Kontrast zur Realität.

Ich habe Miriam gefragt, wie sie mit anderen Stresssituationen, zum Beispiel Prüfungen, zurechtkommt. Sie sagt: »Es macht mir nichts aus, wenn ich eine Prüfung an der Uni nicht bestehe, dann dauert das Studium halt länger.« In diesem Kontext kann sie also durchaus eine entspannte Haltung annehmen.

Das mentale Training für Miriam bestand aus zwei Komponenten: relativieren und sich selbst akzeptieren, so wie sie ist. Außerdem lernte sie, das Gefühl, gut zu springen, zu verstärken. Sie übte sich auch darin, mit einer anderen Haltung auf der Bahn zu stehen: mit einem Lächeln, konzentriert auf die Atmung und mit entspannten Schultern. Nach vier Sitzungen hatte Miriam die entsprechenden Instrumente in der Hand, nun musste sie sie noch in der Praxis anwenden. Nach einem Jahr schreibt sie: »Das Springen ist im letzten Jahr besser gegangen, ich habe in der Nebensaison sogar noch einen persönlichen Rekord gesprungen. Inzwischen liegt auch der erste Wettkampf in der Hallensaison hinter mir: Ich wurde Erste. Durch die Gespräche habe ich gelernt, meine Atmung zu regulieren, und mein Selbstvertrauen ist gewachsen.«

3. Grundlagen der Stressreaktion

Die Reaktion des vegetativen Nervensystems

Akuter Stress, wenn zum Beispiel ein Angebot unbedingt noch am selben Tag fertig sein muss, ruft eine Reaktion des vegetativen Nervensystems hervor. Das ist die bekannte Kampf- oder Fluchtreaktion, die Walter Cannon auf der Grundlage seiner Beobachtungen von Tieren formuliert hat. Unser Körper reagiert auf extreme Weise, um sicherzustellen, dass wir die angespannte Situation überleben.

Die Aktivierung sorgt dafür, dass

- sich die Pupillen weiten,
- die Herzschlagfrequenz zunimmt,
- sich die Blutgefäße zusammenziehen,
- mehr Blut in Hände und Füße strömt, andere Organe mit weniger Blutzufuhr auskommen müssen,
- kein Speichel mehr produziert wird,
- die Atmung schneller wird, mehr Sauerstoff ins Blut kommt,
- der Stoffwechsel Glukose aus der Leber freisetzt – für die nötige Energie – und Fett aus den Fettzellen,
- wir anfangen zu schwitzen,
- wir mehr Endorphine, natürliche Schmerzmittel, produzieren.

Diese körperlichen Reaktionen haben zum Ziel, uns zum Handeln zu befähigen: Kämpfen oder Fliehen. Die Kampf- oder Fluchtreaktion unseres emotionalen Gehirns steht unter der Kontrolle des kognitiven Gehirns (Neocortex), dem Teil also, der uns ermöglicht, zu argumentieren, Sprache zu gebrauchen, Pläne zu machen und zu organisieren. Bei Stress kann der Neocortex dafür sorgen, dass wir uns zurücknehmen und dass wir nicht – beispielsweise aus Wut – wild um uns schlagen. Der Neocortex befähigt uns, in einer komplexen sozialen Situation Dinge einzuschätzen, zu erwarten und zu beurteilen. Wenn es uns nicht gelingt, mit dem Arbeitsstress zurechtzukommen, reagiert der Körper mit erhöhter Herzschlagfrequenz, erhöhtem Blutdruck und einer Schwächung des Immunsystems (De Vente, 2011).

Auswirkungen der sozialen Situation auf die Stressreaktion

Auffallend ist, dass unsere Emotionen auch eine soziale Komponente haben, die soziale Situation beeinflusst die »Zuweisung« der Emotion, wie das folgende Experiment zeigt. Versuchspersonen wurde ein Stresshormon verabreicht, wodurch sie stärker aktiviert wurden. Dann wurden sie gebeten, kurz im Wartezimmer Platz zu nehmen. Dort saß ein Assistent, der sich entweder fröhlich oder verärgert zeigte. Die Studienteilnehmer dachten allerdings, dass es sich bei dem Assistenten ebenfalls um einen Teilnehmer handelte. Später berichteten die Probanden, während der Studie verärgert beziehungsweise glücklich gewesen zu sein, abhängig von der Stimmung desjenigen, der bei ihnen im Wartezimmer saß.

Spiegelneuronen

Neurowissenschaftler vermuten, dass das Gehirn aufgrund von Beobachtungen in der Außenwelt Stress einzuschätzen vermag, dass aber die Bedeutung, die damit verbunden ist, erst durch geteilte soziale Erfahrungen, Überzeugungen und Normen erkannt wird. In diesem Zusammenhang interessieren sich die Wissenschaftler für die Rolle der Spiegelneuronen. Diese Neuronen sorgen dafür, dass wir uns in andere Menschen einfühlen und hineinversetzen können. Spiegelneuronen spielen eine Rolle, wenn es darum geht, eine andere Per-

51

son nachzuahmen. Beobachten wir zum Beispiel jemanden beim Tennisspielen, spiegelt unser Gehirn diese Bewegungen. Dadurch können wir fühlen, was wir fühlen würden, wenn wir selbst diese Bewegung ausführen würden. Die Beobachtung von Schmerz, Glück oder Ekel aktiviert jene Areale im Gehirn, die mit der jeweiligen Emotion gekoppelt sind. So können wir empfinden, was ein anderer Mensch fühlt. Wenn wir jemanden auf der Straße lächeln sehen, lächeln wir in den meisten Fällen fast automatisch zurück. So schaffen die Spiegelneuronen ein gegenseitiges Band zwischen Menschen.

Die hormonelle Stressreaktion

Nach der ersten Stresswahrnehmung und der akuten Stress-reaktion (ergotrope Reaktion) erfolgt die Aktivierung der HPA-Achse (Hypothalamus-Hypophysen-Nebennierenrin-den-Achse). Das Gehirn mobilisiert Körper, Geist und Seele und bringt, indem es dem Hypothalamus, dem vegetativen Nervensystem und dem Immunsystem Signale schickt, die Produktion von Stresshormonen in Gang. Das Ganze stellt eine feine Abstimmung zwischen Körper und Geist dar, so-dass es als Einheit auf unsere Bedürfnisse reagieren kann. Die HPA-Achse bereitet die Cortisol-Produktion vor. Zu viel oder zu wenig Cortisol entscheidet über das Aussehen, die Qualität des Schlafs, den Energiepegel, die Stimmung und die Funktion unseres Immunsystems.

Die wichtigsten hormonellen Botschafter der Stressreaktion

CRH	Oxytocin
ACTH	Serotonin
Cortisol	Dopamin
Noradrenalin	Endorphine
Adrenalin	

Cortisol und Gewichtszunahme

Cortisol spielt eine wichtige Rolle bei der Bereitstellung neuer Energie, wenn die vorhandene Energie durch eine akute Stressreaktion aufgebraucht ist. Cortisol verwandelt Nahrung in Fett und regt den Appetit an. Ein Zuviel an Cortisol blockiert das Insulin und verhindert, dass die Muskeln dazu stimuliert werden, Glukose aufzunehmen. Stattdessen wird die Energie in Form von Fett rund um die Körpermitte abgelagert. Der dicke Bauch erhöht das Risiko auf: Insulinresistenz, Diabetes Typ 2, Herz- und Gefäßkrankheiten und Entzündungen.

Die Rolle von Oxytocin

Die amerikanische Sozialpsychologin Shelley Taylor geht davon aus, dass es neben den Reaktionen Kampf, Flucht und Erstarren auch noch eine andere Antwort auf Stress gibt. Im Fall einer Bedrohung könnten Menschen sich auch gegenseitig helfen. Taylor verweist auf frühere Gesellschaften mit einer klaren Rollenverteilung zwischen Männern und Frauen. Männer waren Jäger, Frauen Sammlerinnen. Bei Gefahr konnten sich die Frauen untereinander nicht im Stich lassen. Als Überlebensmechanismus war es sinnvoller, sich gegenseitig zu unterstützen und als Gruppe zu agieren. Taylor entdeckte, dass Oxytocin bei Sozialkontakten, beispielsweise im Verhalten von Müttern, eine Rolle spielt. Oxytocin sorgt dafür, dass ein Bedürfnis nach sozialen Kontakten besteht. Taylor betrachtet Oxytocin als sozialen Thermostat, der das Gehirn darüber informiert, ob ausreichend soziale Kontakte vorhanden sind, um mit Stress fertigzuwerden. Ein zu hoher Oxytocinspiegel kann ein Anzeichen für mangelnde soziale Kontakte sein. Wenn unser Kontakt zu anderen Menschen feindselig und wenig unterstützend ist, nimmt die Stressreaktion zu. Wir brauchen ein adäquates Maß an sozialer Interaktion.

Haben Frauen Probleme mit ihren sozialen Kontakten, zeigt sich bei ihnen ein erhöhter Oxytocinwert im Blut.

Frauen mit einem höheren Oxytocinspiegel hatten oft einen Verlust erlitten, sie hatten ihre Mutter verloren, ihr Haustier oder die beste Freundin. Oder die Beziehung zu ihrem Mann war nicht sehr gut, sie betrachteten den Partner als gefühlsarm und wenig unterstützend.

In den Medien wird Oxytocin gern als Kuschelhormon bezeichnet. Das ist jedoch einseitig, denn das Hormon hat vielfältige Wirkungen. Erhöhte Oxytocinwerte zeigen an, dass jemand durch Mangel an sozialen Kontakten gestresst ist. Wenn man in Kontakt ist, sinkt der Wert. Dies ist unter anderem auf die Wirkung von Oxytocin im Gehirn zurückzuführen.

Die Biochemie der Freundschaft

Bei einem Versuch bekamen Studenten Medikamente verabreicht, die die Aufnahme von Opiaten im Gehirn blockieren. Weibliche Studierende haben sich daraufhin verändert, die männlichen Studierenden nicht. Die Frauen haben mehr Zeit alleine verbracht, weniger Initiative bei ihren Freundschaften ergriffen und sie erlebten weniger Freude an ihren sozialen Kontakten. Das ist ein Hinweis auf die Rolle von Oxytocin und Opiaten bei Frauen. Dass die Substanzen vor allem bei Frauen starke Effekte haben, hat mit dem Einfluss von Östrogenen auf Oxytocin zu tun. Oxytocin kann zwar auch bei Männern Stress vermindern, allerdings hemmt Testosteron den Einfluss von Oxytocin. Das heißt, Frauen haben ein größeres Arsenal an stressreduzierenden Maßnahmen zur Verfügung als Männer.

Die Stressreaktion abbremsen

Stephen Porges hat aufgezeigt, dass es im Parasympathikus eine eingebaute Bremse gibt, den *Nervus vagus*. Der Nervus vagus ist ein kompliziertes System, das Gehirn und Körper miteinander verbindet, dazu zählen auch das Herz und die Verdauung. 1856 entdeckte Charles Darwin, dass der Nervus vagus Herz und Gehirn verbindet und dass die Verbindung dazu führt, dass Emotionen einen Einfluss auf Herz und Gehirn ausüben. Wie eine Bremse verlangsamt der Nervus vagus das Herz nach einer Aktivierung. Der Nerv verhindert, dass das Herz zu schnell schlagen kann. Beim Einatmen verliert der Nervus vagus die Kontrolle und das Herz schlägt dann schneller. Beim Ausatmen setzt der Nervus vagus die Bremse wieder an und die Herzschlagfrequenz sinkt wieder. Der Unterschied zwischen diesen beiden Zuständen wird vagaler Tonus genannt. Ein hoher vagaler Tonus ist ein Kennzeichen für eine gute Variabilität. Der vagale Tonus ist ein zuverlässiger Indikator für die sogenannte *Allostatische Last*: Man ist dann weniger anpassungsfähig und weniger flexibel.

Allostatische Last oder Überlastung

Allostase wird der Mechanismus genannt, der dafür sorgt, dass unser Körper trotz der zu erwartenden oder auch unerwarteten Stressphasen stabil bleibt. Allostase hat mit der persönlichen Einschätzung der jeweiligen Stresssituation zu tun und wie man darauf reagiert, ob und wie man sich anpasst. Je komplexer der Organismus und die Umgebung, desto sensibler ist dieser Prozess. Was passiert zum Beispiel, wenn Sie – zur üblichen Zeit – aufwachen, obwohl Sie den Wecker gar nicht gestellt haben? Ihre innere Uhr sagt Ihnen, dass es Zeit ist, aufzustehen. Ihr Blutdruck steigt, die Herzschlagfrequenz nimmt zu. Auch das Gehirn passt sich an, erwacht aus dem Schlaf und richtet sich auf die Umgebung aus. Das alles geschieht unbemerkt und ohne willentliche Steuerung. Im Inneren vollzieht sich die Veränderung von selbst, der Mensch passt sich an die Außenwelt und den neuen Tag an.

Die allostatische Last ist eine Folge der Verschleißerscheinungen, die der Körper in seiner Reaktion auf chronischen Stress erfährt. Viele Faktoren beeinflussen die Überlastung, wie genetische Anlagen oder Erfahrungen in der Kindheit, aber auch die täglichen Entscheidungen, die jemand trifft. Schlafmangel, übermäßige Nahrungszufuhr, Kaffee- und Alkoholgenuss, Bewegungsmangel und Angst machen uns angreifbarer für chronischen Stress.

Bruce McEwen, der den Begriff *Allostatische Last* als einer der ersten verwendete, unterscheidet vier mögliche Ursachen für die Überlastung:

- *Zu viele (belastende) neue Ereignisse.* Zu viele neue Ereignisse in zu kurzer Zeit verhindern, dass der Organismus sich zwischendurch erholen kann. Durch die schnelle Aneinanderreihung wird die Stressreaktion intensiviert. Menschen, die in kurzer Zeit Verwandte und Freunde verlieren, die zum Beispiel kurz hintereinander zu mehreren Bestattungen gehen müssen, können dadurch ausbrennen.
- *Wiederholtes Erleben derselben Belastungssituation bei fehlender Anpassung.* Normalerweise gewöhnt man sich an eine stressauslösende Situation. Aber es kann passieren, dass immer dieselbe Adrenalin- und Cortisolreaktion auf die immer gleiche Situation erfolgt. Ein Bühnenkünstler mit Lampenfieber erwartet, dass er sich irgendwann an die Situation gewöhnt. Wenn das aber nicht eintritt und jedes Mal dieselbe Stressreaktion abläuft oder womöglich sich die Reaktion sogar verstärkt, dann gilt dies ebenso als eine Form der allostatischen Last.
- *Anhaltende Aktivierung: Die Stressreaktion lässt sich nicht stoppen, auch wenn die Auslösesituation vorbei ist.* Die Betroffenen bleiben wachsam und auf der Hut. Manche Mütter mit Schreibabys bleiben angespannt, auch wenn ihr Kind nach zwei Jahren gut durchschläft. Hier spielt auch das Alter eine Rolle: Mit dem Älterwerden wird es schwieriger, den gestiegenen Wert des Stresshormons Cortisol wieder auf den früheren Wert abzusenken: Die Bremse funktioniert nicht mehr so gut.
- *Fehlende Aktivierung: schlecht funktionierende hormonelle Stressreaktion.* Wenn die Stressreaktion nicht gut funktioniert, können dadurch andere Systeme überaktiviert werden. Chronischer Stress kann zu Erschöpfung der Stress-

hormone führen. Abweichende Cortisolspiegel können ihrerseits zu Entzündungs- und Autoimmunreaktionen führen. Manchmal kann ein niedriger Cortisolspiegel einen gewissen Schutz bieten, trotz der Veränderungen im Autoimmunsystem. Genetische Disposition und Erfahrungen in der Kindheit beeinflussen die Entwicklung dieses Musters der allostatischen Last.

4. Die vier Stresstypen

In der Regel verursacht nicht die Situation an sich den Stress, sondern die Art und Weise, wie wir damit umgehen. Wie die Stressreaktion genau abläuft, hängt von der Intensität der individuellen Reaktion und vom persönlichen Reaktionsmuster ab. Die amerikanischen Gynäkologinnen Dr. Stephanie McClellan und Dr. Beth Hamilton haben auf der Grundlage der aktuellen Forschung und auf der Grundlage ihrer eigenen, klinischen Erfahrung ein einfaches Modell entwickelt. Es basiert in erster Linie auf der Stressreaktion des vegetativen Nervensystems (Sympathikus und Parasympathikus) und der HPA-Achse. Die drei wichtigsten Prinzipien, die dem Modell zugrunde liegen, lauten:

Ergotropie: Aktivierung des vegetativen Nervensystems und des Gehirns.
Trophotropie: Aktivierung des Erholungssystems durch Schlaf, Entspannung und Ruhe.
Glandotropie: die hormonelle Anpassung an Stress, die durch eine Cortisol-Über- beziehungsweise Unteraktivität gekennzeichnet ist.

Ergotropie und Trophotropie beschreiben die Stressreaktion des vegetativen Nervensystems, Glandotropie die der HPA-Achse. Aufgrund der Interaktion zwischen dem vegetativen Nervensystem und der hormonellen Achse unterscheiden McClellan und Hamilton vier Stresstypen: nach der ergotropen beziehungsweise trophotropen Aktivierung und nach der Cortisol- beziehungsweise glandotropen Aktivierung. Die Wissenschaftlerinnen kamen zu dieser Einteilung, nachdem sie untersucht hatten, wie die HPA-Achse und das vegetative Nervensystem (das »Kampf oder Flucht«-System des Sympathikus und das »Ausruhen und Regenerieren«-System des Parasympathikus) zusammenarbeiten. Im Kern gilt, dass bei jeder Stressreaktion beide Systeme beteiligt sind. Alltägliche Probleme aktivieren den sympathischen Teil unseres vegetativen Nervensystems. Das ist völlig normal und kein Grund zur Sorge. Man kann diese Aktivierung auch nicht verhindern. Alltägliche Sorgen und grüblerisches Denken aktivieren die HPA-Achse nicht. Man fühlt sich zwar gestresst, ist angespannt und müde, aber wenn man sich zwischendurch ausruhen kann, befindet man sich im grünen Bereich und nimmt keinen gesundheitlichen Schaden.

Bei akutem Stress und beginnendem chronischen Stress ist die Sache anders. Hier wird die HPA-Achse aktiviert und der Cortisolspiegel steigt. Die Muskeln sind verspannt, es folgen Schmerzen im Nacken und Schulterbereich und es kommt zu Kopfschmerzen, Müdigkeit und Reizbarkeit. Wir fühlen uns ruhelos, schlafen schlecht, Magen und Darm sind verstimmt. Anders gesagt: Wir leiden unter dem Stress und brauchen Ruhe, damit sich der Körper wieder von der allostatischen Last erholen kann.

Die beiden Stresssysteme, das vegetative Nervensystem mit der ergotropen und trophotropen Einstellung und die HPA-Achse sind in diesem Fall chronisch entweder zu hoch oder zu niedrig eingestellt oder sie funktionieren nicht gut im Zusammenspiel. Ergotrop könnte man übersetzen als: Adrenalin im Plus, bei Versagen im Minus. Trophotrop würde bedeuten: Adrenalin im Minus und bei Regenerierung im Plus. Glandotrop bedeutet: Cortisol im Plus oder Minus. Die Gynäkologinnen haben für die vier Stresstypen die Namen HyperS, HyperP, HypoS und HypoP ausgewählt. Damit man sie sich leichter merken kann, benutze ich in diesem Buch andere Namen für die Stresstypen und gebe zwischen Klammern die Begriffe von McClellan und Hamilton an.

Den eigenen Stresstyp feststellen

Im Anschluss an dieses Kapitel finden Sie den großen Stresstypen-Test, der Ihnen Ihre individuelle Stressreaktion nahebringen kann. Betrachten Sie die Typeneinteilung als Richtschnur oder wie ein Postleitzahlengebiet, in dem jeder einzelne Mensch seinen eigenen Platz hat. Man kann mit hoher oder niedriger Punktzahl zu dem einen oder anderen Typ tendieren, man kann auch Symptome mehrerer Typen zeigen. Jeder Mensch hat einen Stresstyp, genauso wie jeder Mensch entweder Rechts- oder Linkshänder ist. Der Stresstyp sagt etwas aus über die jeweilige Art der Aktivierung und nichts darüber, ob man etwas richtig oder falsch macht. Es gibt weder einen guten noch einen schlechten Typ. Wir bekommen erst dann Probleme mit unserem Stresstyp, wenn wir unter zu hohem Druck leben. Das Verhalten, das zum jeweiligen Stresstyp passt, offenbart die entsprechenden Fallstricke, zum Beispiel, dass man immer alles ganz genau kontrollieren will oder dass man sich umgekehrt zurückzieht und vorschnell aufgibt.

Wenn man seinen eigenen Stresstyp herausgefunden hat, weiß man auch, welches Verhalten man typischerweise in Stressphasen an den Tag legt. Somit kann man rechtzeitig auf die entsprechenden Risiken reagieren. So kann man zum Beispiel die zu hohe Aktivierung des vegetativen Nervensystems herabsetzen oder eine zu schwache Aktivierung ankurbeln. Dasselbe gilt für die hormonelle Stressreaktion: Manchmal wird es sinnvoll sein, diese zu verlangsamen, und in anderen Fällen, wenn die Stressreaktion zu schwach ist, wird man sie aktivieren.

Merkmale der vier Stresstypen

Der **Turbo-Typ**: zu hoch in Bezug auf Ergotropie und Glandotropie (zu viel Adrenalin und Cortisol, HyperS)

Der **Crash-Typ**: Ergotropie versagt, Glandotropie übernimmt die Regie (zu wenig Adrenalin, zu stark parasympathisch aktiviert, zu viel Cortisol, HyperP)

Der **hochsensible Typ**: Ergotropie zu hoch, Glandotropie versagt (zu viel Adrenalin, zu geringe Bremswirkung durch Parasympathikus, unzureichende Cortisol-Produktion, HypoS)

Der **Boreout-Typ**: Ergotropie niedrig, Glandotropie niedrig (geringe Adrenalin- und Cortisol-Produktion, HypoP)

Der **Turbo-Typ** tritt bei Stress auf das Gaspedal und schafft immer mehr in immer kürzerer Zeit. Der **Crash-Typ** funktioniert in Stresszeiten aufgrund seiner Willenskraft. Längst wird nicht mehr genug Adrenalin mobilisiert, der Zusammenbruch erfolgt bei diesem Typ häufig von einem Moment auf den anderen. Der **hochsensible Typ** produziert, da er ziemlich schnell aus dem Gleichgewicht gerät, viel Adrenalin, kann das Adrenalin aber nicht mehr abbremsen, weil die Cortisolproduktion erschöpft ist. Bei diesem Stresstyp ist häufig ein Jugendtrauma für die beeinträchtigte Adrenalin- und Cortisolproduktion verantwortlich. Und schließlich der **Boreout-Typ**, der sich selbst unterfordert, aus Angst vor den Auswirkungen von Stress.

2010 habe ich im Internet eine nähere Untersuchung zu den Stresstypen von McClellan und Hamilton begonnen. Ich wollte herausfinden, ob die Menschen sich in diesen Stresstypen wiedererkennen, welche Stresstypen am häufigsten vorkommen und ob es Unterschiede zwischen Männern und Frauen gibt. Bei der Internetstudie habe ich die folgenden Stresstypen unterschieden:

Turbo: Leistungsträger, die unter Stress besonders hart arbeiten.

Crash: Menschen, die viele Dinge gleichzeitig tun können, die wie ein Dieselmotor sehr lange durchhalten, Warnsignale negieren und am Ende zusammenbrechen.

Hochsensibel: Talentierte Menschen, die auf kleine Ereignisse mit viel Stress reagieren.

Boreout: Unsichere Menschen, die weniger Leistung erbringen, als sie könnten, weil sie Angst haben, bei Druck zu versagen.

Die Verteilung der Stresstypen

Nach etwas mehr als einem halben Jahr hatten 717 Menschen meinen Fragebogen auf www.burnin.nl ausgefüllt. Ein Teil war mittels eines Newsletters für Hochbegabte angeworben worden. Bei den 584 »normalen« Teilnehmern kam der Crash-Typ am häufigsten vor (246).

In Prozent ausgedrückt, ergibt sich folgendes Bild:

- 42 Prozent der Teilnehmer sind Crash-Typen (246)
- 18 Prozent sind Turbo-Typen (106)
- 6 Prozent sind hochsensibel (34)
- 4 Prozent sind Boreout-Typen (22)

Mehr als zwei Drittel der Teilnehmer gaben an, sich in einem Stresstyp wiederzuerkennen. Knapp ein Drittel erkannte sich in mehreren Stresstypen wieder.

Bei den 132 Hochbegabten lautet das Ergebnis der Fragebogenauswertung: 44 Prozent Crash-Typen, 13 Prozent Turbo-Typen, 4 Prozent hochsensible Typen und 5 Prozent Boreout-Typen. Genau zwei Drittel (66 Prozent) finden sich in einem der vier Typen beschrieben. Insgesamt sind die

Unterschiede zwischen der normalen Stichprobe und den Hochbegabten nicht sehr groß.

Unterschiede zwischen Männern und Frauen

In der Gruppe der nichthochbegabten Respondenten (584) habe ich Unterschiede zwischen Männern und Frauen gefunden. 43 Prozent der Frauen entsprechen dem Crash-Typ, gegenüber 39 Prozent der Männer. Beim Turbo-Typ gibt es mehr Männer: 24 gegenüber 17 Prozent bei den Frauen. 9 Prozent der Frauen sind hochsensibel, bei den Männern keiner. Zum Boreout-Typ zählen mehr Männer als Frauen: 6 gegenüber 4 Prozent.

In der Gruppe der Hochbegabten (133) gibt es ebenfalls Unterschiede zwischen Männern und Frauen, was die Einteilung in Stresstypen anbelangt. Hochbegabte Frauen zählen häufiger als hochbegabte Männer zum Crash-Typ (50 Prozent der Frauen, 39 Prozent der Männer). Beim Turbo-Typ sind es mehr Männer (18 Prozent der Männer, 10 Prozent der Frauen). Hochbegabte Frauen zählen häufiger zum hochsensiblen Stresstyp als hochbegabte Männer (8 zu 4 Prozent), beim Boreout-Typ ist es umgekehrt, mehr Männer gehören zu diesem Stresstyp als Frauen (8 zu 4 Prozent).

Es gibt allerdings kaum Mann-Frau-Unterschiede bezüglich der Gesamtpunktzahl, mit zwei Ausnahmen: Frauen erreichen im Vergleich zu den Männern höhere Punktzahlen beim hochsensiblen Typ und niedrigere beim Boreout-Typ.

Beruf oder Funktion

Die Menschen, die den Fragebogen für meine Untersuchung ausgefüllt haben, sind in sehr unterschiedlichen Branchen tätig, in Schulen, Dienstleistungsbetrieben, Callcentern, bei der Post, in sozialen Einrichtungen, in der Wissenschaft, der Informationstechnologie, dem Gesundheitswesen, dem öffentlichen Dienst, in Architekturbüros und im Kunstbetrieb. Auch was die Funktion angeht, waren die Teilnehmer sehr unterschiedlich. Es haben Studenten mitgemacht und Ärzte,

Postboten und Firmenchefs, Hausfrauen und Versicherungs-
agenten und viele mehr.

Die häufigsten Stresstypen

Auffallend ist, dass die Cortisol-Plus-Typen, also der Crash-
und der Turbo-Typ, am häufigsten vorkommen. Die Corti-
sol-Minus-Typen sind deutlich in der Minderheit. Dass zwei
Drittel der Teilnehmer sich in einem der Typen wiedererkennen konnte, spricht für die Brauchbarkeit der Kategorien.
Das Modell der beiden Ärztinnen Stephanie McClellan und
Beth Hamilton hat sich in dieser Studie bewährt.

Wenn es um Stress geht, spielt es keine Rolle, wie klug jemand ist. Hier regiert das emotionale Gehirn, die Reaktionen werden von der Amygdala (dem emotionalen Gehirn)
gesteuert.

Dass es im emotionalen Bereich Unterschiede zwischen
Männern und Frauen gibt, war keine große Überraschung.
Von allen 717 Teilnehmern zählte sich wohlgemerkt ein einziger hochbegabter Mann zum Stresstyp Hochsensible (insgesamt haben 157 Männer den Fragebogen ausgefüllt).

Ich betrachte die Ergebnisse als Bestätigung der heutigen
Behandlungsmethoden, die im Grunde auf den Typ Mensch
ausgerichtet sind, den der Psychoanalytiker Freudenberg
schon 1974 charakterisiert hat: der Typ, der bei Stress Gas
gibt, nicht auf Warnsignale hört und der, wenn »es knallt«,
kaum in der Lage ist, Adrenalin zu produzieren.

Die meisten Menschen mit einem Burnout fahren gut mit
der Empfehlung, die in den letzten Jahren Standard geworden ist: Sport treiben, um den Stress loszuwerden. Die meisten Betroffenen werden ihrem Arbeitsplatz auch nicht sehr
lang fernbleiben, sondern innerhalb von vier bis sechs Wochen ihre Tätigkeit wieder ausüben können.

Ich vermute, dass Turbo-Typen sich schneller erholen und
nach kürzerer Auszeit ihre Arbeit wieder aufnehmen können
als Crash-Typen. Crash-Typen müssen sich strikt an eine
schrittweise Wiederaufnahme von Aktivitäten halten und

darauf achten, dass sie sich nicht zu viel auf einmal zumuten. Das Risiko, einen Rückfall zu erleiden, ist bei ihnen hoch. Sowohl Turbo- als auch Crash-Typen haben eine gute Prognose, vorausgesetzt, die Rückkehr zum Arbeitsplatz wird gut begleitet und sie achten auf die Signale ihres Körpers. Für Crash-Typen gilt – mehr noch als für Turbo-Typen – dass Achtsamkeit und die *Heart Assisted Therapy* helfen können, den Cortisolspiegel zu senken. Die Turbo-Typen können das auch durch Sport erreichen. Den Crash-Typen ist beim Thema Sport Vorsicht empfohlen, da sie nur eingeschränkt Adrenalin produzieren. Die Stresstypen Boreout und Hochsensible brauchen wieder eine andere Herangehensweise. Der hochsensible Stresstyp muss von einem schwankenden Cortisolspiegel ausgehen, der mal hoch, mal niedrig ist. Eventuelle traumatische Erfahrungen sollten zuerst behandelt werden. Weiter ist es wichtig, die Wiedereingliederung am Arbeitsplatz gut begleiten zu lassen und die angstvollen Gedanken, die dabei entstehen, mit der rationalen Selbstanalyse (siehe Seite 158) zu behandeln. Was Sport angeht, sind diese beiden Typen meist nicht sehr aktiv, wobei sich die körperliche Bewegung durchaus steigern ließe, zum Beispiel mithilfe eines Schrittzählers.

Stresstypen am Arbeitsplatz

Turbo-Typ: Wenn Sie ein Turbo-Typ sind, arbeiten Sie hart, schaffen viel und sind sehr produktiv. Das Risiko: In Situationen, die Ihnen Stress bereiten, schalten Sie in einen höheren Gang und die Stresshormone schießen in die Höhe.

Crash-Typ (der »Dieselmotor«): Sie sind »der ideale Mitarbeiter«, sehr zuverlässig. Sie können mehrere Dinge gleichzeitig tun und Sie halten lange durch (wie ein Dieselmotor). Das Risiko: Sie negieren Warnsignale, ein Zusammenbruch könnte drohen.

Hochsensibler Typ: Sie sind sensibel und haben viele Talente. Das Risiko: Schon kleine Ereignisse können Sie stark aus dem Gleichgewicht bringen.

Boreout-Typ (der »Einsiedler«): Sie sind ein unabhängiger Denker, klug, manche würden vielleicht sagen ein »Nerd«. Das Risiko: Sie werden schnell unsicher und neigen dazu, sich weniger zuzutrauen, als Sie könnten, weil Sie befürchten, den Druck nicht gut auszuhalten.

Eine Organisation oder ein Betrieb, der wirklich zu Ihrem Stresstyp passt, ist der Betrieb, bei dem Sie persönlich am meisten gefordert sind. Im günstigsten Fall wird man sich im Betrieb zugleich über die Risiken, die Ihnen drohen, bewusst sein und dafür sorgen, dass es nicht so weit kommt.

Welche Organisation, welche Firma passt zu mir?

Sie können sich sicher vorstellen, dass Sie sich als **Boreout-Typ** wohlfühlen, wenn in Ihrer Firma Kollegialität großgeschrieben wird und die Organisation der Arbeit übersichtlich ist. Sie können dann in einer sicheren Umgebung Ihre Arbeit machen. Sie würden sich vielleicht eher für die Arbeit mit Senioren entscheiden als für die hektischere Arbeit mit Jugendlichen. Sie wären vielleicht lieber Mitarbeiter(in) unter vielen und weniger gern in leitender Position. Durch Ihre Unsicherheit kann es Ihnen passieren, dass die Angst zuschlägt und Sie das Gefühl des Kontrollverlusts erleben. In solchen Momenten ist es sehr beruhigend, von netten Kollegen Bestätigung zu bekommen.

Sind Sie der **hochsensible Stresstyp**? Dann kommen Sie in kreativen Berufen gut zurecht, weil Sie aufgrund Ihrer Sensibilität zum Beispiel als Musiker(in) in einem Orchester oder als Designer(in) in einem Medienbetrieb Spitzenleistungen erbringen können. Damit Sie nicht aus dem Gleichgewicht geraten, ist es wichtig, dass der Arbeitgeber Ihnen flexible

Arbeitszeiten ermöglicht und dass Sie möglichst nicht in Vollzeit arbeiten.

Als **Crash-Typ** mit Talent zum Multitasking fühlen Sie sich in einer dynamischen Organisation, bei der Sie mehrere Dinge gleichzeitig zu tun haben, im positiven Sinn herausgefordert. Das kann beispielsweise ein Unternehmen sein, das Events organisiert. Da Sie die Neigung haben, Warnsignale zu überhören, und Ihnen dann der unvermittelte Kollaps droht, müsste sich Ihr Arbeitgeber explizit für Arbeitswochen von höchstens 40 Stunden stark machen und keine Anreize für Überstunden bieten.

Sind Sie der **Turbo-Typ**, dann fühlen Sie sich am wohlsten, wenn in Ihrer Organisation der Leitspruch gilt: »Nicht lange quatschen, sondern machen!« Das könnte beispielsweise in der Technikbranche der Fall sein. Auch Sie können Probleme bekommen, manchmal passiert das bei zu viel Arbeit, oft passiert das aber auch, wenn die Arbeitsbelastung sinkt. Sie ackern immer weiter und können nicht mehr aufhören. Meistens gibt es vor der Erschöpfung Warnsignale des Körpers, wie eine Grippe oder eine Erkältung, aber zum Zusammenbruch kommt es nicht. Ihr Arbeitgeber müsste diese Art von Signalen richtig deuten können. In den Zeiten, in denen es weniger Arbeit gibt, könnte er Sie vorübergehend an einer anderen Stelle arbeiten lassen oder er könnte Sie auf Fortbildung schicken, damit Sie immer beschäftigt bleiben. Bei Überlastung muss er die Menge der Aufgaben bei gleicher Arbeitszeit reduzieren. So lernt man als Turbo-Typ, Gas zurückzunehmen.

Stresstypen und Unternehmenskultur

Betriebe ziehen aufgrund ihrer Betriebskultur oder der spezifischen Tätigkeitsfelder, für die sie Mitarbeiter benötigen, Menschen an, die auf ähnliche Weise mit Stress umgehen.

Vor Kurzem habe ich bei einem Straßen- und Wasserbaubetrieb ein Stresspräventions-Training abgehalten. Die Teammanager waren vor allem Turbo-Typen, die kaum Probleme mit Stress hatten, wie sich aus ihren Antworten auf den Fragebogen zeigte.

Wie ist das zu erklären? Man könnte nun vermuten, dass ihre Arbeit vielleicht nicht sehr stressig ist, das war aber nicht der Fall. Sie hatten alle unter Energieräubern zu leiden wie Entscheidungsunfähigkeit im Unternehmen, schwierige Mitarbeiter, manchmal fehlende Ergebnisse und langweilige, monotone Arbeit. Auch die Puffer gegen den Stress, die Energiespender, waren nicht außergewöhnlich: autonomes Arbeiten, tolle Kollegen, Resultate, Humor und Anerkennung.

Die Teammanager hatten selbst eine Erklärung: »Das Unternehmen passt zu uns. Hier herrscht wirklich eine Atmosphäre des ›Anpackens‹. Probleme werden nicht größer gemacht, als sie sind, und wenn sich einmal jemand krank fühlt, arbeitet er einfach weiter.«

Durch die Krise ist der Arbeitsaufwand in letzter Zeit geringer geworden. Damit konnten die Manager nicht gut umgehen. Sie blieben in ihrem »Aktiv-Anpacken«-Modus, kämpften gegen Windmühlen, erreichten damit aber wenig, außer dass sie sich ausgepowert fühlten. Ihnen wurde bewusst, dass das Unternehmen andere Menschen brauchte, Mitarbeiter, die auf Kommunikation und Akquise ausgerichtet sind und weniger die technische Seite der Arbeit im Fokus haben, also mehr der Stresstyp Hochsensible. Ihre Kultur des »Nicht lange quatschen, sondern machen« passte aber nicht zu diesem Typ Mitarbeiter. Es müsste mehr geredet und mehr zugehört werden, um diesem Typ Mitarbeiter im Unternehmen angemessen Raum zu geben. Mit Coaching versuchen sie nun, die Unternehmenskultur zu korrigieren.

Präventive Anti-Stress-Tipps für jeden Stresstyp

Die Anti-Stress-Tipps in diesem Buch konzentrieren sich auf vier Aspekte der gesundheitlichen Balance:

- den physischen Aspekt (Bewegung und Ernährung)
- den emotional-sozialen Aspekt
- den mentalen Aspekt
- die Sinnfrage und Sinnorientierung

Bewegung

Bewegung ist sinnvoll, weil wir dabei Abfallstoffe der Stresshormone ausscheiden. Wir lernen, die steifen Muskeln zu entspannen und uns nach einer Anspannung wieder zu regenerieren. An sich ist es nicht problematisch, angespannt auf einen Bildschirm zu starren, solange wir nicht die ganze Zeit in der Anspannung bleiben, weil dann der Stressmechanismus, die Aktivierung, schwieriger abzustellen ist. Wenn man sich eine Dreiviertelstunde lang bewegt, produziert der Körper Endorphine und damit auch positive Gedanken. Das geschieht beim Joggen, aber zum Beispiel auch Zumba hat diesen Effekt. Zumba hat zudem den Vorteil, dass man dabei Musik hört und sich in der Gruppe bewegt. Das macht gute Laune.

Übung »Auf einem Bein stehen«

Wenn Sie dazu neigen, Probleme gedanklich hin- und herzuwälzen, kann Ihnen diese Übung helfen. Während Sie an das Problem denken, belasten Sie Ihren »Arbeitsspeicher« und die Lebendigkeit und Emotionalität der Erinnerungen werden schwächer. Deshalb sollten Sie die Gedanken zwischendurch abstellen.

Richten Sie den Blick auf einen festen Punkt. Es ist einfacher, auf einem Bein zu stehen, wenn man einen Punkt im Raum fokussiert. Der Körper ist es nicht gewöhnt, auf einem Bein zu stehen, sodass er nun besonders gefordert ist. Das Gehirn strengt sich an, das Gleichgewicht zu finden. Man kann nicht gleichzeitig auf einem Bein balancieren und grüblerischen Gedanken nachhängen. Die hinderlichen Gedanken und Erinnerungen verblassen, genau wie die Gefühle, die sie auslösen.

Emotional-sozialer Aspekt

Frauen sind zwar stressempfindlicher als Männer, sie sind aber besser in der Lage, etwas gegen ihren Stress zu unternehmen. Frauen produzieren mehr Oxytocin, das für angenehme Gefühle sorgt. Dieses Gefühl wird verstärkt, wenn man sich mit anderen verbunden fühlt oder etwas für sie tut. Wenn eine Frau sich nicht gut fühlt, hilft es ihr häufig, mit Freundinnen zu reden, einen Apfelkuchen für Gäste zu backen oder im Fernsehen eine Serie anzusehen. Fernsehen löst zwar meistens negative Reize aus, aber nicht, wenn wir Serien anschauen. Wahrscheinlich hat das damit zu tun, dass wir die Schauspieler von Seifenopern wie Familienmitglieder betrachten. Frauen, vor allem hochqualifizierte Frauen, bekennen sich nicht gern öffentlich dazu, dass sie Seifenopern mögen. Doch das ist Unsinn: Man erholt sich dabei vom Alltagsstress. Oxytocin wird auch bei Berührung freigesetzt, was auch erklärt, warum wir uns nach einer Massage besser fühlen.

Frauen frage ich immer, von welchen Aktivitäten sie ruhig werden, welche Aktivitäten also Oxytocin freisetzen. Ich bekomme dann Antworten wie: den Bürgersteig kehren, bügeln, malen, Unkraut jäten und Pflanzen im Garten einsetzen. Oft sind es eintönige, langsame Bewegungen, die eine beruhigende Wirkung entfalten. Nutzen Sie diese Erkenntnis, wenn Sie überdreht oder sehr gestresst sind.

Bei Männern wird das Oxytocin durch Testosteron gehemmt. Viele Männer können sich entspannen bei Atemübungen, beim Musikhören, beim Singen im Chor, bei Museumsbesuchen, beim Holzsägen oder bei therapeutischen Übungen nach der rational-emotiven Therapie (RET).

Mentale Einstellung

Stephanie McClellan und Beth Hamilton zitieren die Psychologin Dr. Suzanna Kobasa, die drei mentale Eckpfeiler bei Menschen, die gut mit Stress umgehen, ausgemacht hat: Hingabe, Kontrolle und Herausforderung.

- **Hingabe:** Man ist immer dann mit Hingabe mit einer Sache befasst, wenn man spürt, dass das, was man tut, einen Sinn hat. Diese Hingabe widmet man seiner Familie, der Arbeit, den Freunden und Bekannten. Wir arbeiten dann mit Überzeugung an einer Aufgabe und setzen uns vollständig dafür ein, unsere Ziele zu erreichen.
- **Kontrolle:** Es ist wichtig, das Gefühl zu haben, dass man selbst bestimmen kann, womit man sich beschäftigt. Wenn man das Gefühl hat, dass die Umstände oder andere das eigene Schicksal bestimmen, leidet man stärker unter Stress. Die Menschen, die das Gefühl haben, dass sie sich in ihrem Leben auf die Dinge ausrichten können, die ihnen selbst wichtig sind, haben das innere Gefühl der Kontrolle.
- **Herausforderung:** Menschen, die gut mit Stress zurechtkommen, betrachten Probleme meist als Herausforderung und weniger als etwas, das bedrohlich für sie ist oder sie zu Fall bringen könnte.

Sinnfrage und Sinnorientierung

Wenn die Frage nach dem Sinn im Leben zu kurz kommt, entsteht daraus ein Gefühl der Leere. Man glaubt, in einer Sackgasse gelandet zu sein. Das Selbstvertrauen und die persönliche Effektivität leiden. Nehmen Sie solche Gefühle ernst, laufen Sie nicht davor weg. Spüren Sie diesen Empfindungen nach und akzeptieren Sie sie. Als Nächstes können Sie dann überlegen, wie Sie weiter vorgehen wollen. In der

Anleitung zur *Heart Assisted Therapy* (siehe Seite 221) finden Sie mehr darüber.

So bleiben Sie bei Stress aus der Gefahrenzone

TUN	NICHT TUN
Absprachen/Regelungen treffen. Sie neigen dazu, schöne Dinge wie mit Freunden ausgehen, Sport treiben, Wochenendtrips und Ähnliches abzusagen. Sie denken, der Stress wird nachlassen, wenn Sie weniger tun. Soziale Kontakte sehen Sie als Belastung, dabei wäre es gerade sinnvoll, etwas zu unternehmen, was mit der Stresssituation nichts zu tun hat.	**Alarmglocken ignorieren.** Wenn Sie morgens wach werden und mit Widerwillen in den Tag starten, wenn Sie häufig krank sind oder wenn andere Ihnen sagen, Sie hätten aber wieder schlechte Laune, können das Zeichen einer drohenden Überbelastung sein. Stress zu negieren bringt gar nichts. Es ist besser, wenn Sie sich jetzt darum kümmern und nicht erst in 15 Jahren.
Gesunde Ernährung. Wer unter einem hohen Arbeitsdruck steht, möchte neben dem Job möglichst wenig tun, also auch nicht ausführlich kochen. Menschen mit Stress ernähren sich oft ungesund, dabei wäre es gerade in solchen Phasen wichtig, dem Körper etwas Gutes zu tun.	**Die Kontrolle um jeden Preis behalten wollen.** Wir haben von Natur aus die Neigung, die Kontrolle zurückerobern zu wollen, wenn uns die Arbeit zu viel wird. Das kann bedeuten, dass wir immer früher in die Arbeit gehen und immer länger bleiben oder dass wir Arbeit mit nach

	Hause nehmen. Dieses Verhalten verstärkt das Problem. Also: nicht tun.
Veränderung wagen. Wir halten oft lange aus, obwohl wir uns nicht wohlfühlen, im Job, in der Freizeit oder in einer Beziehung. Die Angst vor Veränderung und Unsicherheiten verhindern, dass wir neue Wege gehen. Dabei können Veränderungen unseren Horizont erweitern und uns helfen, Zusammenhänge aus einem neuen Blickwinkel zu sehen.	**Auf unterminierende Gedanken hören.** Menschen mit Stress sind gedanklich oft mit Katastrophen beschäftigt: Ich werde sozial absteigen, ich kann es einfach nicht, es gelingt nie. Solches Denken untergräbt das Selbstbewusstsein und schadet dem Selbstwertgefühl. Dieser Teufelskreis muss durchbrochen werden. Suchen Sie sich immer ein Gegenbeispiel zu den negativen Gedanken.
Buch führen. Schreiben Sie einmal alles, was Sie an einem Tag machen, auf und Sie werden den Unterschied zwischen Anspannung und Entspannung sehen können. Auf diese Weise kann man sich zum Beispiel bewusst machen, dass es viel Energie kostet, wenn man x-mal am Tag seine E-Mails checkt. Nehmen Sie sich vor, nur noch zwei Mal am Tag Ihre E-Mails abzurufen.	**Permanente Überforderung.** In »einem Aufwasch« das Haus aufräumen, den Garten auf Vordermann bringen und ein Abendessen für Freunde zaubern, das ist zu viel des Guten. Gehen Sie in sich und finden Sie heraus, was Ihnen Freude macht.

73

Positiv denken. Menschen mit Stress neigen dazu, alles, was nicht gut läuft, besonders hervorzuheben und Positives zu bagatellisieren. Schreiben Sie jeden Tag drei Dinge auf, die gut laufen.	**Frustration wegtrinken, wegkonsumieren oder wegshoppen.** Akzeptieren Sie, dass es im Leben weniger schöne Phasen gibt. Sich gegen unangenehme Gefühle zu stemmen ist so wenig sinnvoll, als würden Sie dem Meer sagen, es müsse jetzt mal Schluss sein mit Ebbe und Flut.

In den nächsten Kapiteln finden Sie mehr Anti-Stress-Tipps – zugeschnitten auf die einzelnen Stresstypen.

5. Der große Stresstypen-Test

Fragebogen

Auf einer Skala von 0 bis 2: Wie sehr treffen die folgenden Aussagen auf Sie zu?

0 = stimmt nicht
1 = kommt gelegentlich vor
2 = trifft völlig zu

1 Ich bin unruhig, trommle häufig mit den Fingern oder wippe mit den Füßen. *1*
2 Ich presse oft meinen Kiefer zusammen. *2*
3 Bei Stress habe ich wenig Appetit. *0*
4 Ich schlafe schlecht ein. *2*
5 Oft schrecke ich in der Nacht aus dem Schlaf hoch. *1*
6 Wenn ich unter Druck stehe, werde ich aktiver, beginne zum Beispiel aufzuräumen. *2*
7 Ich vergesse manchmal Dinge. *2*
8 Ich leide unter Spannungskopfschmerzen. *2*
9 Wenn ich angespannt bin, habe ich oft Magenverstimmungen. *0/1*
10 Zur Entspannung mache ich ausgiebig Sport. *1*
11 Ich bin oft erkältet. *0/0*
12 Sucht ist für mich ein Risiko. *0*
13 Wenn ich zunehme, sieht man das zuerst am Bauch. *2*
14 Ich stehe gern früh auf. *0*   *15*
15 Ich bin ein richtiger Multitasker. *1*
16 Ich habe sehr viel Energie – bis ich dann plötzlich zusammenbreche. *1*

17 Oft liege ich das ganze Wochenende auf dem Sofa oder im Bett, um mich zu erholen. _2_

18 Wenn ich ausgelaugt bin, lasse ich alles liegen, schaue nicht einmal meine E-Mails an und öffne meine Post nicht. _0_

19 Nachdem ich zusammengebrochen bin, schütze ich mich vor Reizen aller Art. _0_

20 Es kommt oft vor, dass ich an den ersten Urlaubstagen krank bin. _0_

21 Ich bin schnell gereizt. _2_

22 Ich sehe manchmal alles verschwommen. _1_ 7

23 Meine Mutter hatte eine schwierige Schwangerschaft. _0_

24 Ich wurde zu früh geboren. _0_

25 In meiner Kindheit habe ich einige schlechte Erfahrungen gemacht. _1_

26 Kleinigkeiten können mich aus dem Gleichgewicht bringen. _1_

27 Ich fühle mich ausgelaugt. _1_

28 Ich leide regelmäßig unter Schmerzen im Schulter- und Nackenbereich sowie unter Rückenschmerzen. _2_

29 Ich bin ein emotionaler Esser. _0_

30 Wenn ich zunehme, landen bei mir die Pfunde auf Oberschenkeln und Hüften. _0_

31 Wenn ich nur an Laufen oder Fitness denke, fühle ich mich müde. _0_

32 Es fällt mir schwer, morgens aus dem Bett zu kommen. _1_

33 Ich leide unter Ekzemen, Psoriasis oder anderen Hautproblemen. _1_

34 Ich leide unter PMS – dem prämenstruellen Syndrom – beziehungsweise unter Wechseljahrsbeschwerden. _0_

35 Ich leide an Heuschnupfen, Asthma oder Allergien. _0_

36 Wenn es Herbst wird, ist meine Stimmung oft niedergeschlagen.
37 Ich fühle mich extrem erschöpft.
38 Ich habe keinerlei Ehrgeiz und bin kaum motiviert.
39 Ich bin oft passiv.
40 Ich ziehe mich von anderen Menschen zurück.
41 Ich langweile mich regelmäßig.
42 Ich kann meine Gefühle nicht gut äußern.
43 Stress führt bei mir zu Magenkrämpfen, Durchfall oder Verstopfung.
44 Ich leide unter Muskelschwäche.
45 Auch wenn ich nur wenig Alkohol trinke, fühle ich mich sofort beschwipst.
46 Ich fühle mich oft leicht im Kopf und schwindelig.
47 Ich fühle mich manchmal wie ein Zuschauer in meinem Leben.
48 Ich habe weder Höhen noch Tiefen, fühle mich oft flach.

Auswertung

Aufgrund der Selbsteinschätzung lassen sich vier Stresstypen unterscheiden. Zählen Sie Ihre Ergebnisse bei den folgenden Fragen zusammen:

Typ 1: Wie lautet Ihre Gesamtpunktzahl bei den Fragen 1 bis einschließlich 14? _15_ Punkte

Typ 2: Wie lautet Ihre Gesamtpunktzahl bei den Fragen 15 bis einschließlich 22? _7_ Punkte

Typ 3: Wie lautet Ihre Gesamtpunktzahl bei den Fragen 23 bis einschließlich 36? _8_ Punkte

Typ 4: Wie lautet Ihre Gesamtpunktzahl bei den Fragen 37 bis einschließlich 48? _12_ Punkte

Analyse

Wenn Sie bei den Fragen 1 bis 14 **20 oder mehr Punkte** erreicht haben, sind Sie ein **Turbo-Typ**. Sie erhöhen bei Stress Ihr Tempo.

→ *Tipps*: Legen Sie Pausen ein – in der Arbeit und im Privatleben; frühstücken Sie ausgiebig, aber nehmen Sie wenig Kaffee und Tee zu sich, machen Sie regelmäßig Urlaub. Mindestens zwanzig Minuten täglich starke körperliche Beanspruchung.

Haben Sie bei den Fragen 15 bis 22 **10 Punkte oder mehr** erreicht?

Ihnen geht ganz plötzlich die Energie aus. Sie spüren keine Anzeichen, brechen aber von einem Moment auf den anderen zusammen. Sie sind das Musterbeispiel für den **Crash-Typ**.

→ *Tipps*: Trinken Sie am Morgen eine Tasse starken Kaffee. Machen Sie Atemübungen, Yoga, hören Sie Musik und lassen Sie es nach körperlicher Anstrengung ruhig angehen. Sorgen Sie dafür, dass Ihr Körper den Unterschied zwischen Anspannung und Entspannung erkennen lernt.

Wenn Sie bei den Fragen 23 bis 36 **20 oder mehr Punkte** erreicht haben, sind Sie ein **hochsensibler Typ**. Von außen betrachtet wirken Sie ruhig, aber in Ihrem Inneren reiben Sie sich auf. Schon Kleinigkeiten können Sie aus dem Gleichgewicht bringen. Sie scheinen diese Reaktion nicht kontrollieren zu können.

→ *Tipps*: Nehmen Sie Nahrungsmittel zu sich, die Endorphine anregen. Melden Sie sich bei einer Laufgruppe an, denn auch Laufen führt zur Ausschüttung von Glückshormonen. Erlernen Sie Achtsamkeitsübungen als Gegenmittel für das Grübeln.

Haben Sie bei Frage 24 und bei den Fragen 37 bis 48 **insgesamt 16 Punkte oder mehr** erreicht? Sie sind jemand, dem es schwerfällt, sich dazugehörig zu fühlen. Häufig sehen Sie sich eher als Außenstehender und soziale Kontakte kosten Sie viel Kraft. Sie können sehr gut in Ihrer Arbeit sein, ergreifen aber keine Initiative. Sie sind ein Vertreter des **Boreout-Typs.**

→ *Tipps*: Bringen Sie sich am Morgen mit Kaffee auf Trab. Regelmäßigkeit ist bei Ihnen wichtig, sowohl bei den Übungen als auch in der Ernährung. Verbessern Sie Ihre Kondition und Ihre Belastbarkeit in der Arbeit.

Manchmal kommen Mischtypen vor. Schauen Sie sich an, in welchem Typ Sie sich am meisten wiedererkennen, und beherzigen Sie die Tipps, die zu diesem Typ gehören. Es kann auch sein, dass sich keine Zugehörigkeit zu einem Stresstyp ergibt, weil Sie möglicherweise gut ausgeglichen sind.

Bei 584 freiwilligen Versuchspersonen zeigte sich bei den einzelnen Stresstypen jeweils die folgende durchschnittliche Punktezahl:

Turbo	11
Crash	14
Hochsensibel	7
Boreout	8

6. Der Turbo-Typ

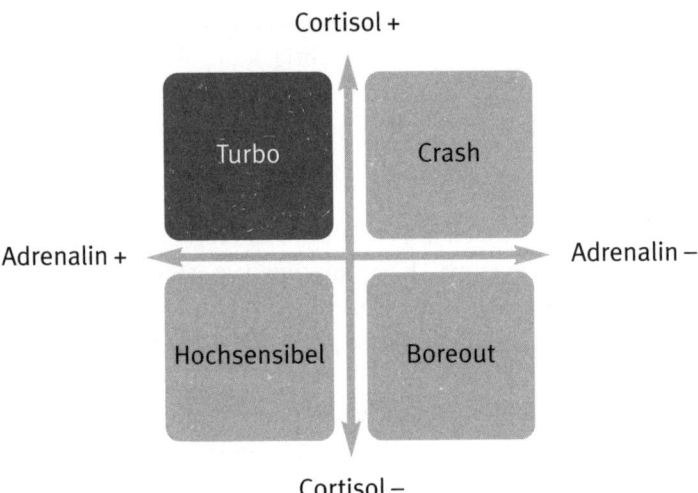

Cortisol +

Turbo

Crash

Adrenalin +

Adrenalin –

Hochsensibel

Boreout

Cortisol –

Sie gehören zur Gruppe der Leistungsträger. Manchmal trommeln Sie mit den Fingern auf den Tisch. Sie sprechen schnell und sind immer pünktlich. Bei Stress erleben Sie gelegentlich eine Panikattacke und schlafen dann schlecht. Normalerweise sind Sie sehr produktiv, aber bei Stress legen Sie sogar noch zu, Sie schalten in einen höheren Gang. Sie werden insgesamt unruhiger und wollen immer mehr kontrollieren. Der Stresshormonspiegel schießt in die Höhe. Sie würden jetzt gut daran tun, etwas Gas zurückzunehmen, Sport zu treiben oder in die Stadt zu gehen und etwas Schönes mit einer Freundin zu unternehmen. Es ist nicht entscheidend, was Sie zur Entspannung machen, solange es Ihnen Entspannung bringt.

Aber als Turbo-Typ sagen Sie sich oft: »Jetzt noch durchhalten, diese Sache noch zu Ende bringen, dann kümmere ich mich um meine körperliche Fitness.« Wenn es dann so weit ist, fällt es Ihnen schwer, sich zu entspannen. Sie schauen noch einmal auf einem Verkaufsportal im Internet nach, klicken eine interessante Seite an, lesen die letzten Tweets durch und schauen, was im Fernsehen kommt. Sie fühlen sich innerlich unruhig, weil es Ihnen nicht gelingt, sich zu entspannen.

Um sich besser zu fühlen, essen Sie ein paar Süßigkeiten oder trinken etwas. Das lässt den Blutdruck und die Herzschlagfrequenz steigen, was bewirkt, dass Sie sich noch unwohler fühlen. Nach einer unruhigen Nacht, in der Ihr Herzschlag merklich beschleunigt war, werden Sie unausgeschlafen wach. Sie lassen das Frühstück weg, weil Sie keinen Appetit haben, und starten mit einer Tasse Kaffee im Büro in den Tag. Im Verlauf des Tages merken Sie, dass Sie zunehmend Konzentrationsprobleme haben und dass Sie die eine oder andere Sache vergessen haben. Gegen Ende des Tages – Sie sind gerade in einer Sitzung – fühlen Sie sich leicht schwindlig. Sie haben Angst, ohnmächtig zu werden. Ihnen wird bewusst, dass Sie bisher kaum etwas gegessen haben, und Sie verschlingen schnell einen Schoko-Muffin. Das Schwindelgefühl lässt nach, aber Schultern und Nacken fühlen sich wie eingesperrt an.

Sie gehen spät nach Hause und spüren, wie Ihnen langsam die Kontrolle über die Arbeit entgleitet. Sie verschieben den Urlaub, den Sie geplant hatten. Es ist jetzt zu viel los in der Arbeit, Sie können nicht weg. Außerdem ist es angesichts der Umstrukturierungen besser, wenn Sie sich den Mitarbeitern täglich zeigen. Auch zu Hause arbeiten, wo Sie sich besser konzentrieren können, ist jetzt, in diesen unsicheren Zeiten, keine gute Idee. Es ist ein Teufelskreis, Sie bleiben in der Tretmühle und Sie fangen an, immer schneller zu laufen.

Der Diätmediziner Frank van Berkum zeigt ein solches Turboverhalten. Während eines Gesprächs ist er ständig in Bewegung. Er trommelt mit den Fingern, wippt mit den Füßen und redet ohne Punkt und Komma. Der Vorteil ist, dass er dadurch täglich 350 Kilokalorien mehr verbrennt. Der als Diät-Guru bekannte Mediziner konzentriert sich so sehr auf das Gespräch, dass er ganz vergisst, seinen mitgebrachten Snack zu essen. Oft, so erzählt er, isst er seinen Pausensnack erst um halb vier beim Gang durch das Krankenhaus.

Aufgrund seiner großen Müdigkeit war der Arzt einige Monate nicht am Arbeitsplatz. Nachts zwischen zwei und vier Uhr konnte er nicht schlafen, also hat er in der Zeit E-Mails verschickt. Aus dieser Erfahrung habe er aber gelernt. Heutzutage schalte er den Laptop aus und gehe etwas früher zu Bett. Auch würde er inzwischen öfter Nein sagen.

Was er nicht versteht, ist die Sache mit dem Bauchfett. Damit sei doch kein evolutionärer Vorteil verbunden: »Warum gibt uns die Natur am Bauch einen Vorratsspeicher, der, wenn man ihn zu lange mit sich herumträgt, bedrohlich für die Gesundheit wird?« Der Fettspeicher am Bauch ist, wie die anderen Signale auch, ein Symptom für den Turbo-Typ. Dr. van Berkum sollte, so die Empfehlung für seinen Stresstyp, nie das Frühstück weglassen, sondern es im Gegenteil zu seiner Hauptmahlzeit machen. Die Fettablagerung am Bauch kann trotz einer Diät bestehen bleiben und erst durch eine Umstellung der Essenszeiten wieder abnehmen.

Physiologischer Hintergrund

Beim Turbo-Typ, der dem Typ HyperS nach McClellan und Hamilton entspricht, sind das zentrale Nervensystem und das Hormonsystem in erhöhtem Maß aktiv.

Aktivierung des Sympathikus

Der Sympathikus – ein Teil des vegetativen Nervensystems – ist beim Turbo-Typ im Zustand der permanenten Erregung und Bereitschaft. Sogar in Ruhemomenten sorgt die angespannte Einstellung des Nervensystems für eine erhöhte Bereitschaft zum Kämpfen oder Fliehen. Man weiß ja schließlich nie ... Andere erleben Turbo-Typen als dauerangespannte und gereizte Menschen. Turbo-Typen selbst fühlen sich durch die fortwährende Aktivierung ermattet.

HPA-Achse

Da Menschen vom Turbo-Stresstyp meinen, die Bedrohung sei ständig vorhanden und sie müssten folglich immer auf der Hut sein, produziert ihr Körper viel Cortisol. Das Gehirn benötigt permanent Glukose, um einschätzen zu können, ob eine Gefahr droht.

Manchmal besteht eine so starke Aktivierung, dass andere Hormone wie Oxytocin, Serotonin oder Dopamin keine Chance haben, das System in Balance zu bringen. Die Folge ist, dass man an sich selbst vorbeirennt. Der Stoffwechsel, das Abwehrsystem und das zentrale Nervensystem können das System nicht wieder zur Ruhe bringen. Das Gleichgewicht ist chronisch gestört.

Schlafapnoe

Schlafapnoe ist eine Schlafstörung, bei der es während des Schlafs zu Atemstillständen kommt. Jeder Mensch hat ab und zu dieses Problem, vor allem die Rückenschläfer. Man schreckt aus dem Schlaf auf, manchmal vom eigenen Schnarchen. Bei Schlafapnoe kommt es nachts mehr als fünfmal pro Stunde zum Atemstillstand. Das bedeutet, dass man tagsüber schläfrig ist.

Mit einer ausgeprägten Schlafapnoe kann man unter Symptomen leiden, die einem Burnout ähneln. Eine Burnout-Behandlung hilft hier allerdings nicht weiter, es muss die Schlafapnoe behandelt werden.

Die Stresssignale des Turbo-Typs können sich mit denen der anderen Typen überschneiden. Bei allen Stresstypen ist der physiologische Hintergrund derselbe, nämlich die Entgleisung beider Stresssysteme. Der Unterschied besteht in den Beschwerden, die typisch für den Betroffenen sind. Bei Turbo-Typen sind das zum Beispiel die Zeichen der Ungeduld, die Tempoerhöhung und die Fettansammlung am Bauch. Neben diesen Signalen hat man aber immer auch Symptome, die man mit den anderen Stresstypen teilt, wie Verspannungen im Schulter- und Nackenbereich.

Signale für Stressreaktionen

PHYSISCHE EBENE

- Der Magen macht schnell Probleme, genauso wie der Darm (abwechselnd Durchfall und Verstopfung).
- Sie leiden unter Verspannungen im Schulter- und Nackenbereich und unter Kopfschmerzen.
- Sie haben Herzrasen.
- Bei Stress wird der Bauch dicker.
- Sie haben oft eine Erkältung.
- Sie haben seltener Lust auf Sex.

VERHALTEN

- Sie erhöhen bei Stress Ihr Tempo, üben mehr Kontrolle aus, checken Ihre E-Mails öfter, twittern öfter, putzen mehr und räumen mehr auf.
- Sie nehmen bei Stress mehr Aufgaben an, können nicht Nein sagen.
- Sie stehen früh auf.
- Sie trommeln oft unruhig mit den Fingern auf den Tisch, wippen mit den Füßen.
- Sie gehen oft zu spät ins Bett und leiden deshalb unter Schlafmangel.
- Sie essen oder trinken, um sich abzureagieren und zur Entspannung.
- Durch ihr Bedürfnis nach immer neuen Reizen sind Sie suchtgefährdet. Auch die harte Arbeit kann zu einer Sucht werden.
- Sie haben oft Muskelschmerzen, weil Sie zu viel Sport treiben, um Ihre Energie loszuwerden.

- Manchmal vergessen Sie zu essen.
- Sie leiden unter Schweißausbrüchen und Ihr Gesicht fühlt sich überhitzt an.
- Es fällt Ihnen schwer, stillzusitzen. Sie haben übermäßig viel Energie.

EMOTIONALE EBENE

- Sie machen sich schnell Sorgen, dass Sie zum Beispiel zu spät kommen könnten oder einen Abgabetermin nicht einhalten können.
- Sie ärgern sich schnell.
- Frustrierende Erfahrungen lassen Sie nicht leicht wieder los.

KOGNITIVE EBENE

- Sie sind vergesslich.
- Es fehlt der Fokus.
- Sie können sich nicht gut konzentrieren.

SINNORIENTIERUNG

- Sinn ist für Sie immer wieder etwas anderes, weil Sie ständig auf der Suche nach neuen Reizen sind.

Suchtrisiko

Der Turbo-Typ ist immer auf der Suche nach neuen Reizen, Erlebnissen und Einfällen. Ein neuer Job, ein neuer Partner, die neueste Technik, die neuesten Apps, ein neues Kleid, eine neue Küche oder ein neues Bad oder ein Kind. Viele Turbo-Typen buchen gerne Wochenendtrips oder Städtereisen.

Innehalten, Alleinsein, zur Ruhe kommen, das fühlt sich bedrohlich an. Solche Momente konfrontieren Sie mit dem Gefühl des Unglücklichseins und mit Kummer oder Trauer. Sie glauben, diese Gefühle nicht aushalten zu können. Deshalb wollen Sie sie so schnell wie möglich von sich abschütteln, indem Sie etwas unternehmen, und wenn Sie nur eine Wochenendreise buchen.

Der Haken daran ist: Das Bedürfnis nach Reizen kann zum sogenannten *Craving* führen, einem starken Verlangen, das bei Suchtverhalten eine Rolle spielt. Dabei hat der Turbo-Typ in erster Linie ein Verlangen nach Erregung, Sensation und Nervenkitzel. Manche spüren diese Erregung bei gefährlichen Sportarten wie Paragliding, andere, wenn sie im Internet auf Schnäppchenjagd gehen. Wieder andere machen große Reisen, erleben aber wenig Freude daran. Sie reisen, damit sie neue Erfahrungen verbuchen können. Und auch harte Arbeit kann zwanghaft werden. Dann sprechen wir von Arbeitssucht.

Vom Turbo- zum Boreout-Typ

Andreas ist im zweiten Jahr Student an der Kunstakademie. Er beschäftigt sich mit Medien und dem Aufbau von Webseiten. Seit seinem 16. Lebensjahr führt er seinen eigenen Betrieb und verdient sein Geld damit, Installationen für Veranstaltungen zu bauen. Er ist innerlich erfüllt von der Sorge, was andere von ihm denken könnten, er hat Angst vor Zurückweisung und ein extremes Bedürfnis nach Lob und Komplimenten. Erhält er ein anerkennendes Schulterklopfen, weicht kurzfristig die Angst von ihm, er sei nicht gut genug.

Andreas arbeitet viel und ist abgespannt; er schläft schlecht und hat Probleme mit dem Magen. Wenn er nicht stündlich etwas isst, wird ihm schlecht. Mit seiner Arbeitssucht kompensiert er das Gefühl, eigentlich ein Versager zu sein. Jede Kritik bewirkt, dass er sich als Versager sieht. Das geschieht auch, wenn er gar keine Reaktion erhält, beispielsweise, wenn ein Dozent nicht auf seine Arbeit eingeht. Seine Analyse lautet: »Ich versuche, mich selbst auf einen Sockel zu stellen, und weise jede Form von Hilfe zurück, denn Hilfe annehmen macht mich kleiner.« Andreas war schon als Kind von der schnellen Truppe. Er war immer hektisch und verhielt sich wie ein typisches ADHS-Kind.

In seinem ersten Jahr an der Kunstakademie hat er, um die Wertschätzung der Dozenten zu bekommen, an einem Stück durchgearbeitet und seine Kräfte völlig aufgebraucht. Gerade deshalb hat er die Prüfungen nicht geschafft.

Durch die harte Arbeit und sein Bedürfnis nach Kontrolle hatte er seine Kreativität blockiert. Er hatte keine Motivation mehr, sich etwas Neues auszudenken, stattdessen fing er an zu grübeln. Seine Ängste wurden immer größer und schließlich verließ er die Kunstakademie. Er blieb immer länger im Bett, hielt sich nicht mehr an Absprachen und war zu nichts zu bewegen. Er fühlte sich für nichts mehr verantwortlich und war nicht einmal dazu in der Lage, seine Rechnungen zu bezahlen. Menschen, die ihn in dieser Zeit kennenlernten, glaubten, er sei im Zustand eines Boreout. Absolut schädlich für seine Kreativität war, morgens wach zu werden und den Kopf voll mit Dingen zu haben, die alle getan werden »mussten«.

Die Veränderung kam langsam. Wichtig war zunächst, dass Andreas sich weniger damit auseinandersetzte, was andere Menschen von ihm dachten. Es gelang ihm sogar, einen Auftrag, der ihm zu schwierig erschien, abzulehnen und hinzunehmen, dass der potenzielle Auftraggeber enttäuscht war. Jedes Mal, wenn er sich nicht bestätigt fühlte, dachte er bewusst: »Ich bin auch ohne Bestätigung durch andere gut, so wie ich bin.«

Er beschäftigte sich mehr mit seinen eigenen Bedürfnissen und mit der Frage, was er brauchte, um sich in der Arbeit wohlzufühlen, und entdeckte, dass der *Flow* für ihn etwas Wesentliches war. Diesen Zustand konnte er erreichen, indem er den selbst auferlegten Leistungsdruck verminderte. Er beschloss, zwei Tage die Woche als festangestellter Mitarbeiter für einen Betrieb, der Webseiten konstruierte, tätig zu sein und sich drei Tage mit der Ausarbeitung seiner eigenen kreativen Ideen zu beschäftigen.

Nach fünf Coaching-Gesprächen spürte Andreas, dass sein persönlicher Antrieb, Dinge zu bewegen, wieder vorhanden war. Um zu verhindern, dass er in die alten Verhaltensmuster zurückfiel, vereinbarte er mit seiner Freundin, dass er vor jedem neuen Projekt erst mit ihr besprechen würde, ob er dieses Projekt machen sollte oder nicht. Zu guter Letzt nahm er sich nun auch Zeit, schöne Dinge mit anderen Leuten zu unternehmen.

Das Stressmuster des Turbo-Typs und die Ursachen

Der Turbo-Typ erhöht bei Stress das Tempo. Das kann verschiedene Ursachen haben, wie:

- Es fällt der betreffenden Person schwer, Frustration loszulassen.
- Es fällt der betreffenden Person schwer, eine unausweichliche Stresssituation zu akzeptieren.
- Es fällt der betreffenden Person schwer, ihre innere Unruhe loszulassen.

Mit Frustrationen umgehen

Sabine ist Lehrerin und Teamleiterin an einem Gymnasium. Ihr Job ist arbeitsintensiv und verlangt viel Einsatz. Im Dezember herrscht Hochbetrieb: Lehrerkonferenzen, Besprechungen mit der Schulleitung und Elterngespräche. Sabine hat das Gefühl, öfter neben sich zu stehen, tröstet sich aber mit dem Gedanken, dass ihr Mann und sie direkt zu Beginn der Ferien, noch vor den Weihnachtstagen, ein Wochenende wegfahren werden. Leider gibt es am Abreisetag lange Staus wegen starken Schneefalls. Nach drei Stunden im Stau beschließen sie umzukehren und es am nächsten Tag noch einmal zu versuchen. Doch auch der zweite Versuch gelingt nicht, die Wetterverhältnisse sind zu gefährlich. Sie verzichten auf das Wochenende, doch damit kommt Sabine nicht gut klar. Wochenlang hat sie schlechte Laune, auch ein Ausflug nach Amsterdam, was ihr normalerweise Freude macht, ändert das nicht mehr.

Bei Sabine sollte der Wochenendtrip die harte Arbeit der vorangegangenen Monate kompensieren. Damit wurde das Wochenende mit einem zu großen Gewicht aufgeladen. Sie lernt aus der Situation, dass sie:

- nicht über ihre Grenzen gehen darf, auch nicht, wenn ein Urlaub bevorsteht;
- ihre Arbeit gar nicht so gerne macht, wie sie gedacht hatte: die freie Zeit sollte ein Gefühl der Unzufriedenheit ausgleichen;
- das Zuviel an Stresshormonen auf andere Art ausgleichen müsste, zum Beispiel durch Jogging;
- ihre Belohnung im Hier und Jetzt suchen muss, dass sie also täglich etwas tun sollte, was ihr Spaß macht und Energie verleiht.

Mit unausweichlichem Stress leben lernen

Manchmal ist die Belastung durch äußere Umstände zu groß, zum Beispiel, wenn der Lebenspartner oder die Lebenspartnerin schwer erkrankt. Daran kann man selbst nichts ändern, man muss lernen, damit umzugehen. Patricia schickte mir folgende Mail:

»Ich bin eine 34-jährige Frau, habe einen Mann und drei Kinder im Alter von acht, sechs und drei Jahren. Vor ein paar Jahren habe ich gemeinsam mit einem Partner ein Kommunikationsbüro gegründet. Ein halbes Jahr später erkrankte mein Mann an Krebs. Chemotherapie, Operationen und Bestrahlung halfen nicht, es wurden erneut Metastasen gefunden, die wieder mit Chemotherapie und Bestrahlung behandelt werden mussten. An sich komme ich mit dem Druck einigermaßen gut zurecht, aber ich spüre jetzt, dass mein Energieniveau sinkt. Ich habe oft Kopfschmerzen, fühle mich abgespannt und sage Termine am Abend ab. Auch schöne Dinge zu tun kostet mich zu viel Kraft. Zwar kann ich noch recht gut schlafen, im Schnitt leide ich vielleicht einmal pro Woche unter Schlaflosigkeit. Ich arbeite drei Tage in der Woche und das gibt mir Energie. Bei der Arbeit kann ich sorglos und ohne an die Krankheit zu denken mein Ding machen.

Da mein Stress durch die Situation von zu Hause gegeben ist, helfen mir die üblichen Lösungen und Ratschläge gegen Stress – einen Monat freinehmen und Ähnliches – nicht weiter. Eher im Gegenteil: Ich muss ja jetzt für meine Familie da sein, da mein Mann sich verständlicherweise nicht ausreichend kümmern kann. Niemand weiß, wann sich das wieder ändern wird. Es kann noch Jahre dauern. Die Kinder kosten viel Kraft. Ich bin schon ein paar Mal bei einem Psychologen gewesen, aber für mich ist das nur Geschwätz, es bringt mir nichts. Ich möchte nicht klagen, aber Freude erlebe ich immer seltener. Und das, obwohl ich eigentlich ein positiv eingestellter Mensch bin. Wie schwierig eine Situation auch sein mochte, ich habe immer auch etwas Positives darin gesehen. Ich will alles dafür tun, dass mir die Sache nicht entgleitet, aber es fällt mir schwer. Ich kann mich diesem Stress nicht entziehen, weil er meine Familie im Kern trifft.«

Patricia hat schließlich gelernt, nicht immer alles allein bewältigen zu wollen, sondern sich von anderen helfen zu lassen. Sie ist in ihrer Haltung einerseits verletzlicher, andererseits aber auch egoistischer geworden, insbesondere, wenn es darum geht, Raum für sich selbst zu schaffen. Ein wichtiger Punkt war, dass sie selbst durchhalten muss, um in dieser Krise die Familie zu managen. Wenn sie jetzt abends einmal mit einem Freund weggeht oder etwas für sich macht, ist das vollkommen in Ordnung.

Innere Unruhe nicht loslassen können

Verna kommt innerlich nie zur Ruhe. Ihre »Tigermutter« hat sie sehr streng erzogen: Sie beschimpfte ihre Tochter als hässlich, dumm, nutzlos und faul. Ihre westlichen Freundinnen waren erschrocken angesichts der strengen Disziplin, die von ihr erwartet wurde: stundenlang Klavierspielen und Hausaufgaben machen. Als Verna im Diktat zwei Fehler hatte, fragte ihre Mutter, was los sei, die anderen Diktate seien doch fehlerfrei gewesen. Verna durfte – außer für die Nachrichten – nicht fernsehen. Wenn sie irgendetwas falsch machte, wurde sie bestraft, auch mit Schlägen. Verna kam nicht gerne nach Hause. Sie fürchtete sich vor den Abenden, den Wochenenden und Ferien, denn dann musste sie noch mehr Hausaufgaben machen und noch intensiver Klavier üben.

Nach der chinesischen Tradition braucht es diese extrem harte Erziehung, um das Kind auf die kompetitive Außenwelt vorzubereiten. In ihrem Buch »Die Mutter des Erfolgs. Wie ich meinen Kindern das Siegen beibrachte« behauptet die Hochschullehrerin Amy Chua, dass chinesische Mütter den westlichen überlegen seien. Nach chinesischem Disziplinverständnis beschäftigt man sich nicht mit unsinnigen Dingen, die Spaß machen sollen, sondern man richtet sein Leben auf Lernen und persönliche Weiterentwicklung aus. Die Schattenseite dieser autoritären Erziehung sind Angst und Unsicherheit. Diese Kinder sind für den Rest ihres Lebens damit beschäftigt, zu beweisen, dass sie wertvoll sind.

Sie hat eine emotionale Narbe davongetragen, sagt Verna. Eine Beschädigung, die sie auch bei anderen beobachtet. Diejenigen, die erfolgreich sind, tragen eine Wut in sich, weil sie nie entdeckt haben, wer sie eigentlich sind und was sie wirklich wollen. Die weniger Erfolgreichen erholen sich nie von ihrem negativen Selbstbild.

Ohne Schuldgefühle faulenzen – eine Übung für das Herz

Konzentrieren Sie sich auf eine Situation aus Ihrer Vergangenheit, in der Sie sich einer Pflicht verweigert haben, und legen Sie Ihre Hände übereinander auf Ihr Herz, die rechte Hand bedeckt die linke (siehe auch die Anleitung auf Seite 46). Atmen Sie mehrere Male tief ein und aus und konzentrieren Sie sich dann auf die entsprechende Situation. Atmen Sie dann wieder bewusst ein und aus. Was kommt Ihnen jetzt in den Sinn? Wenn ein negativer Gedanke kommt, sagen Sie dreimal laut zu sich selbst: Ich bin gut genug, so wie ich bin, auch wenn meine Mutter/mein Vater/mein Lehrer meint, ich sei schlecht, weil ich meine Zeit vergeude. Wechseln Sie nun die Hände und sagen Sie erneut zu sich selbst, dass Sie gut genug sind, auch wenn jemand anderer Meinung sein sollte. Bringen Sie nun Ihre Hände wieder in die ursprüngliche Position, also die rechte Hand auf die linke. Was geht Ihnen durch den Sinn? Verweilen Sie bei einem neutralen Bild von sich selbst, zum Beispiel sehen Sie sich mit einem Buch in der Hand in einem Stuhl sitzen. Lassen Sie die Hände über dem Herz und nehmen Sie wahr, welche Bilder erscheinen. Wechseln Sie wieder die Hände und atmen Sie ein paar Mal tief ein und aus, während Sie bei dem neutralen Bild oder dem neutralen Gedanken verweilen. Danach legen Sie die Hände wieder in die Ausgangsposition.

Wenn Sie einen positiven Gedanken haben, zum Beispiel: »Ich liebe es, spannende Krimis zu lesen«, verweilen Sie ein wenig bei diesem Gedanken und versuchen Sie, den Genuss zu intensivieren. Dann wechseln Sie wieder die Hände und legen sie übereinander auf das Herz. Anschließend die Hände wieder in die Ausgangsposition bringen, dreimal ruhig ein- und ausatmen. Nehmen Sie wahr und verweilen Sie bei dem, was Ihnen in den Sinn kommt. Wiederholen Sie den Vorgang der positiven Aussagen, bis keine neuen Gedanken oder Bilder mehr erscheinen. Wenn negative Gedanken kommen, wiederholen Sie den Schritt, der anfängt mit dem Satz: »Ich liebe und akzeptiere mich, auch wenn ich einen Fehler gemacht habe.«

Das ANTI-STRESS-PROGRAMM für den Turbo-Typ

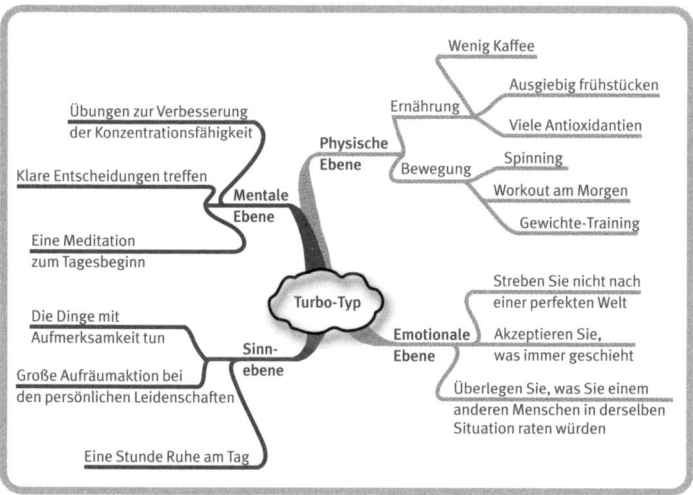

Regeneration

Beim Turbo-Typ konzentriert sich die Regeneration auf folgende Punkte:

- auf der physischen Ebene: vollwertige Ernährung und Bewegung
- auf der emotionalen und sozialen Ebene: nicht Müssen, sondern Wollen
- auf der mentalen Ebene: die Konzentrationsfähigkeit verbessern
- auf der Sinnebene: klare Entscheidungen treffen

Zusammengefasst tut es dem Turbo-Typ gut, Pausen zu machen, sowohl in der Arbeit als auch im Privatleben, regelmäßig in den Urlaub zu fahren, wenig Kaffee zu trinken und

93

gut zu frühstücken. Auch tägliches Jogging ist ein guter Ausgleich für den Turbo-Typ. Die Work-Life-Balance und die Konzentrationsfähigkeit können verbessert werden durch arbeitsfreie Wochenenden (auch der Sonntagnachmittag ist tabu) und indem man an zwei Abenden in der Woche weder Internet noch Handy benutzt.

Ernährung

Die Ernährungstipps von McClellan und Hamilton sind auf jeden Stresstyp speziell abgestimmt. Manche Empfehlungen sind im Alltag nur schwer umzusetzen. Der Diätmediziner Dr. van Berkum, von dem schon die Rede war, müsste zum Beispiel seine alten Gewohnheiten komplett über Bord werfen. Er müsste ausgiebig frühstücken und den Wein am späten Abend weglassen. Damit könnte er vermutlich erreichen, dass er nicht immer um zwei Uhr nachts wach wird. Aber es ist unglaublich schwer, die kleinen Gewohnheiten abzulegen. Lesen Sie die folgenden Empfehlungen durch und entscheiden Sie selbst, welche sich in Ihrem Alltag umsetzen lassen. Machen Sie dann eine Woche den Test, ob es gelingt. Verhandeln Sie so lange mit sich selbst, bis es sich richtig anfühlt. Beispiel: Wenn Sie nicht auf Ihr Glas Wein am Abend verzichten mögen, trinken Sie den Wein lieber zum Essen. Oder wenn Sie der Meinung sind, dass es ohne Kaffee am Morgen nicht geht, versuchen Sie die Koffeinmenge zu reduzieren, indem Sie nach der ersten Tasse auf koffeinfreien Kaffee umsteigen.

Der Turbo-Typ sollte wegen seines von Natur aus erhöhten Adrenalin- und Cortisolspiegels am besten auf Kaffee verzichten, weil dieser die Adrenalin- und Cortisolproduktion extra stimuliert. Eine Tasse Kaffee hat in diesem Fall dieselbe Wirkung auf den Körper wie eine gefährliche Verkehrssituation. Experimentieren Sie mit grünem und weißem Tee. Diese Getränke enthalten weniger Koffein. Wenn Sie bei Kaffee bleiben wollen, trinken Sie erst zwei Stunden nach dem Frühstück die erste Tasse. Wenn Sie vorher Kaffee trinken, wird durch das Koffein die Aufnahme von Mineralstoffen im Körper erschwert.

Wer auf Kaffee verzichten möchte, sollte nicht abrupt mit dem Kaffeetrinken aufhören, denn das verursacht Kopfschmerzen. Der Körper ist koffeinsüchtig. Besser ist es, wenn Sie Ihren bisherigen Kaffee mit koffeinfreiem Kaffee mischen und den Anteil des koffeinfreien Kaffees langsam erhöhen. Vorsicht ist auch geboten bei Salz und Lakritze, denn sie erhöhen den Blutdruck.

Die wichtigste Mahlzeit

Das Frühstück ist für Turbo-Typen die wichtigste Mahlzeit und Energiequelle des Tages. Dieser Stresstyp verdaut das Essen am Morgen besser und produziert später am Tag relativ wenig Insulin. Dieses Hormon sorgt dafür, dass die Körperzellen, welche Energie benötigen, über das Blut Glukose aufnehmen können. Insulin wird in der Bauchspeicheldrüse gebildet. Es kann sein, dass Körperzellen weniger sensibel auf Insulin reagieren. Das bedeutet, dass dann nicht mehr so schnell Glukose aufgenommen wird. Das verminderte Ansprechen der Zellen auf Insulin nennt man Insulinresistenz. Um ausreichend Energie zu haben, ist es also sehr wichtig, dass die Körperzellen Glukose gut aufnehmen können. Beim Turbo-Typ bewirkt ein ausgiebiges Frühstück nicht, dass extra Insulin gebildet wird.

Bereiten Sie sich ein gutes Frühstück zu, mit Vollkornbrot und Ei mit Gemüse, dazu etwas Joghurt und Johannis- oder Himbeeren. Sie können auch einmal ein englisches Frühstück probieren. Wenn Sie am Morgen gut (aber nicht zu viel) essen und sich im Lauf des Tages auf kleinere Mahlzeiten beschränken, sorgen Sie nebenbei dafür, dass Sie Ihren Magen nicht in Stressphasen zusätzlich belasten. Essen Sie Brot mit Marmelade und trinken Sie dazu einen Orangensaft, das wirkt sich positiv auf den Eisengehalt des Blutes aus.

Nehmen Sie mittags und abends etwas Leichtes zu sich, vielleicht einen Salat oder eine Suppe. Am Vormittag oder Nachmittag können Sie sich etwas zwischendurch gönnen, achten Sie aber auf den Energieinhalt Ihres Snacks – also lieber ein paar getrocknete Aprikosen oder eine Handvoll Walnüsse als den Zucker eines Schokoriegels. Achten Sie darauf, dass Ihr Essen genügend gesunde Fette enthält. Sie brauchen 60 bis 80 Gramm Fett am Tag. Ungesättigte Fette, die flüssigen Fette, sind die Lieferanten der essenziellen Fettsäuren. Auch Nüsse enthalten ungesättigte Fette. Käse, Streichwurst und Pasteten und andere Wurstsorten enthalten dagegen gesättigte Fettsäuren. Diese vergrößern das Risiko auf Gefäßverstopfung.

Diabetes Typ 2

Insulinresistenz ist ein Vorstadium von Altersdiabetes oder Diabetes Typ 2. Bei einer Insulinresistenz wird zunächst mehr Insulin produziert, weil die Körperzellen weniger auf das Insulin ansprechen. Der Körper versucht, indem er mehr Insulin produziert, die für die Zellen nötige Energie zu bekommen. Die Blutkonzentration von Glukose steigt durch die Insulinresistenz an, was dauerhaft zu Schäden an Herz, Nieren, Augen, Nerven und Blutbahnen führt. Dadurch, dass die Bauchspeicheldrüse bei Diabetes Typ 2 die Insulinproduktion langsam einstellt, müssen Menschen, die insulinresistent geworden sind, schließlich Insulin spritzen. Die Insulinresistenz führt zu Müdigkeit, was wiederum dazu führt, dass sich die Betroffenen weniger bewegen und möglicherweise dicker werden. Wenn es zu Übergewicht kommt, ist das eine zusätzliche Belastung für Menschen, die sowieso schon gestresst sind. Deshalb finden sich in diesem Buch Empfehlungen für eine Gewichtsreduktion. Weniger Gewicht sorgt für mehr Energie und hilft, die Insulinresistenz zu bekämpfen.

ANTI-STRESS-PROGRAMM

Tryptophan und Tyrosin

Das Nervensystem eines Turbo-Typen braucht Nahrung, die Tryptophan ins Gehirn bringt. Die Aminosäure Tryptophan ist ein wichtiger Baustein für Serotonin, den Neurotransmitter, der mit dafür sorgt, dass das Adrenalin im Gehirn im Gleichgewicht ist. Serotonin beruhigt, verbessert die Schlafqualität und hilft dabei, Reizbarkeit zu vermindern. Weitere Wirkungen sind, dass wir weniger Lust auf kohlenhydratreiche Nahrung haben und Schmerzen besser aushalten können. (Koffein behindert dagegen die Umwandlung von Tryptophan in Serotonin.)

Tryptophan ist in Hüttenkäse, Hähnchen, Pute, Rindfleisch, Lammfleisch sowie in Fisch enthalten. Und auch in Milch, Joghurt, Käse, Eiern, Sojabohnen, Mandeln, Cashewnüssen, Erdnüssen und Sonnenblumenkernen. Damit das Tryptophan aufgenommen werden kann, sollten Eiweiß und Kohlenhydrate kombiniert werden. Da diese Kombination müde machen kann, sollte man, wenn man Müdigkeit verhindern will, ein eiweißreiches Mittagessen ohne Kohlenhydrate essen. Eine erhöhte Tryptophanmenge im Gehirn kann unsere Fähigkeit, mit Stress gut umzugehen, stärken. Weniger Tryptophan macht sich dagegen durch schlechtere Stimmung bemerkbar.

Tyrosin, ebenfalls eine Aminosäure, brauchen wir, damit das Gehirn mit Adrenalin, Noradrenalin und Dopamin versorgt wird. Ein Mangel an Tyrosin erschöpft die Adrenalinkonzentration im Gehirn und führt zu Abgespanntheit und schlechter Stimmungslage. Bei einer ausreichenden Versorgung mit Tyrosin fühlen wir uns wach, aufmerksam und konzentrationsfähig.

Tyrosin-Lieferanten sind: Rindfleisch, Hühnchenleber, Wild, Fisch, Avocados, Bananen, Tofu, Sojabohnen, rote Pflaumen, Rosinen, Sauerkraut, Spinat, Möhren, Kichererbsen, Kartoffeln, Vollkornreis, Hafer, Nüsse (vor allem Mandeln), Bier, Rotwein, Port, Wermut und destillierte Getränke.

Antioxidantien

Ein angespanntes Nervensystem kann freie Radikale produzieren. Diesen Stress können wir mit Antioxidantien bekämpfen. Weißer Tee enthält den größten Anteil an Antioxidantien und dabei nur sehr wenig Koffein.

Nahrungsergänzungsmittel

Turbo-Typen sind anfällig für Stirnhöhlenentzündungen, Atemwegsinfektionen und Blasenentzündungen. Sie können sich zusätzlich stärken mit Vitamin C und Zink. Täglich können sie 1000–3000 Milligramm Vitamin C und 10–30 Milligramm Zink zu sich nehmen. Inzwischen wurde wissenschaftlich belegt, dass Zinkpräparate die Dauer einer Erkältung um durchschnittlich einen Tag verkürzen und dass sie die Beschwerden lindern können. Die Mittel sollten ab dem ersten Tag der Symptome eingenommen werden.

Magnesium-Calcium

Weil der Turbo-Typ im Normalfall zu viel Adrenalin bildet, hat er oft eine stark angespannte Muskulatur. Spürbar ist das in den Muskeln der Unterschenkel oder wenn man nachts unter Krämpfen oder den sogenannten *Restless Legs* leidet. Nehmen Sie in solchen Fällen dreimal täglich Magnesium-Calcium-Tabletten ein, morgens zum Frühstück, mittags und abends vor dem Zubettgehen. Nach der Einnahme der Tabletten zwei Stunden keinen Kaffee trinken.

Säuren und Basen

Unser Körper besteht zu 70 Prozent aus Wasser, vergleichbar mit dem Verhältnis zwischen Wasser und Land auf der Erde. Die Flüssigkeiten in unserem Körper können sauer, neutral oder basisch sein. Nahrungsmittel werden im Körper in Säuren und Basen umgewandelt. Von Natur aus herrscht ein leicht basisches Niveau. Eine Ausnahme ist der Magen, der einen hohen Säuregrad hat. Wenn wir viele Backwaren essen oder (industriell) verarbeitete Lebensmittel wie Fertigprodukte, bekommt unser Körper mehr saure Abfallstoffe, die den Körper belasten und schneller altern lassen.

Damit die Körperzellen optimal funktionieren können, muss das »Meer« in unserem Körper vor allem in Richtung der Basen gehen. Wie sauer oder basisch Körperflüssigkeiten sind, lässt sich mit dem pH-Wert feststellen. Der pH-Wert des Blutes sollte bei ungefähr 7,4 liegen. Der durchschnittliche pH-Wert von Urin liegt zwischen 6,8 und 7,2. Der pH-Wert sagt auch etwas darüber aus, wie der Körper Mineralstoffe, Enzyme und Vitamine verwertet. Stressbedingt kann der Körper mehr Säure bilden. Kalzium und andere Mineralien im Körper können aus den Zellen in die Blutbahn wandern, um den Körper basischer zu machen. Deshalb sollte der Turbo-Typ nach dem Frühstück nicht sofort Kaffee trinken. Wenn ein übermäßiger Säuregrad nicht neutralisiert wird, kommt es schließlich zu einem zu niedrigen pH-Wert im Körper.

Die Folgen eines zu hohen Säuregrads sind:

- Gewichtszunahme
- Faltenbildung
- Gelenkschmerzen und schmerzende Muskulatur
- Verstopfung
- Harnwegsprobleme
- Magenschmerzen
- Übelkeit
- Nierensteine
- chronische Müdigkeit
- eingeschränkte Vitalität
- Immundefizit
- Gastritis
- Magen(schleimhaut)entzündung
- Magengeschwür
- Obesitas
- Diabetes

- Entkalkung der Knochen (Osteoporose oder Knochenschwund)
- Gicht
- Gefäßverengung
- Schwacher Blutkreislauf

(Quelle: McClellan und Hamilton, 2010)

Der Körper hat nur begrenzte Möglichkeiten, die Balance wiederherzustellen. Durch die entsprechende Nahrung kann jeder Mensch selbst eine Wirkung erzielen. Essen Sie beispielsweise enzymreiches frisches Obst und Gemüse. Die ideale Ernährungsbalance lautet: 80 Prozent basische Nahrungsmittel und 20 Prozent säurebildende.

Die Anzeichen und Symptome eines Säure-Basen-Ungleichgewichts sind subtil und nichtspezifisch. Müdigkeit und Übellaunigkeit können dazugehören. Es besteht zwar nicht direkt ein gesundheitliches Risiko, aber bei entsprechender Achtsamkeit lassen sich chronische Krankheiten vermeiden. Sie können Ihren pH-Wert zu Hause mit einem pH-Teststreifen aus der Apotheke oder Drogerie testen.

Tipps für eine basische Ernährung:

- Essen Sie weniger Fleisch.
- Verringern Sie den Fettanteil in Ihrem Essen.
- Essen Sie weniger pasteurisierte Milchprodukte.
- Vermeiden Sie Zucker.
- Essen Sie mehr Obst und Gemüse, vor allem als Rohkost.
- Essen Sie mehr Nüsse, Körner und Vollkornprodukte.
- Verwenden Sie frische Zitrone.

Stark säurebildend	Säurebildend	Wenig säurebildend	Etwas basisch	Basisch	Am stärksten basisch
Süßigkeiten	Weißer Zucker Brauner Zucker	Fabrikhonig Dicker Sirup	Naturhonig Unbehandelter Rohrzucker	Ahornsirup	
Heidelbeeren Preiselbeeren/ Cranberries Getrocknete Pflaumen	Sauerkirschen Rhabarber Nicht reifes Obst	Pflaumen Saft und Obst aus der Dose	Orangen Bananen Kirschen Ananas Pfirsiche Avocados	Datteln Feigen Melonen Kiwis Äpfel Birnen Rosinen Beeren	Zitronen Wassermelonen Limetten Grapefruit Mango Papaya
Sauerkraut	Geschälte Kartoffeln Pintobohnen Weiße Bohnen Limabohnen	Gekochter Spinat Braune Bohnen Prinzessbohnen	Möhren Tomaten Frischer Mais Champignons Kohl Erbsen	Okraschoten Kürbis Bohnen Rote Beete Sellerie Grüner Salat	Spargel Zwiebel Gemüsesaft Petersilie Spinat Brokkoli

Stark säurebildend	Säurebildend	Wenig säurebildend	Etwas basisch	Basisch	Am stärksten basisch
			Oliven Sojabohnen Tofu Kartoffelschalen	Zucchini Süßkartoffel Johannisbrot	Stielmus
Erdnüsse Walnüsse	Pekannüsse Cashewnüsse	Kürbiskerne Sonnenblumenkerne	Maronen	Mandeln	
Weizenmehl Mehle mit niedriger Typenzahl, Teige (ohne Backtriebmittel, welche angereichert sind mit Butter oder Fett) Pasta	Weißer Reis Getreide: Roggen Hafer Buchweizen	Weizensprossenbrot Dinkel Brauner Reis	Amaranth Hirse Wildreis		

Stark säurebildend	Säurebildend	Wenig säurebildend	Etwas basisch	Basisch	Am stärksten basisch
Brat- und Salatöl aus der Fabrik		Maisöl	Rapsöl	Leinsamenöl	Olivenöl Frischer Apfel-Cidre-Essig Kokosöl Palmöl
Rindfleisch Schweinefleisch Schalentiere	Putenfleisch Hähnchen Lammfleisch	Rehfleisch Kaltwasserfische (wie Lachs)			
Käse Pasteurisierte Milch	Eier Butter Joghurt	(Roh-)Milch	Sojakäse Sojamilch		
Speiseeis Schokolade	Buttermilch Quark		Ziegenmilch Ziegenkäse		
Bier Erfrischungs-getränke	Kaffee Alkohol	Tee	Ingwertee	Grüner Tee	Kräutertee Warmes Wasser mit Zitrone

(Quelle: McClellan und Hamilton)

Maßvoller Umgang mit Alkohol

Trinken Sie kurz vor dem Schlafengehen keinen Alkohol mehr, denn Alkohol beeinträchtigt die Schlafqualität. Häufig kann man zwar gut einschlafen, wird dann aber gegen zwei Uhr wieder wach.

Männer können zwei Gläser am Tag trinken, das kann ihr Risiko auf Herz- und Gefäßkrankheiten sogar herabsetzen, wie Studien zeigen. Letzteres trifft auch auf Frauen zu, aber erst ab ihrem 50. Lebensjahr. Der Nachteil für Frauen ist, dass Alkoholkonsum das Risiko, an Brustkrebs zu erkranken, erhöht. Für Frauen ist es sowieso besser, wenn sie nicht mehr als fünf Gläser pro Woche trinken. Außerdem: Zu viel Alkohol trocknet die Haut aus.

Bewegung

Der Turbo-Typ zeigt einen erhöhten Cortisolspiegel und eine erhöhte sympathische Aktivität. Damit verbunden ist eine gesteigerte Adrenalinproduktion. Der Körper ist dadurch ständig im Zustand der angespannten Wachsamkeit und verlangt Bewegung. Wenn der Turbo-Typ die Energie nicht umsetzt, wird sie in Form von Fett gespeichert. Am besten geeignet ist ein regelmäßiges Workout am frühen Morgen, damit Körper und Geist entspannen können.

Die niederländische Schauspielerin Tosca Niterink scheint ein Turbo-Typ zu sein. Während eines Interviews zündet sie sich eine Zigarette nach der anderen an, geht zum Gasherd, um sich Feuer zu holen, und trommelt mit den rosa lackierten Fingernägeln auf die Tischplatte. Sie ist schon um die ganze Welt gereist und war früher drogenabhängig. Oft hat sie in ihrem Leben unter Schwermut gelitten, von Stress und Alltagstrott wird sie übellaunig. Die Ärzte, die sie wegen ihrer Suchtprobleme behandelt haben, sagen, sie produziere wenig Serotonin. Im Interview sagt sie: »Eigentlich müsste ich jetzt erst mal eine Runde joggen. Wenn ich in Schwung gekommen bin, läuft es gut. Ich verstehe dann gar nicht mehr, warum ich mich vorher so schrecklich gefühlt habe.«

Tosca Niterink liegt damit völlig richtig. Es ist ausgezeichnet, den Tag mit einer Runde Laufen zu beginnen. Da beim Turbo-Typ schon am Morgen der Cortisolspiegel und der Insulinwert erhöht sind, ist es am günstigsten, gleich nach dem Aufstehen zu trainieren. Es gibt viele Möglichkeiten: eine stramme Wanderung, Joggen, Radfahren oder Trampolinspringen. Wer am Morgen nur wenige Minuten Zeit hat, sollte auf jeden Fall Seilspringen oder ein paar Minuten mit einem Rudergerät trainieren. Wichtig: Sorgen Sie dafür, dass Sie mindestens fünf Mal pro Woche jeweils eine halbe Stunde Sport machen.

Meditation

Das Workout kann auch eine Meditation sein, damit zugleich der Geist zur Ruhe kommt. Die Schauspielerin Tosca Niterink erklärt, Meditationen würden ihr dabei helfen, sich selbst losgelöst von ihren schlechten Stimmungen und Gedanken zu sehen. Meditieren würde ihr auch helfen, um Konflikte mit anderen zu beenden. »Bei Dreharbeiten sind 40 bis 50 Leute am Set und darunter ist niemand, den ich nicht leiden kann. Früher waren immer etwa zehn Leute dabei, die ich nicht ausstehen konnte.«

Übung »Progressive Muskelrelaxation«

Bei der progressiven Muskelrelaxation nach Jacobson lernen Sie den Unterschied zwischen Anspannung und Entspannung. Es empfiehlt sich, die progressive Muskelentspannung abends anzuwenden, damit Körper und Geist zur Ruhe kommen. Setzen oder legen Sie sich bequem hin. Machen Sie schöne, entspannende Musik an. Befreien Sie sich von einengender Kleidung, lösen Sie eventuell einen eng sitzenden Hosenbund. Dann spannen Sie abwechselnd jede Muskelgruppe an. Strecken Sie als Erstes den linken Arm und formen Sie mit der linken Hand eine Faust. Lassen Sie die Anspannung am Arm hochklettern, halten Sie die Anspannung 30 Sekunden lang und entspannen Sie dann langsam Arm und Hand. Wiederholen Sie die Übung mit dem rechten Arm. Lockern Sie dann Ihre Schultern, indem Sie sie hochziehen und eine Weile festhalten. Lassen Sie dann Ihren Kopf nach hinten rollen, dann nach links und zurück. Lassen Sie den Kopf erneut nach hinten rollen und dann nach rechts. Ziehen Sie die Nase hoch, als ob Sie einen schlechten Geruch wahrnehmen würden und lassen Sie wieder los. Jetzt die Augenbrauen: Einmal fragend hochziehen und wieder loslassen. Drücken Sie die Zunge gegen den Gaumen und lassen Sie sie wieder los. Schließen Sie unangestrengt die Augen, lassen Sie die Stirn völlig glatt werden, wie die Haut eines neugeborenen Babys.

Atmen Sie ein und drücken Sie dabei den Bauch gegen die Hand, die auf dem Bauch liegt. Blasen Sie den Atem pfeifend aus, als wären Sie ein Kessel mit heißem Wasser darin. Strecken Sie das rechte Bein aus und ziehen Sie die Zehen zu sich hin. Lassen Sie diese Anspannung am Bein hochwandern. Und loslassen. Wechseln Sie zum linken Bein und wiederholen Sie die Übung. Wenn Sie damit fertig sind, atmen Sie ruhig in den Bauch – die Augen sind leicht geschlossen. Lassen Sie alle entstehenden Gedanken los, binden Sie sie an die Schnüre eines Drachenfliegers und schauen Sie in Ihrer Fantasie dem Drachenflieger so lange nach, bis er aus Ihrem Blickfeld verschwindet. Auch der nächste Gedanke ist nicht mehr als eine fröhliche Schleife an einem Flieger.

Training mit Gewichten

Das Training mit Gewichten ist für den Turbo-Typ sehr gut geeignet. Das rhythmische Zusammenziehen der großen Muskeln führt dazu, dass in den Muskelzellen Glukose aufgenommen wird, es verbessert den Energiehaushalt und verhindert eine Insulinresistenz. Die Energie wird verbrannt und nicht in Fett umgewandelt, das sich am Bauch festsetzt.

Trainieren Sie zwei bis drei Mal die Woche eine Viertelstunde mit Gewichten. Zwischen den Trainingseinheiten sollte immer ein Tag zur Erholung liegen.

Pilates

Wegen der Neigung des Körpers, Fett am Bauch zu speichern, könnten Sie auch in Erwägung ziehen, regelmäßig Pilates-Übungen zu machen. Pilates stärkt die Bauch- und Rückenmuskulatur. Diese Übungen können Sie so oft machen, wie Sie wollen.

Emotional und sozial im Gleichgewicht

Albert Ellis hat auf die stressauslösende Wirkung von starren Denkmustern, wie die Welt auszusehen habe, hingewiesen. Die Wohnung muss sauber sein, meine Beziehung muss perfekt sein, meine Arbeit muss fertig sein. Es muss ruhig sein, die Nachbarn dürfen nicht durch Lärm stören. Das Wetter muss gut sein. Die Insekten dürfen mich nicht stechen. Autos müssen möglichst leise sein. »Musturbation« nannte er das.

Solche Muss-Gedanken und Vorstellungen können unser Leben stark einschränken und Frustration und Wut hervorbringen. Sie tragen auch dazu bei, dass wir eine Situation als stressig empfinden. Sobald wir erkennen, dass diese Art zu denken, zu Stress führt, sinkt der Stress. Überlegen Sie bei sozialen Verpflichtungen, ob alles, was Sie als notwendig betrachten, tatsächlich notwendig ist. Warum müssen Sie etwas? Wer bestimmt das? Befürchten Sie, Sie könnten nicht dazugehören? Oder Sie könnten etwas verpassen? Denken Sie, dass alle anderen Spaß haben, nur Sie nicht? Was würden Sie jemandem in einer solchen Situation raten? Denken Sie daran, wie sich einmal jemand bei Ihnen darüber beklagt hatte, er oder sie hätte sich um so vieles zu kümmern und keine der Verpflichtungen könne vernachlässigt werden. Wissen Sie noch, was Sie diesem Menschen geraten haben? Wenden Sie diesen Rat auf sich selbst an.

Mentale Fitness

Stärken Sie Ihre Konzentrationsfähigkeit und achten Sie darauf, dass Sie sich nicht so schnell ablenken lassen. Arbeiten Sie öfter zu Hause, bei geschlossener Tür und ausgeschaltetem Handy. Stellen Sie sicher, dass Sie wenigstens eine Stunde am Tag ungestört sein und sich auf das konzentrieren können, was Sie gerade machen. Das heißt: keine E-Mails, keine SMS und kein Twittern.

Sorgen Sie dafür, dass Sie nicht ständig erreichbar sind und dass Sie weder von Ihrem Smartphone noch von sozialen Medien abhängig werden. Beschränken Sie sich beim Twittern auf Themen, die für Sie beruflich relevant sind. Schalten Sie abends und an den Wochenenden Ihr Handy aus. Hören Sie die Nachrichten immer zu festen Zeiten ab. Nehmen Sie sich für die Familie ein eigenes Telefon. Rufen Sie Ihre E-Mails vorzugsweise zweimal am Tag ab. Nehmen Sie sich Zeit für soziale Kontakte: Treffen mit anderen Menschen lassen die Müdigkeit verschwinden und verursachen Glücksgefühle.

Sinnorientierung

Sie würden gern öfter mit einem Buch auf dem Sofa lümmeln, aber immer kommt irgendetwas dazwischen und verhindert diesen Wunsch? Sie würden gerne öfter Ihre Freunde sehen, aber auch dazu kommt es fast nie? Mehr Sport? Es bleibt bei der mahnenden Stimme, die Ihnen sagt, Sie hätten doch nicht umsonst einen Vertrag beim Fitnessstudio? Klar ist, dass Sie sich entscheiden müssen, wenn Sie nicht unnötig Energie verlieren wollen.

Abwägen und entscheiden

Wie steht es um die Balance zwischen Arbeit und Privatleben? Kommen beide Bereiche zu ihrem Recht? Schreiben Sie einmal auf, was Sie für sich aus der Arbeit gewinnen und was Sie der Arbeit geben. Schreiben Sie auch auf, was Sie durch die Aktivitäten in Ihrem Privatleben für sich gewinnen und was Sie von sich hineingeben. Kommen alle Leidenschaften zu ihrem Recht?

Analysieren Sie die Antworten: Was fällt Ihnen auf? Welche Schlussfolgerungen ziehen Sie daraus? Erik hat diese Übung auf einem Symposium über Work-Life-Balance gemacht. Sein Tipp: »Vernachlässigen Sie selektiv Ihre Leidenschaften. Das kann zeitweise sogar die Familie sein. Sie müssen wählen.« Ein anderer Teilnehmer ging sogar noch weiter: »Vernachlässigen Sie alles, was Ihnen keine Energie gibt.«

Selbstverantwortung entwickeln

Turbo-Typen drücken gern aufs Tempo und machen generell immer zu viel. Vor Kurzem hat sich ein weiblicher Turbo-Typ von 60 Jahren bei mir angemeldet. Diese Frau hatte es in ihrer Arbeit zur Managerin geschafft, wurde aber nach einer Umstrukturierung im Qualitätsmanagement eingesetzt. Eine Degradierung, nach ihrem Gefühl. Sie betrachtet die neue Funktion mit Argwohn, wohl auch, weil der Betrieb insgesamt immer noch nicht auf Kurs ist. Sie fragt sich, ob sie diese Arbeit überhaupt bis zu ihrem 65. Lebensjahr machen möchte. Im letzten Jahr war sie immer wieder krank, eine Erkältung scheint sie gar nicht mehr loswerden zu können. Die Frage, ob sie bleiben oder gehen soll, beschäftigt sie sehr. Die Vor- und Nachteile hat sie sorgfältig zu Papier gebracht, aber sie kommt trotzdem keinen Schritt weiter.

Um Klarheit darüber zu gewinnen, wie sie ihre Arbeit erlebt, bitte ich sie, Energiespender und Energieräuber aufzulisten. Es zeigt sich, dass ein gelungenes Projekt mit hohem Qualitätsanspruch ihr Genugtuung schenkt, genauso wie der Kontakt zu den Kollegen. Unangenehm ist ihr der Kontakt zu einem bestimmten Kollegen, der sie regelmäßig nach unten zieht. Störend ist für sie auch, dass Qualität innerhalb des Betriebs nur eine geringe Priorität besitzt. »Das ist wie mit einer Jacke, die nicht wirklich gut passt oder die einem farblich nicht unbedingt steht«, fasse ich ihr Gefühl zusammen. Sie schaut mich überrascht an. »Das Herumgezerre an den Menschen in diesem Betrieb erinnert mich tatsächlich an die schwarze Jacke, die ich weggeworfen habe«, sagt sie.

Dieser Vergleich inspiriert sie dazu, sich zu überlegen, was sie mit einer Jacke, die ihr nicht steht, anfangen könnte. Sie könnte sie verkehrt herum, mit der Innenseite nach außen, tragen, sie könnte einen Schal darüber legen, damit ihr die Jacke schmeichelt, und sie könnte die Jacke bei einer sozialen Initiative abgeben, wo sie wiederverwertet wird und jemand anderes Freude daran haben kann. Diese Möglichkeiten, die sie mit der Jacke hat, überträgt sie anschließend auf die Arbeit. Die Innenseite nach außen drehen, kann bedeuten, dass sie in ihrer Arbeit auch umgekehrt denken kann. Alles, was sie stört und irritiert, könnte sie als positiven Lernmoment begreifen, der ihre Überzeugungskraft, ihre Überzeugungsfähigkeit und ihre Kreativität stärkt. Sie kann etwas hinzufügen, was ihr Genugtuung verschafft (der Schal). Sie könnte ihre Funktion auch an jemand anderes übertragen, der diese Arbeit gerne machen würde, und für sich selbst eine andere Aufgabe suchen.

Das Bild von der Jacke hat bewirkt, dass die Klientin das Gefühl der Ohnmacht durchbrechen konnte. Es hat ihr Selbstvertrauen gestärkt und die Erkenntnis genährt, dass sie selbst die Fäden in der Hand hat. Sie ist nicht hilflos, denn auch eine Jacke, die einem nicht steht oder nicht gut passt, schützt vor Regen und Kälte.

Veränderung wagen

»Vielleicht ist mein Anliegen etwas seltsam«, mailt Gabriele, »aber die Frage begleitet mich ständig. Ich arbeite als leitende Angestellte bei der Gemeinde und frage mich, ob ich wirklich glücklich und zufrieden mit meiner Arbeit bin. Oder: Könnte ich auch etwas anderes machen?«

Für eine erste Orientierung sollte sie aufschreiben, was ihr gefallen würde. Dabei kann es sich um eine Anzeige in der Zeitung handeln, ein Stellenangebot im Internet oder um eine Person, die in einer Zeitschrift oder Zeitung etwas über ihre Arbeit erzählt. Auch Fernsehprogramme und Erzählungen von Freunden und Bekannten können hilfreiche Informationen liefern. Wenn man einige Beispiele beisammen hat, kann man analysieren, welche Werte der Auswahl zugrunde liegen. Der nächste Schritt: Welche der aufgeschriebenen Möglichkeiten passen zu diesen Werten? Wichtig ist auch, festzuhalten, welche Energiespender und welche Energieräuber einem in der Arbeit begegnen. Auch das gibt Hinweise für die Richtung, in der Sie suchen müssen.

Lassen Sie sich Zeit, herauszufinden, was Ihnen wirklich gut gefällt. So verhindern Sie, dass der neue Job eine Reaktion darauf ist, was Sie an Ihrem jetzigen Arbeitsplatz stört. Die Veränderung sollte keine Flucht, sondern eine wirkliche Wahl sein.

In Kürze: Praktische Tipps für Turbo-Typen

- Kümmern Sie sich jeden Tag aktiv um Ihr Zeitmanagement, drücken Sie nicht extra aufs Tempo und lernen Sie, Nein zu sagen.
- Machen Sie regelmäßig Bauchatmungsübungen. Das wirkt sich positiv auf den Schlaf aus.
- Machen Sie täglich zweimal eine Achtsamkeitsmeditation zur Beruhigung des überaktiven Gehirns: vor dem Frühstück und vor dem Abendessen.
- Üben Sie täglich die progressive Muskelrelaxation, um die Anspannung zu reduzieren.
- Achten Sie auf basische Ernährung und auf die langsame Verbrennung von Nahrungsmitteln.
- Widmen Sie eine Viertelstunde am Tag Ihrem Tagebuch, dem Sie Ihre Sorgen und Ängste anvertrauen. So können Sie möglicherweise manches schneller loslassen und nächtliches Grübeln verhindern.
- Probieren Sie eine Tiefgewebsmassage aus, um die Verkrampfungen im Körper zu lösen.
- Sorgen Sie jeden Tag für eine Stunde der Ruhe. Sie können mit einer Viertelstunde anfangen, dann auf eine halbe Stunde verlängern und schließlich zu einer Stunde am Tag ausweiten. Nehmen Sie sich Zeit für Reflexion oder für Ihr Tagebuch. Auch aus dem Fenster zu starren zählt!
- Intensivieren Sie jeden Tag Ihr Gefühl der Dankbarkeit. Denken Sie kurz vor dem Schlafengehen beispielsweise an drei Dinge, die Sie dankbar machen oder die Ihnen gut getan haben. Das müssen keine großen Sachen sein, denken Sie an kleine Angelegenheiten wie: Schön, dass ich doch mit meiner Freundin beim Essen war, obwohl ich wenig Zeit hatte und fast abgesagt hätte. Oder: Das war eine gute Idee, dass ich zwischendrin Zeit gefunden habe, in die Stadt zu gehen. Oder: Das war gut, dass ich einem Freund, der im Krankenhaus ist, eine Karte geschickt habe.

7. Der Crash-Typ

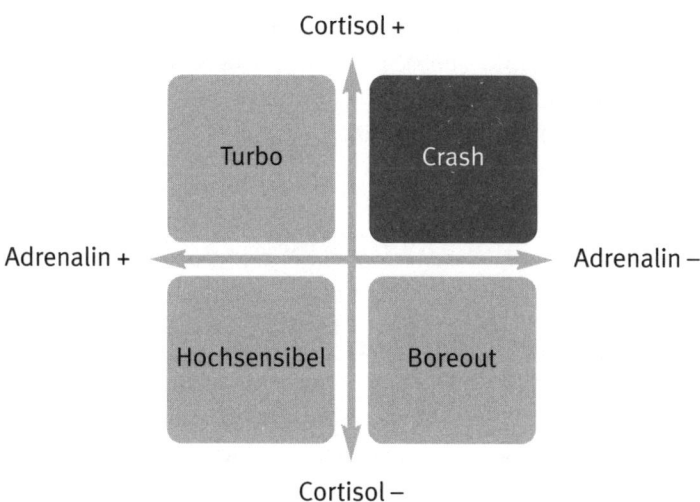

Cortisol +

Turbo

Crash

Adrenalin +

Adrenalin –

Hochsensibel

Boreout

Cortisol –

Sie beschäftigen sich mit tausend verschiedenen Dingen gleichzeitig und liegen dann ausgepowert auf dem Sofa. Kraftvoll wie ein Dieselmotor rackern Sie immer weiter. Sie drücken bei Stress nicht so sehr aufs Tempo, aber Sie beißen sich durch, Ihr Durchhaltevermögen scheint unerschöpflich zu sein. Selbst im Urlaub, wenn Sie Zeit hätten, sich zu entspannen, bleiben Sie in Aktion, auch wenn Sie gar keine Kraftreserven mehr haben. Und wenn Sie einmal schlapp machen, sitzen Sie wie ein Zombie auf dem Sofa, fühlen sich elend und schauen wie durch einen Schleier. Nach einer solchen Ruhepause reißen Sie sich wieder am Riemen.

Da Sie der Meinung sind, Sie müssten immer alles selbst machen, und zwar sofort, fällt es Ihnen schwer, Prioritäten zu setzen. Sie stellen hohe Anforderungen an sich selbst und leiden gleichzeitig an Aufschieberitis. Gerade weil Sie so hohe Ansprüche an sich selbst haben, fällt es Ihnen schwer, anzufangen.

Der Zusammenbruch kommt für Sie – und auch für Ihre Umgebung – völlig überraschend. Ihre Beschwerden zeigen sich oft erst, wenn der Stress vorbei ist. Bis zu dem Moment des Zusammenbruchs haben Sie vor allem aufgrund Ihrer Willenskraft funktioniert und alle Stresssignale ignoriert. »Ich will, aber ich kann nicht.« So fühlt sich Ihre Frustration nach dem Zusammenbruch an.

Physiologischer Hintergrund

Die Stressreaktion des Crash-Typs – McClellan und Hamilton nennen diesen Typ Hyper P – spielt sich vor allem im Hormonhaushalt ab. Der Körper wird über die Hormone aktiviert, aber das Stresshormon Adrenalin, das Energie gibt, wird nicht in ausreichendem Maß gebildet. Das Zusammenspiel zwischen der HPA-Achse und dem vegetativen Nervensystem ist gestört.

Die HPA-Achse
Wenn eine länger anhaltende Bedrohung wahrgenommen wird, sendet das Gehirn Signale zur HPA-Achse (Hypothalamus-Hypophysen-Nebennierenrinden-Achse), um Cortisol zu bilden. Dabei schüttet der Hypothalamus CRH (Corticotrope Releasing Hormon) aus. Das CRH gelangt über die Blutbahn zur Hypophyse und aktiviert ACTH (Adrenocorticotropes Hormon). Dieses Hormon reist zu den Nebennieren. Die Nebennieren befinden sich knapp oberhalb der Nieren. In der Nebennierenrinde wird Cortisol, das wichtigste Stresshormon, gebildet. Dieses Stresshormon unterliegt einem Tag- und Nachtrhythmus: Es erreicht den höchsten Stand kurz nach dem Aufwachen und bei den Mahlzeiten.

Der Wert ist in der Regel tagsüber hoch und abends und nachts niedrig. Cortisol hat Einfluss auf unsere Ausstrahlung, den Schlaf, unsere Laune, unsere kognitiven Leistungen, unsere Energie und unser Immunsystem.

Das vegetative Nervensystem

Das vegetative Nervensystem ist ein Teil des zentralen Nervensystems, das über die Nervenbahnen unseren Körper steuert. Das vegetative Nervensystem steuert die unwillkürlichen Prozesse. Es verbindet über Nervenbahnen den Gehirnstamm mit den Augen, den Speicheldrüsen, dem Kehlkopf, dem Herzen, den Lungen, dem Magen, den Eingeweiden und den Geschlechtsorganen. Dieses vegetative Nervensystem hat einen sympathischen und einen parasympathischen Teil. Der sympathische Teil ist das Gaspedal des Körpers, er sorgt dafür, dass wir sprinten, joggen, seilhüpfen und tanzen können. Er ermöglicht uns auch, zu kämpfen und zu fliehen. Dasselbe Hormon wie bei der HPA-Achse, CRH, regt die Neuronen im Gehirnstamm an, Adrenalin herzustellen. Dabei handelt es sich um ein komplexes, fein abgestimmtes System, denn der Adrenalinanstieg stimuliert auch wieder die Cortisolausschüttung.

Der parasympathische Teil sorgt für Genesung und Erholung, sobald der Stress wieder abgenommen hat. Er dämpft die Effekte der Stressreaktion und bremst die übermäßige Adrenalinproduktion.

Über die Nervenbahnen wird kontrolliert, ob der Knoten im Magen, das Hämmern des Herzens oder die zittrigen Knie verschwunden sind und wieder Ruhe in den Körper gekommen ist. Wenn das funktioniert, ist der Körper im Gleichgewicht.

Unter den verschiedenen Stresstypen hat der Crash-Typ das höchste Burnout-Risiko. In dieser Übersicht beschreibe ich den »normalen« Crash-Typ und die negative Variante davon, die auch als D-Typ bezeichnet wird.

Signale für Stressreaktionen

PHYSISCHE EBENE
- Sie fühlen sich zu nichts in der Lage, Sie sind völlig erschöpft.
- Auf Anspannung reagieren Sie mit Schwindel.
- Es wird Ihnen schnell übel.
- Sie sehen alles verschwommen.
- Sie haben Probleme mit der Haut, zum Beispiel Ekzeme, Gürtelrose und Psoriasis.
- Sie haben rheumaähnliche Beschwerden.
- Sie brauchen viel Schlaf.
- Der Serotonin- und Noradrenalinspiegel sind bei Ihnen niedrig.
- Das Cortisol ist bei Ihnen erhöht.
- Ihre biologische Uhr ist weniger aktiv.

VERHALTEN
- Sie muten sich durchweg zu viel zu und überschätzen Ihre Kräfte.
- Sie ziehen sich zurück.
- Sie sind apathisch.
- Sie trinken zu wenig Wasser.
- Sie machen zu viele To-do-Listen.
- Es besteht das Risiko eines Suizids.

EMOTIONALE EBENE
- Sie sind schnell irritiert.
- Sie fühlen sich labil.
- Sie haben das Gefühl, festzustecken, ein Gefühl der Ohnmacht.

MENTALE EBENE
- Sie leiden unter mangelnder Konzentrationsfähigkeit.

SINNORIENTIERUNG

- Sie erhalten aufgrund des Ohnmachtsgefühls Ihre Arbeitssituation aufrecht, obwohl Sie dort wenig Bestätigung bekommen.
- Sie sehen keine Möglichkeit, wie es anders gehen könnte.

Wie viel Schlaf braucht der Mensch?

Zu den ersten Warnsignalen für einen möglichen Burnout zählen Schlafstörungen. Möglicherweise werden Sie schon früh wach, wenn die Vögel anfangen zu singen, und können dann nicht mehr einschlafen. Ist wenig Schlaf ein Problem? Wie wirkt sich das auf Ihr Funktionieren im Lauf des Tages aus? Sollte man sich krankmelden, wenn man längere Zeit schlecht schläft? Aus der Schlafforschung von Dr. Dinges und van Dongen geht hervor, dass bei vier bis sechs Stunden Schlaf pro Nacht die Konzentrations- und die Reaktionsfähigkeit jeden Tag etwas nachlassen. Am sechsten Tag schlief ein Viertel der untersuchten Personen, die einen solchen Schlafmangel hatten, vor dem Computer ein. Nach zwei Wochen waren die Probanden fünfmal so oft mit ihren Gedanken nicht bei der Sache als am ersten Tag nach einer Nacht mit wenig Schlaf. Das Gedächtnis lässt nach, die Geschwindigkeit, mit der man Aufgaben erledigt, nimmt ab. Nach zwei Wochen war die Leistungsfähigkeit derjenigen, die sechs Stunden geschlafen hatten, auf dem Niveau der Leistungsfähigkeit von Menschen, die 24 Stunden wach geblieben oder betrunken waren.

Eine andere Untersuchung, durchgeführt von Dr. Belenky vom Walter Reed Army Forschungsinstitut in Maryland, ergab, dass bereits bei sieben Stunden Schlaf Einbußen bei der Leistungsfähigkeit erkennbar sind. Schlafforscher gehen davon aus, dass diese Ergebnisse im Großen und Ganzen für alle Menschen zutreffen. Nur 5 Prozent der Menschen kommen mit fünf Stunden Schlaf aus. Einige wenige brauchen dagegen neun bis zehn Stunden Schlaf.

Derzeit wird erforscht, wie viele Nächte es braucht, bis

man sich vom Schlafrückstand erholt hat. Fest steht, dass eine Nacht nicht ausreicht. Bemerkenswert war bei den Untersuchungen, dass die Probanden selbst sich zwar ab und zu schläfrig fühlten, aber der Meinung waren, dass ihre Leistung deshalb nicht geringer war. Die Untersuchungsergebnisse zeigen allerdings, dass ihre Leistung sehr wohl nachgelassen hatte. Schlussfolgerung der Forscher: Wir können selbst unser Schlafbedürfnis nicht gut einschätzen und wir sind weniger leistungsfähig, als wir glauben, wenn wir zu wenig schlafen.

Nach einem Sturz im Aus

Vor ein paar Monaten ist Simone plötzlich mit ihrem Fahrrad gestürzt. Sie überschlug sich und kam mit dem Kopf auf einem Stahlbalken auf. Kurz bevor das passierte, fühlte sie sich nicht gut, sie spürte einen Druck auf der Brust, wie von einem einschnürenden Band. Seit dem Sturz leidet sie nun unter starken Kopfschmerzen und Schwindelgefühlen. Kernspintomografie und EEG erbrachten keine medizinischen Befunde.

Simone fühlt sich immer noch übermüdet, will aber gerne wieder arbeiten. Sie ist Trainerin und entwickelt pädagogische Programme für die Jugendarbeit. Auch ihr Arbeitgeber drängt auf Wiedereinstieg, denn Simone ist sehr gut in der Akquise, sie versteht es, die Programme an den Mann zu bringen, und brachte der Organisation im vergangenen Jahr einige Hunderttausend Euro ein. Sie möchte gern wieder anfangen, aber wegen Übermüdung, Schwindelgefühlen und Kopfschmerzen kann sie noch nicht.

Simone möchte aus der Spirale, die eine immer stärkere Belastung für sie bedeutet, herauskommen. Sie ist der Typ, der nicht wegschaut, wenn es darum geht, Extra-Aufgaben zu übernehmen, auch wenn es auf ihre Kosten geht. Sie fühlt sich oft ohnmächtig angesichts der ständig zunehmenden Arbeitsmenge. Das wird sich ändern müssen. Sie möchte gern ein Coaching zur Unterstützung bei der Einhaltung der Grenzen, dem Prioritätensetzen, dem Relativieren und dem Neinsagen. Sie bittet ihren Coach auch, ihr dabei zu helfen, ihre Selbstfürsorge zu verbessern und in der Freizeit besser entspannen zu können. Sie ist sich nicht sicher, ob sie diese Arbeit weitermachen möchte, denn in den letzten Jahren ist sie öfter zusammengebrochen. Vielleicht sollte sie etwas völlig anderes machen, einen Gassi-Service für Hundebesitzer gründen, eine Kindertagesstätte eröffnen oder Yogalehrerin werden.

Privat ist ihre Situation nicht leicht, weil sie erleben musste, wie innerhalb von sechs Monaten in ihrer näheren Umgebung gleich mehrere noch relativ junge Menschen verstorben sind. Sie glaubte, dass sie daraus lernen würde, mehr Zeit für sich selbst freizumachen, was aber durch den gestiegenen Arbeitsdruck nicht gelungen ist. Das fühlt sich für sie wie ein zusätzliches Versagen an. Sie empfindet die Todesfälle als Warnung, dass sie etwas ändern muss, aber es gelingt nicht. Auch hier geht es darum, dass sie gerne möchte, aber es nicht kann.

Muss ich wirklich?

Simone glaubt oft, dass sie bestimmte Dinge tun muss. Erst kürzlich hat sie auf eine Tasse Kaffee an ihrem Arbeitsplatz vorbeigeschaut, damit sie den Kontakt nicht verliert. Ein Kollege fragte sie, ob sie nicht schnell mal ein Angebot schreiben könnte. Bei ihm herrschte Hektik und sie hatte im Moment doch nichts zu tun. Fast automatisch hat sie die Arbeit angenommen. Mit der Erledigung dieser Aufgabe kann sie auch ihre Schuldgefühle den Kollegen gegenüber bekämpfen.

Aber die Kopfschmerzen kamen sehr schnell zurück und sie versank in trübsinnigen Gedanken. Wenn sie nicht einmal das schaffte, wie sollte sie dann jemals wieder normal funktionieren? Nach einem kurzen Gespräch mit dem Vorgesetzten gab sie dem Kollegen die Arbeit zurück. Sie fühlte sich wertlos, weil sie nicht einmal mehr das geregelt bekam. Eine treue Freundin legte ihr die vier Fragen vor, die ihr immer weiterhelfen:

1. **Stimmt das wirklich, dass du versagst und wertlos bist, kannst du das beweisen?** Simone schlussfolgerte, dass es natürlich Unsinn war zu denken, sie hätte versagt, nur weil sie dieses Angebot noch nicht fertig machen konnte. Der Kollege hätte sie gar nicht darum bitten dürfen.

2. **Ist es wirklich ganz sicher, dass ich versagt habe?** »Nein, natürlich kriege ich auch einmal etwas nicht hin, das heißt aber nicht, dass ich als Mensch versagt habe. Diese selbstquälerischen Gedanken sollte ich sein lassen«, sagte sich Simone. Ihr leuchtete ein, dass ihre Person und ihr Verhalten nicht dasselbe sind: »Ich bin als Mensch völlig in Ordnung und ich mache – als Mensch und als Arbeitnehmer – auch einmal einen Fehler.«

3. **Wie reagiere ich und was passiert, wenn ich an diesen Gedanken glaube?** Wie reagiert Simone auf ihre Kollegen, wenn sie glaubt, dass sie versagt? Simone: »Ich bestrafe mich selbst, mache mich unnötig klein und fühle mich unwohl.«

4. **Wer bin ich ohne diesen Gedanken?** Diese Frage hat Simone sehr stark angesprochen. Was wäre, wenn sie das Gegenteil denken würde: Ich bin als Mensch okay. »Ja, warum eigentlich nicht?«, dachte Simone. »Ich kann davon ausgehen, dass ich okay bin, so wie ich bin. Ich muss mich nicht winden wie ein Aal, um zu erreichen, dass andere mich mögen, als Kompensation für mein schlechtes Selbstbild. Das ist eine Erleichterung. Ich bin genauso okay wie alle anderen auch.«

Negativer Crash-Typ: Alles in sich hineinfressen

Beim Crash-Typ gibt es zwei Unterarten, eine mehr extravertierte und eine mehr introvertierte. Es kommt vor, dass sich ein extravertierter Crash-Typ durch Überlastung, aufgrund seines Alters (nach der Menopause) oder durch die Beziehung mit einem introvertierten Typ selbst zu einem introvertierten Crash-Typ wandelt.

Der introvertierte Crash-Typ ist verschlossen, er verzeichnet wenig Adrenalin-Sympathikus-Aktivität, aber es gibt bei ihm viele Sorgen und Gefühle der Ohnmacht, wodurch das Stresshormon Cortisol ansteigt. Der introvertierte Typ macht sich Sorgen über Sachen, die er gar nicht beeinflussen kann, wie Naturkatastrophen oder einen Zwischenfall mit Schusswaffen in einer Schule oder einem Laden. Dieser Typ hat eine Neigung zum Herzinfarkt.

In psychologischen Studien hat man den verschlossenen Typ als Typ-D-Persönlichkeit beschrieben. Das »D« leitet sich vom englischen *distressed* ab, was so viel bedeutet wie: bekümmert, verstört sein und das Gefühl haben, ständig unter Strom zu stehen. Das kann übrigens wegen der hohen Adrenalinproduktion auch beim Turbo-Typ vorkommen. Der Unterschied besteht darin, dass sich der Turbo-Typ mehr nach außen richtet und somit produktiver ist.

Den in sich gekehrten Grübler beschäftigt, was andere von ihm denken, er fühlt sich schnell bedroht und zurückgewiesen. Er oder sie leidet häufig unter einem extrem negativen Selbstbild. Der Verschlossene nimmt schnell Feindseligkeit von anderen wahr und reagiert darauf seinerseits feindselig. Er leidet also vor allem an sozialem Stress.

DER VERSCHLOSSENE
- findet nicht so leicht Kontakt zu anderen Menschen
- kümmert und sorgt sich um unwichtige Dinge
- unterhält sich nicht so schnell mit Fremden
- ist oft ungeduldig

- ist schnell irritiert
- ist im Umgang mit anderen gehemmt
- schätzt die Dinge düster ein
- ist regelmäßig schlecht gelaunt
- ist in sich gekehrt
- hält andere auf Distanz
- wird wegen seiner negativen Ausstrahlung von anderen gemieden
- macht sich häufig Sorgen

Bei unserer ersten Begegnung zeigt Georg eine abweisende Haltung, er schaut mich mit einem verärgerten Blick an und ist nicht sehr aufgeschlossen. Er hat eine kräftige Statur, eine Tätowierung am Arm und ist in T-Shirt und Jeans gekleidet. Für Georg ist Psychologie nichts weiter als Humbug. Andere mögen Probleme haben, er nicht. Der 44-Jährige ist schon ein Jahr im Krankenstand, er ist aufgrund seiner Arbeit krank geworden. Bisher sind Versuche, ihn wieder am Arbeitsplatz einzugliedern, zum Beispiel durch Mediation, gescheitert, weil Georg wütend weggelaufen ist. Sein Blutdruck ist viel zu hoch, die Ärzte haben ihm davon abgeraten, sich in Situationen zu begeben, in denen die Emotionen hochkochen.

Ursprünglich hat sich Georg wegen einer frustrierenden Situation bei der Arbeit krankgemeldet. Ein Jahr lang hat ihm ein »Grünschnabel«, der als Praktikant in den Betrieb gekommen war, seine Arbeit zugeteilt. Als Produktionsleiter hatte Georg ihn anfangs betreut. Als er nach einer Herzoperation mit anschließender Reha an seinen Arbeitsplatz zurückkam, waren die Namensschilder vertauscht: Der Praktikant hatte jetzt seine Stelle und war sein Chef geworden.

Das Jahr im Krankenstand ist Georg nicht gut bekommen. Er hat Schuldgefühle entwickelt, weil er nicht arbeitet. Er traut sich auch gar nicht, etwas Schönes zu unternehmen, weil er sich vor den Nachbarn schämt. Man stelle sich vor, dass er jemanden trifft, wenn er gerade zum Strand will, oder dass er unter der Woche im Straßencafé gesehen wird ... Dadurch, dass er kaum Ablenkung hat, nagt es innerlich die ganze Zeit an ihm und er wird für seine Frau und die Kinder unausstehlich. Er spürt das zwar, schafft es aber nicht, die Lage zu ändern. In diesem letzten Jahr hat er wegen des Ärgers auch noch 20 Kilo zugenommen. Vorher war er immer stolz auf seinen muskulösen Körper und seine Fähigkeiten als Liebhaber gewesen, aber das funktioniert nicht mehr. Er unterstellt seiner Frau, ein Auge auf einen anderen Mann geworfen zu haben, oder er wirft ihr vor, ihn zu betrügen. Richtig ist, dass sie deutlich weniger Lust auf Sex hat und das passt ihm nicht.

Als Georg nach der Reha wieder in den Betrieb kam, trug ihm der Praktikant viele herabwürdigende Jobs auf. So musste er nach der Arbeitszeit oft noch verschiedene Sachen bei Kunden abholen, weil diese am nächsten Tag gebraucht wurden. Früher hatte der Praktikant solche Dinge gemacht. Georg vermutete, dass der frühere Praktikant sich auf diese Weise an ihm rächte, und beklagte sich beim Chef darüber. Man würde mit der neuen Führungskraft sprechen, hieß es, aber Georg merkte davon nichts.

Die Wut nach innen richten

Ich stellte bei Georg neben einer Anpassungsstörung auch ein Persönlichkeitsproblem fest. Seine negative Haltung erschwerte seine Regenerierung und entfremdete ihn von seiner direkten Umgebung. Georg richtete seine Wut nicht nur nach außen, sondern auch nach innen, was seine Situation noch explosiver machte. Es war sogar denkbar, dass er sich aus einer impulsiven Anwandlung heraus das Leben nehmen könnte.

Die Haltung, dass alles an den anderen liegt, ist eine Verteidigungsmaßnahme gegen Gefühle der Ohnmacht und der Traurigkeit. Georg hatte das Gefühl, dass er intensiv versagt hatte, er sah sich als Loser. Seine Wut hält ihn auf den Beinen. Denn was würde ihm drohen, wenn er die Gefühle des

Versagens zulassen würde? Als Coach suchte ich nach einer Möglichkeit, ihn für eine Behandlung zu motivieren. Das war gar nicht einfach, denn er hatte eine Abneigung gegen »Seelenklempner«.

Georg war aber glücklicherweise für ein Spielchen zu gewinnen. Ich hoffte, dass er dadurch Einsichten gewinnen würde, wie seine Gedanken seinen Körper beeinflussen und wie die negativen Gedanken seinen Blutdruck in die Höhe jagten. Ich bat ihn, einen Luftballon aufzublasen. Er grinste: »Ist das hier ein Kinderfest?« Georg bläst den Ballon zu drei Vierteln auf und macht dann einen Knoten in das offene Ende. Dann bitte ich ihn, sich auf den Ballon zu setzen. »Das geht doch nicht«, lacht er mich aus. »Natürlich geht das«, beharre ich. Ich blase nun auch selbst einen Ballon auf und lasse mich darauf nieder. Es passiert nichts. Jetzt macht sich Georg daran, sich ganz vorsichtig, mit angespannten Muskeln und einem verkrampften Gesicht auf den Ballon zu setzen. Entgegen seiner Erwartung passiert gar nichts.

Ich fordere Georg auf, seine Gedanken zu beschreiben. Er sagt, er habe erwartet, dass der Ballon mit einem lauten Knall platzen würde, vor allem wegen seines starken Übergewichts. Er konnte in der Situation auch spüren, wie der negative Gedanke dazu führte, dass sich sein Körper verkrampfte. Der Einfluss eines einzigen Gedankens auf die körperliche Reaktion ist nicht zu leugnen. Durch diese Erkenntnis kann ich Georg dazu bewegen, achtsam mit seinen Gedanken und seinen ärgerlichen Gefühlen umzugehen.

Achtsamer Umgang mit schwierigen Gefühlen

Achtsamkeit heißt, mit bewusster Aufmerksamkeit im Hier und Jetzt zu sein, dabei nicht zu urteilen und die Erfahrung in keiner Weise zu beeinflussen oder zu ändern. Die Aufmerksamkeit wird in eine bestimmte Richtung gelenkt und man zeigt eine offene und aktive Haltung für alles, was man empfindet. Die Aufmerksamkeit kann breit angelegt sein und alles umfassen, sie kann sich aber auch nur auf die Atmung beschränken oder auf die Geräusche, die einen umgeben, oder auf das innere Geschehen.

Achtsamkeit muss nicht »versponnen« sein. Achtsamkeit ist wie Buddhismus ohne den Buddhismus, hat Jon Kabat-Zinn, der Begründer der Achtsamkeitsmeditation es einmal ausgedrückt. Achtsamkeit kann gezielt dafür eingesetzt werden, die alltäglichen Muster zu durchbrechen. Der normale Vorgang ist meist wie folgt: Es gibt einen Auslöser dafür, dass wir uns ärgern, dann nehmen wir ein unangenehmes Gefühl wahr. Die Atmung wird schneller, die Herzfrequenz erhöht sich, das Blut steigt ins Gesicht. Dieses Gefühl wollen wir wieder loswerden und gehen in die Aktivität. Wir schimpfen mit unserem Kind oder unserem Partner, vielleicht rutscht uns sogar die Hand aus. Hilft das? Meistens nicht. Wer dieses Muster durchbrechen will, kann folgendermaßen vorgehen:

AUFMERKSAMKEIT

Der erste Schritt: Lassen Sie in aller Ruhe Ihre Gefühle, Ihre Gedanken und Ihre körperlichen Befindlichkeiten zu. Nehmen Sie wahr, dass Sie verärgert sind, spüren Sie Ihre Ohnmacht, Ihre Wut, Ihre Neigung, loszuheulen oder draufloszuschlagen. Fühlen Sie die Spannung in Ihrem ganzen Körper.

ZULASSEN

Lassen Sie es geschehen. Seien Sie eine gute Gastgeberin oder ein guter Gastgeber für Ihr Gefühl. Lassen Sie dieses Gefühl zu, es wird Sie nicht vernichten, es wird Sie nicht lahmlegen. Ihr Gefühl ist vielleicht scheußlich oder schmerzhaft, aber es ist nun einmal da und das ist in Ordnung. Es ist ganz einfach Ihr Gefühl. Punkt.

NICHTS TUN

Jetzt kommt der schwierigste Schritt: Geben Sie Ihrer Gewohnheit, zu schreien, drau

floszuschlagen, etwas kaputtzumachen oder eine wütende Mail loszuschicken, nicht nach. Machen Sie nichts dergleichen. Halten Sie diese impulsive Reaktion zurück. Das tut weh, aber das sollte Ihnen keine Sorgen bereiten. Sie wissen aus früheren Erfahrungen, dass dieser Schmerz wieder vergeht.

Wenn Sie so mit dem schwierigen Gefühl umgehen, gewinnen Sie Raum. Sie halten die Energie bei sich und erlangen wieder die Freiheit, zu entscheiden, wie Sie sich verhalten wollen. Im Grunde genommen setzen Sie ein bewährtes Rezept um: Erst bis zehn zählen und dann reagieren.

Dem Atem Raum geben

»Leicht gesagt«, höre ich oft, wenn ich die Empfehlung ausspreche, einfach mal nichts zu machen. »Sie haben keine Ahnung, wie ich mich fühle! Wenn jemand mit dem Schlüssel mein Auto zerkratzt, muss ich doch wohl reagieren!« Wer sagt, dass Sie reagieren müssen? Was passiert ist, ist wirklich schlimm, aber eine Reaktion aus Wut, auch die, aus Ohnmacht gegen die Reifen zu treten oder mit der Faust gegen die Mauer zu schlagen, führt zu keiner Lösung.

Bitte bedenken Sie, dass ein anderes Reaktionsverhalten erst eingeübt werden muss. Üben Sie sich in Achtsamkeit. Erlernen Sie die Basisübungen der Achtsamkeit und Achtsamkeitsmeditation.

Der Einstieg in die Achtsamkeitsübungen ist eine Atemübung. Setzen Sie sich aufrecht und mit wacher Aufmerksamkeit auf einen Stuhl. Wenn Sie spüren, dass Spannungen im Körper vorhanden sind, beispielsweise im Nacken- oder Schulterbereich (oder auch im Kiefer, im Bereich der Stirn, im Bauch), lassen Sie diese Spannungen so weit wie möglich los.

Übung »Achtsam atmen«

Folgen Sie dem Atem. Spüren Sie, wie Sie einatmen, fühlen Sie, wie die Luft durch die Nase dringt, wie sich der Bauch wölbt. Nehmen Sie wahr, wo Sie die Atmung am deutlichsten spüren. Bemerken Sie, dass vor dem Ausatmen eine kleine Pause entsteht, in der Bauch und Brust die Spannung loslassen und ein wenig einfallen.

Spüren Sie, wie Ihr Atem wieder aus der Lunge und durch die Nase entweicht, und machen Sie sich bewusst, wo sich der Atem am besten anfühlt. Bei vielen Menschen ist das im Bauch.

Es ist oft nicht ganz einfach, die Aufmerksamkeit auf die Atmung zu lenken. Versuchen Sie es einmal mit Zählen, beispielsweise so: Eins – einatmen, zwei – ausatmen. Und wieder: eins – einatmen, zwei – ausatmen. Oder Sie sagen beim Einatmen »ein« und beim Ausatmen »aus«.

Sie können die Atmung dem Körper überlassen, Sie müssen nichts dafür tun, auch nicht besonders tief oder besonders lang ein- und ausatmen. Sie werden möglicherweise bemerken, dass Ihre Gedanken zu Situationen abschweifen, in denen andere Menschen Ihnen etwas angetan haben, Momente, die auf ihre Kosten gegangen sind. Greifen Sie hier sanft ein und lenken Sie die Aufmerksamkeit wieder auf Ihre Atmung.

Überlassen Sie in der letzten Übungsminute den Atem einfach wieder sich selbst, bleiben Sie noch einen Augenblick sitzen und nehmen Sie wahr, was in Ihrer Umgebung und in Ihrem Körper geschieht. Aus dieser umfassenden Aufmerksamkeit heraus kehren Sie zu Ihren Beschäftigungen zurück.

Achtsamkeit ist keine Entspannungstechnik, auch wenn Sie sich danach ruhig fühlen. Achtsamkeit will vor allem Ihre automatischen Reaktionen auf die Dinge durchbrechen und Ihnen bewusst machen, dass Sie eine Wahl haben.

Das Anti-Stress-Programm für den Crash-Typ

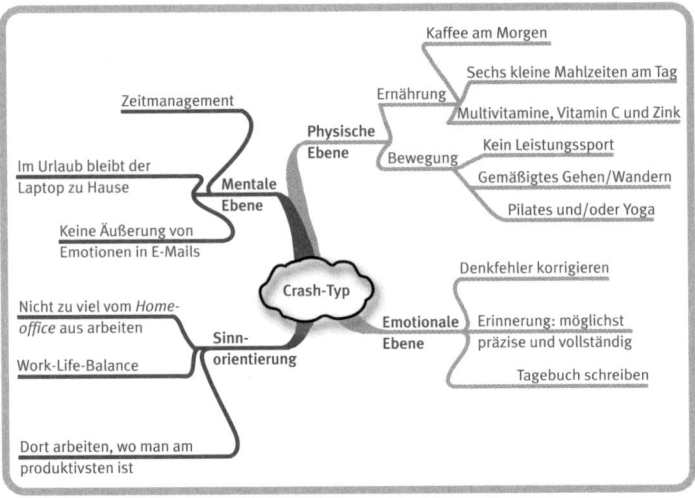

Sie erholen sich dann am besten, wenn Sie Dinge tun, die Ihnen Freude machen. Weil die Adrenalinproduktion nicht ausreicht, verläuft die Regeneration bei Crash-Typen anders als bei Turbo-Typen: Sie sollten sich, wenn Sie einen Zusammenbruch hatten, vorübergehend nicht körperlich anstrengen. Trinken Sie am Morgen eine Tasse Kaffee und danach nur noch grünen oder weißen Tee. Ziehen Sie Yoga oder Atemübungen in Erwägung.

Prävention

Da Sie so auf Ihr Tun fokussiert sind, haben Sie den Kontakt zu Ihren Gefühlen verloren. Warnsignale scheinen für Sie nicht zu existieren. Die folgenden Signale ignorieren Sie besonders gern: Schmerzen im Schulter- und Nackenbereich,

leichte Halsschmerzen, Rückenschmerzen, Schlafschwierigkeiten, Grübeln, mangelnde Konzentrationsfähigkeit, die
Tatsache, dass Sie mehr trinken oder rauchen, die Tatsache,
dass Sie Ihrem Partner oder Ihrer Partnerin aggressiv begegnen, dass Sie sich zurückziehen oder Termine absagen,
dass Sie zu müde sind, um zum Sport zu gehen oder um zu
kochen.

Sind Ihnen diese Signale vertraut? Nehmen Sie sie bei sich
wahr? Halten Sie das schriftlich fest und vergegenwärtigen
Sie sich einmal in der Woche die Warnsignale, die Sie spüren.
Haben Sie sie letzte Woche auch wahrgenommen? Sind sie
stärker geworden? Machen Sie sich auch Notizen darüber,
was Sie in der Situation, wenn die Signale auftauchen, tun
können. Sie können zum Beispiel Dinge von Ihrer To-do-
Liste streichen und wieder einmal mit Freunden ins Theater,
Kino oder Konzert gehen. Gehen Sie Radfahren oder machen Sie einen Spaziergang oder eine Wanderung, je nachdem, was Ihnen Spaß macht, wofür Sie aber normalerweise
wenig Zeit haben.

Selbstmanagement-Tipps

Verwöhnen Sie sich

Wenn Sie durch Stress geschwächt sind, sollten Sie sich selbst
gut verwöhnen. Legen Sie beruhigende Musik auf, trinken
Sie Entspannungstees, nehmen Sie ein Wohlfühlbad oder
gönnen Sie sich eine erholsame Massage. Wenn Sie vollkommen erschöpft sind, lassen Sie vorübergehend intensives
Sporttraining weg, damit Ihr Körper wieder in Balance
kommt. Da Sie empfänglich sind für Erkältungskrankheiten
und Grippe, brauchen Sie Antioxidantien und Entzündungs-
hemmer.

Sobald Sie wieder Energie spüren, können Sie auch wieder
Sport machen. Bauen Sie Ihr Training langsam auf und stoppen Sie immer, bevor Sie erschöpft sind. Der Sinn ist, dass Sie

wieder Reserven bekommen. Sie bleiben müde und erschöpft, wenn Sie sich auf den Teufelskreis der Unterbelastung, wenn Sie zu müde sind, und den der Überbelastung, wenn Sie sich gut fühlen, einlassen.

Ernährung

Wenn Sie am Morgen eine Tasse Kaffee trinken, werden Sie aktiver. Nachmittags funktioniert das nicht, weil der spät getrunkene Kaffee den Schlaf beeinträchtigen kann. Halten Sie Ihre Mahlzeiten einfach, essen Sie beispielsweise sechs kleine Portionen täglich. Eine Kugel Eis nach dem Essen sorgt dafür, dass das Energieniveau wieder stimmt und dass der Körper zur Ruhe kommt.

Vitamine

Vor allem tyrosinreiche Lebensmittel spielen eine Rolle, weil sich der Vorrat des Stresshormons Adrenalin erschöpfen kann. Beginnen Sie den Tag beispielsweise mit Eiern und Joghurt. Auch viele alkoholische Getränke enthalten Tyrosin: Trinken Sie am Abend, wenn Sie sich entspannen, ein Glas Bier, Wein, Port, Chianti, Wermut oder etwas Stärkeres. Frauen dürfen nicht vergessen, sich an das Limit von fünf Gläsern pro Woche zu halten.

Vermutlich bleibt bei Ihnen, trotz der geringen Adrenalinproduktion, der Cortisolspiegel hoch, wodurch Sie ein erhöhtes Risiko haben, krank zu werden. Nehmen Sie deshalb nicht nur Multivitamintabletten, sondern zusätzlich Vitamin C und Zink ein und nehmen Sie Antioxidantien und mineralienreiche Lebensmittel zu sich.

Bewegung

Solange Sie noch keinen Zusammenbruch erlitten haben, gelten für Sie dieselben Bewegungstipps wie für den Turbo-Typ. Wenn Sie schon einen Zusammenbruch erlitten haben, setzen Sie anstrengende Fitnessübungen und Leistungssport aus und gehen Sie stattdessen langsam in der Natur spazieren oder fahren Sie kurze Strecken mit dem Fahrrad. Günstig sind auch Dehnübungen oder Hatha-Yoga-Übungen mit entspannender Musik.

Lebensfreude statt Grübelei

Optimismus und Pessimismus sind zwar angeborene Charaktereigenschaften, aber langfristiger Stress beeinflusst diese Eigenschaften. Man erkennt sich dann häufig selbst nicht mehr. Nehmen wir einmal an, Sie sehen Rückschläge als Herausforderung, die es in einer bestimmten Situation zu bewältigen gilt. Sie nehmen dann die Einschätzung vor, ob Sie die jeweilige Situation bewältigen können. Durch lang anhaltenden Stress kann es allerdings dazu kommen, dass Sie gedanklich eine solche Situation verallgemeinern und glauben, die Rückschläge würden Ihr Leben bestimmen. Eventuell denken Sie dann sogar, Sie hätten die Rückschläge selbst zu verantworten, und fangen an, sich als Versager zu fühlen.

Natürlich kann auch Optimismus zu Stress führen, wenn die Grundlage für den optimistischen Blick fehlt. Sie gehen zum Beispiel davon aus, dass Sie einen Auftrag gut hinbekommen können. Leider fehlt Ihnen der entsprechende Hintergrund, um die Erwartungen zu erfüllen. Ihre positive Selbsteinschätzung hat in diesem Fall zu Selbstüberschätzung geführt: Sie sind ein zu großes Risiko eingegangen.

Immer Katastrophen erwarten und Gefahren vermuten, wo andere nur Chancen sehen, ist andererseits ein gewaltiger Energieräuber. Zu viel Pessimismus kann zu einem Übermaß an Selbstkritik führen. Für diese mit sich hadernden Menschen empfiehlt es sich, den Gedanken und Gefühlen, die Probleme machen, einmal genau auf den Grund zu gehen. Beantworten Sie dazu die folgenden sieben Fragen, die in Anlehnung an Judith Beck, Diätcoach und kognitive Verhaltenstherapeutin, konzipiert wurden.

1. Welchen Denkfehler mache ich?
2. Was deutet darauf hin, dass dieser Gedanke nicht wirklich stimmt?
3. Kann ich mir eine andere Erklärung vorstellen oder die Sache auf eine andere Art und Weise betrachten?
4. Welche Schlussfolgerung ziehe ich aus dieser anderen Herangehensweise?
5. Welche Folgen ergeben sich aus dieser anderen Herangehensweise für mein Verhalten?
6. Was würde ich einer guten Freundin sagen, wenn sie sich in derselben Situation befinden würde?
7. Wofür entscheide ich mich?

Häufig vorkommende Denkfehler sind: Übertreibung, Schwarz-Weiß-Denken, Übergeneralisierung, stereotypes Denken und »Filter im Kopf« (das Glas als halb leer sehen anstelle von halb voll).

Ein gutes Gedächtnis hilft gegen Traurigkeit

Was empfinden Sie bei dem Wort *zurückgewiesen*? Account-Manager Leo: »Vor ein paar Wochen hatte ich ein Gespräch mit meinem Chef und er hat meine Ideen komplett vom Tisch gewischt.« Tennislehrerin Anna: »Meine Brüder fahren immer gemeinsam mit ihren Familien in den Urlaub, ohne zu fragen, ob ich auch mitkommen möchte.«

Depressionsforscher sagen, dass Gedanken wie Annas nicht helfen, das schlechte Gefühl loszuwerden. Es geht um Übergeneralisierung. Anna sagt, dass es *immer* so ist, dass ihre Brüder sie nicht auffordern mitzukommen. Es ist etwas, das mit ihr gemacht wird, sie wird zum Opfer der Handlungen ihrer Brüder.

Diese globale und vage Art und Weise, sich an Dinge zu erinnern, macht verwundbar, so lautet das Ergebnis einer Studie der Oxford University und der Universität von Chicago. Besser ist es, sehr genau zu sein. Wer sagt: »Am letzten Sonntag bin ich arbeiten gegangen«, scheint mit Problemen besser fertigzuwerden als Menschen, die die genaue Zeitangabe weglassen. Die Forscher denken, dass das Übergeneralisieren dann problematisch ist, wenn es zum persönlichen Stil geworden ist und wenn die betreffende Person zudem wenig flexibel ist und sich eher allgemein an Situationen erinnert. Menschen, die sich nur an wenige Details erinnern, können zum Beispiel die Frage, was sie in der Vergangenheit glücklich gemacht hat, nicht gut beantworten. Was hat Ihnen früher geholfen, eine traurige Stimmung zu vertreiben? Wissenschaftler konnten belegen, dass ältere Patienten weniger häufig an Depressionen und Gefühlen der Hilflosigkeit litten, wenn sie Techniken beherrschten, die sie dazu befähigten, mehr Details aus ihren Erinnerungen wachzurufen. Frühere Studien weisen in eine ähnliche Richtung. Es ist sehr hilfreich, »sich die Dinge von der Seele zu schreiben«, wenn es darum geht, unschöne Ereignisse zu akzeptieren.

Nathalie wird zusammen mit zwei Kollegen als Ursache für die drohende Insolvenz des Betriebs gesehen. Sie hat ihre Zielvorgaben nicht erreicht. Nathalie schreibt nun einen Roman mit dem Titel *Bitteres Blut*, in dem sie das Scheitern von Management, Politik und Betrieb haarscharf darlegen will. Zuvor war sie derart wütend, dass sie sogar überlegt hat, einen der Manager zu kidnappen und ihn zu zwingen, die Wahrheit zu sagen. Aber dann entdeckte sie, dass das Schreiben besser geeignet ist, um mit ihrer Wut fertigzuwerden. So schaffte sie es auch, die Kommunikation mit dem Betriebsrat und den Führungskräften zu verbessern. Auf diese Weise bekam sie mehr Unterstützung und man spielte ihr nicht länger den schwarzen Peter zu.

Mentale Fitness

Zeitmanagement ist ein unverzichtbares Instrument, um psychischen Zusammenbrüchen vorzubeugen. Lernen Sie, Nein zu sagen und nicht jedem Punkt auf Ihrer To-do-Liste Priorität einzuräumen. Teilen Sie Ihre Aufgaben in vier Kategorien ein. Malen Sie dazu ein Achsenkreuz und tragen Sie die verschiedenen Punkte folgendermaßen ein: Links oben bedeutet dringend und wichtig, rechts oben wichtig, aber nicht dringend. Links unten stehen Aufgaben, die dringend, aber nicht ganz so wichtig sind, und rechts unten tragen Sie ein, was weder dringend noch wichtig ist. Übertragen Sie Ihre täglichen Aktivitäten in diese vier Kategorien.

Versuchen Sie sich auf Wichtiges, aber nicht Dringendes zu konzentrieren. Damit vermeiden Sie das Gefühl, ins Hintertreffen zu gelangen und ständig kleine Feuer löschen zu müssen.

Wenn einem die Sache entgleitet

Frank arbeitet seit ein paar Monaten in der Personalabteilung eines Mobilitätszentrums bei einer großen Firma, in der vielen Menschen gekündigt wird, die einen neuen Job finden müssen. Er fing kurz vor dem Sommer in der Firma an und ging ein paar Wochen später mit seiner Familie auf eine Urlaubsreise nach Neuseeland. Gut erholt kam er zurück, doch während seiner Abwesenheit wurde bekannt, dass die Mitarbeiter ihren Job noch früher verlieren würden. Das Mobilitätszentrum sollte sich um die Angelegenheit kümmern.

Ab diesem Zeitpunkt spürte Frank, dass ihm die Arbeit langsam entglitt. Er geriet in eine Stromschnelle, es ging alles zu schnell für ihn. Alle Aktivitäten musste er in einem wenig anwenderfreundlichen System registrieren lassen. Seine Chefin schaute zu und deren Vorgesetzter ebenso. Die Mitarbeiter, die er versetzen sollte, waren zum Teil über 30 Jahre in der Firma und meist niedrig qualifiziert. Für diese Mitarbeiter musste er innerhalb eines Jahres einen neuen Job finden.

Frank fühlte sich, als würde er im Treibsand versinken. Die Burnout-Beschwerden, mit denen er vor Jahren einmal konfrontiert war, kamen zurück. Und zu allem Überdruss erhielt er eine schlechte Beurteilung. Er sei – so seine Vorgesetzte – nicht fokussiert, er konzentriere sich nicht auf die richtigen Dinge und auch die Registration seiner Aktivitäten im System laufe schlecht.

Die Beurteilung rüttelte Frank endgültig wach: Er vergeudete viel zu viel Zeit an die interne E-Mail-Kultur, die weder sinnvoll noch dringend war. Er beschloss, ab diesem Moment die in CC geschickten Mails ungelesen aus seiner Mailbox zu löschen und die Kollegen das wissen zu lassen. Er würde künftig nur noch einmal am Tag seine etwa dreißig E-Mails lesen und beantworten, nämlich zwischen 14.00 und 14.30 Uhr. Diese Maßnahmen erlaubten ihm, sich stärker zu fokussieren. Er besprach sich mit der Vorgesetzten, ob es möglich wäre, in der Abteilung einen Workshop über den guten Umgang mit der E-Mail-Kommunikation zu halten.

E-Mail- und Telefonstress

Ihre E-Mail und Ihr Telefon sollten keine offene Türen sein, durch die jeder jederzeit auf Sie zukommen kann.

Öffnen Sie Ihre Mailbox nicht öfter als zweimal am Tag und klären Sie dann direkt alle Inhalte. Fangen Sie oben an und entscheiden Sie sich bei jeder Mail für eine Aktion: 1. Reagieren, 2. Archivieren, 3. Löschen.

- **Reagieren:** Wenn eine Aktion von Ihnen erbeten wird, entscheiden Sie sofort, ob Sie das tun wollen, und wenn ja, wann Sie es tun werden. Schreiben Sie die geplante Aktion in Ihren Terminplaner. Schreiben Sie dazu, welche Unterlagen Sie dafür brauchen.

- **Archivieren:** Erstellen Sie Ordner für die verschiedenen Projekte und speichern Sie dort die entsprechenden E-Mails.

- **Löschen:** Alles, worauf Sie nicht direkt reagieren müssen und was Sie in Ihren Rubriken nicht unterbringen, können Sie wegwerfen. Erweitern Sie eventuell Ihr Archiv, wenn Sie Mails erhalten, die Sie nicht zuordnen können. Offene Enden absorbieren viel Energie.

- Abwesend? Nehmen Sie den Laptop nicht mit, sondern arbeiten Sie mit der »automatischen Antwort«, in der steht, wann Sie wieder erreichbar sind. Bitten Sie die Absender von Mails mit dringenden Mitteilungen, die Mails zu diesem Zeitpunkt erneut zu senden. Teilen Sie außerdem mit, wer Sie in dringenden Fällen während Ihrer Abwesenheit vertritt.

- Sorgen Sie für Klarheit in den E-Mails, die Sie selbst versenden. Geben Sie in der Betreffzeile an, worum es geht (Frage, Information, Einladung oder Bitte um Erledigung).

- Äußern Sie Ihre Emotionen nicht in E-Mails.

- Nicht alle Telefonate sind planbar, aber einige schon. Verabreden Sie sich zum Telefonieren, wenn es zeitlich für Sie günstig ist.

- Wenn Sie sich auf ein Projekt konzentrieren müssen, schalten Sie Ihr Telefon aus, lassen Sie Anrufer nicht durchstellen und schließen Sie Ihre Zimmertür beziehungsweise suchen Sie sich – wenn Sie in einem offenen Büro arbeiten – ein ruhiges Plätzchen.

Sinnorientierung: Work-Life-Balance

Die fehlende Balance zwischen Arbeit und Privatleben ist häufig Ursache für Stress. Der Arbeitsdruck ist hoch, die Aufgaben zu Hause fallen schwer. Die meisten Eltern betrachten die Kombination von Berufstätigkeit und Kindererziehung als »hektisch, aber bereichernd«. Vor allem Eltern von kleinen Kindern finden die Doppelbelastung anstrengend. Die Zeit, die berufstätige Eltern mit ihren Kindern verbringen, hat sich seit 1980 fast verdoppelt. Berufstätige Mütter verbringen im Schnitt 14 Stunden in der Woche mit Aufgaben im Rahmen der Kindererziehung, Väter sechs Stunden (Quelle: Sociaal Cultureel Planbureau, Familienbericht 2011). Mütter und auch Väter können einen Zusammenbruch erleiden, wenn ihnen die Vereinbarung von Berufstätigkeit und Elternschaft zu viel wird. Oft steigt der Arbeitsdruck von Frauen, die wegen der Kinder ihre Arbeitszeit von vier auf drei Tage reduzieren, an, gleichzeitig nimmt die Freude an der Arbeit ab. Manche versuchen, den Druck durch eine längere tägliche Arbeitszeit abzufangen, und stürzen nach ein paar Monaten ab.

Es ist nicht nur die Kombination von Beruf und Familie, die für das Stresslevel der Frauen fatal wird. Teilzeitarbeit bedeutet oft, dass die Arbeit inhaltlich weniger interessant und herausfordernd ist. Die interessanten Jobs gehen vorzugsweise an die Kollegen mit der Fünf-Tage-Woche. Genauso ist es mit der Teilnahme an Erholungsprogrammen oder Seminaren: Frauen, die in Teilzeit arbeiten, gehen hier oft leer aus. Selbst manche Kollegen haben Vorbehalte gegen Mütter im Kollegenkreis, weil diese nicht spontan für den Kneipenbesuch nach der Arbeit zu haben sind und weil sie keine Überstunden machen wollen, damit sie die Kinder abholen können.

Die eine oder andere Arbeitnehmerin mit Kind entscheidet sich auch bewusst für eine weniger anstrengende und belastende Arbeit. Sie tut dies möglicherweise in der Annahme, Beruf und Familie dadurch besser vereinbaren zu können. Die Gefahr besteht darin, zu übersehen, dass man durch diese Wahl den eigenen Ehrgeiz ausblendet oder untergräbt.

Überbelastung und Zweifel

Sabrina ist als Ingenieurin bei einem Büro für Raum- und Luftfahrttechnik beschäftigt. Sie ist verheiratet und hat zwei Kinder im Alter von fünf und drei Jahren. Seit zwei Monaten ist sie wegen Spannungsbeschwerden zu Hause. Sie hat Probleme mit einem Auftraggeber, erlebt den Arbeitsdruck als enorm und fühlt sich von ihrem Mann zu wenig unterstützt bei den häuslichen Aufgaben. Ihr Mann ist selbstständig und viel im Ausland unterwegs. Er arbeitet im Prinzip vier Tage die Woche und hat jede Woche einen »Papatag«, aber manchmal lässt es sich nicht vermeiden, dass er mehrere Tage hintereinander im Ausland ist. Sabrinas ältestes Kind ist sehr aufgeweckt und fordert viel Aufmerksamkeit. Allein für die Kinder zu sorgen fällt ihr sehr schwer. Die Großeltern können wenig Hilfe anbieten, sie sind gesundheitlich eingeschränkt und kaum mobil. Sabrina arbeitet in der Stadt, wohnt aber wegen der Kinder außerhalb. Dort können sie draußen toben und schwimmen gehen. Gärtnern ist Sabrinas größtes Hobby, in nächster Zeit wollen sie sich ein Haus mit größerem Garten suchen.

Sogar die relativ kurze Fahrtzeit zwischen Arbeit und Wohnung – eineinhalb Stunden täglich – ist für Sabrina eine zusätzliche Hürde. In der näheren Umgebung gibt es aber keine Jobs. In den Monaten zu Hause plagen Sabrina Zweifel über ihre Arbeit. Sie erkennt, dass sie sich eine andere Arbeit wünscht, räumt aber dennoch der Rückkehr zu ihrem jetzigen Arbeitgeber Priorität ein. Sie will nicht, dass alles in ihrem Leben geändert wird.

Das Erkennen und Dokumentieren der Energiespender und Energieräuber bei der Arbeit soll ihr innerhalb eines halben Jahres ermöglichen, eine Entscheidung zu treffen, ob sie mit der heutigen Arbeit weitermacht oder sich doch auf die Suche nach einem anderen Job begibt …

»Das neue Arbeiten«

Das »neue Arbeiten« ist ein Trendthema der heutigen Zeit. Es bezeichnet eine neue Arbeitskultur, bei der wir an den Orten arbeiten, wo wir am produktivsten sind. Geeignet ist diese Form der Arbeit für alle Arbeitnehmer, deren Arbeit weder orts- noch zeitgebunden ist, für die aber ein Soll, das erfüllt werden muss, definiert werden kann, also für Wissensarbeiter. Das Büro ist zu einem Begegnungsort geworden, ein Platz mit Stehtischen, Pausenzonen und Gastronomie. Bei Microsoft findet man zum Beispiel eine solche Situation für die Arbeitnehmer vor. Manche Menschen glauben, dass die neue Form der Organisation von Arbeit Eltern bessere Möglichkeiten bietet, Beruf und Familie zu vereinbaren. Aber stimmt das wirklich? Marinda, alleinerziehende Mutter und Beraterin, sagt im ersten Moment vollmundig Ja. Sie arbeitet in Vollzeit, kann sich aber auch um Erziehungsaufgaben kümmern. Mittwoch- und Freitagnachmittag arbeitet sie von zu Hause aus und kann ihr Kind zum Fußballtraining fahren. In der Umkleidekabine oder an der Seitenlinie erledigt sie dann die wichtigsten Arbeiten auf dem Blackberry. Abends, auch am Sonntagabend, arbeitet sie immer noch ein wenig weiter. Jetzt, da Marinda darüber nachdenkt, berichtet sie auch von Nachteilen: Sie arbeitet regelmäßig länger und es fällt ihr schwer, am Abend einen Schlussstrich zu ziehen. Die Folge ist zu wenig Schlaf, da sie kaum entspannen kann, auch wenn sie sich kurz vor dem Schlafgehen noch Zeit nimmt für ein Glas Wein mit Knabbereien. Ihr Arbeitgeber ist auch absolut überzeugt vom Konzept des neuen Arbeitens. »Es soll keine verkappte Kinderbetreuung sein«, sagt er, wenn Marinda am Mittwochnachmittag im Home-Office arbeitet.

Tipps für das Arbeiten von Zuhause aus

Sorgen Sie für Kinderbetreuung durch Dritte, wenn Sie zu Hause arbeiten, und erledigen Sie die Arbeiten tagsüber oder am frühen Abend. Zwischen 17:00 Uhr und 21:00 Uhr kann man noch produktiv arbeiten. Wenn Sie zu dieser Zeit tätig sein wollen, regeln Sie mit Ihrem Partner oder mit der Kinderbetreuung, dass Sie dann nicht für die Kinder da sind, dass jemand anderes für sie kocht oder sie ins Bett bringt. Sie können den Kindern dann vielleicht noch eine Geschichte vorlesen.

Unverzichtbar ist das Vertrauen Ihres Arbeitgebers. Manchmal werden Kollegen bei Ihnen anrufen oder Mails schicken, wenn Sie zu Hause sind. Vielleicht haben Sie in dem Moment gerade die Wäsche in die Maschine gepackt. Sprechen Sie das offen an. Sagen Sie, dass Sie gerade eben etwas im Haushalt erledigt haben, nun aber wieder voll und ganz bei der Arbeit sind.

Tipps für Arbeitgeber von Home-Office-Mitarbeitern

Wenn Sie einen Mitarbeiter regelmäßig von Zuhause aus arbeiten lassen wollen, muss das im Betrieb verankert sein. Ihre Fürsorgepflicht als Arbeitgeber gilt auch für Mitarbeiter im Home-Office. Das Home-Office muss gut ausgestattet sein, das heißt, es braucht gute Sitzmöbel und geeignetes Licht. Treffen Sie klare Absprachen, zum Beispiel über die erwarteten Ergebnisse. Machen Sie sich bewusst, dass nicht jeder Mitarbeiter dafür geeignet ist, von Zuhause aus zu arbeiten. Manchen fehlt die nötige Disziplin oder sie fühlen sich ohne Kollegen nicht wohl. Ein guter Arbeitgeber wird das berücksichtigen müssen. Die Fürsorgepflicht des Arbeitgebers betrifft die Gesundheit und die Sicherheit des Arbeitnehmers. Treffen Sie Abmachungen über das Home-Office und über das Arbeiten von öffentlichen Orten wie einem Café. Behalten Sie die normale Wochenarbeitszeit im Auge. Informieren Sie sich beim Arbeitnehmer, ob er die Arbeit in dieser Zeit bewältigen kann. Warten Sie nicht, bis der Arbeitnehmer über Stresssymptome wie Schlafstörungen, körperliche Beschwerden und Konzentrationsschwierigkeiten klagt.

8. Der hochsensible Typ

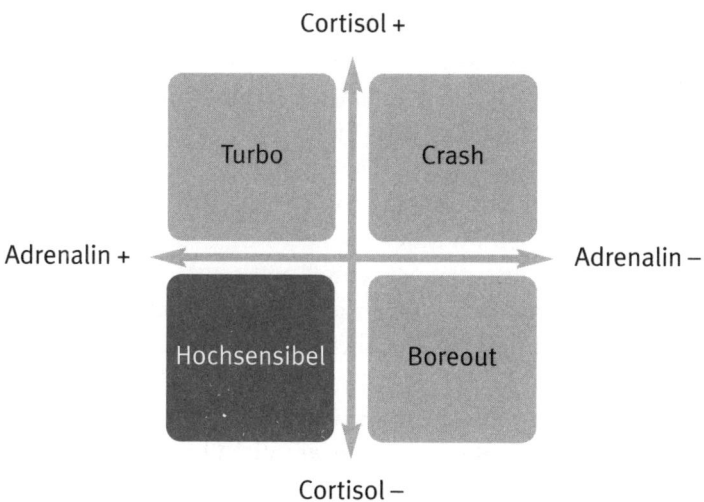

Sie sind fürsorglich und loyal und stellen Ihre Belange für andere gerne zurück. Ihren Freunden sind Sie ein treuer, zuverlässiger Partner, der die Freundschaften über Jahre pflegt. Der Nachteil für Sie selbst ist, dass Sie Dinge nicht gut an sich abperlen lassen können und dass Ihre eigenen Interessen zu kurz kommen, da Sie zu viel Rücksicht auf andere nehmen. Es fällt Ihnen auch schwer, Nein zu sagen. Sie befürchten, andere zu belästigen oder zu belasten, wenn Sie sie um etwas bitten, es ist Ihnen aber eigentlich bewusst, dass diese Sorge völlig unbegründet ist. Nicht selten fühlen Sie sich durch Ihre Ängste gebremst und müde. Schon auf kleine Geschehnisse reagieren Sie gestresst. Weil Sie extrem auf Stress reagieren und gern die negativen Gefühle anderer Menschen übernehmen, wollen Sie sich schützen und sich in eine sichere Umgebung zurückziehen.

Laut McClellan und Hamilton gehören drei Kernsymptome zu diesem Typ HypoS: Müdigkeit, Schmerzen und zunehmende Stressempfindlichkeit. Als hochsensibler Typ neigen Sie dazu, eine Lebensmittelallergie oder Nesselsucht zu entwickeln. Außerdem leiden Sie oft unter unerklärlichen Schmerzen im Rücken, im Unterbauch, im Bereich der Blase und im Schambereich.

Wenn es um Ihr persönliches Energiemanagement geht, haben Sie das Problem, dass Sie in einer offenen Bürolandschaft nicht konzentriert arbeiten können. Sie werden überschwemmt von Reizen und können sich nicht auf eine Sache fokussieren. Auch Multitasking liegt Ihnen nicht und Sie sagen von sich selbst, dass Sie schnell erschöpft sind. Sie neigen zwar zu Übergewicht, haben aber kaum überflüssiges Fett am Bauch. Sie lagern Fett eher an den Hüften und Oberschenkeln ab.

Ihre Schlafprobleme unterscheiden sich von denen des Turbo-Typs, weil Ihr Nervensystem nicht bis zum Anschlag angespannt ist. Sie produzieren zwar Adrenalin, aber meistens zu wenig Cortisol. Sie leiden weniger unter der Belastung durch externe Reize, sondern mehr durch interne Reize.

Nachts kann es Ihnen passieren, dass Sie plötzlich aufschrecken, weil Sie glauben, Sie hätten etwas vergessen oder ein Fehler sei Ihnen unterlaufen. Danach klappt das Einschlafen nicht mehr gut. Am Morgen fühlen Sie sich nicht richtig erholt. Sie bleiben abends gerne lang auf und kommen am Morgen nicht leicht aus dem Bett. Da Sie hochsensibel sind, haben Ereignisse in der Jugend ziemlich viel Einfluss auf Sie und unschöne Erlebnisse drücken einen entscheidenden Stempel auf Ihr Leben.

Physiologischer Hintergrund

HPA-Achse

Die Aktivitäten von Hormonsystem und vegetativem Nervensystem sind nicht optimal aufeinander abgestimmt. Die Systeme wirken aneinander vorbei. Die HPA-Achse wird in zweierlei Hinsicht durcheinandergebracht: Die Aktivität ist zu niedrig oder die Aktivierung ist unregelmäßig.

Die zu niedrige Funktion der Cortisol-Achse führt dazu, dass gereizte Hirnareale und der Sympathikus stark reagieren können. Es wird zu wenig Cortisol produziert, um die Reaktion zu bremsen.

Der niedrige Cortisolspiegel hält das Immunsystem nicht ausreichend in Schach, was zu Arthritis, Störungen der Schilddrüsenfunktion, Lupus (Hauptformen: Hautlupus und systemischer Lupus erythematodes), starken Entzündungen, Asthma und verschiedenen Überempfindlichkeiten führen kann. Die unregelmäßige Funktionsweise der HPA-Achse, die das Stresshormon Cortisol produziert, resultiert in einem reizbaren Cortisolspiegel. Von einem Moment auf den anderen wird man überängstlich oder trübsinnig, ohne zu wissen, warum.

Das vegetative Nervensystem

Die Aktivierung des Sympathikus, sozusagen Ihr Gaspedal, wird nicht in genügendem Maß durch Cortisol abgebremst. Die Aktivierung führt deshalb zum Gefühl permanenter Unruhe. Diese Menschen wirken auf andere wie ADHS-Betroffene, sie empfinden das selbst aber nicht so. Panikattacken, Juckreiz und das Reizdarmsyndrom erklären sich aus dem mangelnden Zusammenspiel von HPA-Achse und vegetativem Nervensystem.

Signale für Stressreaktionen

PHYSISCHE EBENE

Unterschiedliche Beschwerden und Erkrankungen können im Zusammenhang mit Ihrer Stressreaktion stehen:

- Arthrose, Schilddrüsenerkrankungen, Hauterkrankungen wie Ekzeme oder Psoriasis.
- Bestehendes Asthma kann sich verschlechtern.
- Entzündungen oder chronische Schmerzen können auftreten.
- Stark zugenommenes Schlafbedürfnis.
- Chronische Muskelverspannung sowie Magenprobleme und Durchfall können auftreten.
- Ihre Stress-Achse ist durch Stress während Ihrer Geburt oder in der frühen Jugend gestört.

VERHALTEN

- Sie zeigen Vermeidungsverhalten.
- Sie suchen oft soziale Unterstützung.
- Sie können plötzlich in Wut ausbrechen, nörgeln oder schlecht gelaunt sein.
- Sie treiben keinen Sport, bleiben lang im Bett liegen oder hängen stundenlang auf dem Sofa herum.
- Sie haben Mitleid mit sich selbst.
- Sie stellen Ihre Interessen zurück und zeigen gleichzeitig Opferverhalten.
- Es mangelt Ihnen an Durchsetzungsfähigkeit.

EMOTIONALE EBENE

- Sie zeigen Symptome einer Depression.
- Sie haben ein negatives Selbstbild.
- Sie leiden an Panikattacken.
- Sie haben eine posttraumatische Belastungsstörung.

KOGNITIVE EBENE
- Sie können sich nicht gut konzentrieren.
- Sie sind vergesslich.
- Sie brauchen mehr Zeit als andere, um etwas zu erledigen.
- Sie können nicht zwei Dinge gleichzeitig tun.

SINNORIENTIERUNG
- Immer stehen Sie für andere Menschen zur Verfügung. Sie sind auf andere ausgerichtet und können nicht leicht etwas für sich selbst tun.
- Sie wissen nicht so genau, was Ihre eigenen Bedürfnisse sind.

Stress und Depression

»Rosanne hat jetzt deine Stelle!«, twittert Exkollege Joachim an Alina, die vorher Artdirector der Medienfirma war. Damals hatte Alina Rosanne entlassen, später musste sie selbst gehen. Alina, in den 30ern, war eine Spur langsamer als ihre jüngeren Mitarbeiter, die sich mit allen neuen Kommunikationstechniken und Grafikprogrammen bestens auskannten. Bei einer früheren Entlassungswelle wurde Alina noch geschont, weil sie einen eigenen, künstlerischen Stil einbrachte und die Kunden gern mit ihr zusammenarbeiteten. Und jetzt war sie die Dumme. Sie bekam eine gute Abfindung angeboten und willigte schließlich ein. Dass ausgerechnet Rosanne jetzt wieder eingestellt wurde und ihre Stelle bekam, war für Alina wie ein Schlag ins Gesicht. Sie fühlte sich wie ein Stück Dreck behandelt, wie jemand, der abgeschrieben war. Sie konnte nicht die Energie aufbringen, sich um einen neuen Job zu kümmern, der Rücken schmerzte sie, im Gesicht und an den Händen hatte sie Ekzeme. Ihr Hausarzt diagnostizierte eine Depression und verschrieb ihr ein Antidepressivum.

Alina war mit Pim verheiratet, der aus einer früheren Ehe

zwei Söhne hatte. Sie hatten ein gemeinsames Kind. Pims Söhne, inzwischen 16 und 18 Jahre alt, schauten gern zusammen mit ihrem Vater im Wohnzimmer Actionfilme an. Sie waren gut drauf, tranken ein Bier nach dem anderen und wurden immer lauter. Alina verkroch sich im Bett und zog die Bettdecke über den Kopf. Sie fühlte sich ausgeschlossen und an ein Gefühl aus ihrer Kindheit erinnert, dem Gefühl des Zurückgewiesenseins. Sie konnte es ihrer Mutter nie recht machen, wurde sogar öfter geschlagen, während ihre Schwester eine ganz andere Behandlung erfuhr. Ihre Mutter und ihre Schwester hatten scheinbar richtig Spaß miteinander, aber kaum erblickte ihre Mutter Alina, wurde ihr Gesicht ernst. »Habe ich wieder etwas falsch gemacht in den Augen meines Fräulein Übergenau?«, sagte sie zu Alina.

Jetzt war sie selbst mit einem liebvollen Mann verheiratet und hatte geglaubt, diese Zeit definitiv hinter sich gelassen zu haben. Doch unlängst bekam sie von ihrer Schwester ein Foto ihres neuen Hauses in Südfrankreich geschickt. Es lag auf einem Hügel mit wunderschöner Aussicht. Wie konnte sich ihre alleinstehende Schwester das leisten? Doch wohl kaum mit ihrem Einkommen als Assistentin der Geschäftsleitung? Nach einigen Telefongesprächen gab ihre Mutter zu, dass sie der Schwester schon vorab einen Teil des Familienvermögens geschenkt hatte – als Vorschuss auf ihr Erbe. Die Schwester brauche das dringender als sie, Alina, meinte ihre Mutter: Alina hatte schließlich einen Mann und Kinder. Es war alles sauber geregelt mit einem Notar, der Vorschuss würde mit dem Erbe verrechnet werden. Für Alina war das der berühmte Tropfen, der das Fass zum Überlaufen bringt. Sie war äußerst verärgert und brach den Kontakt zur Mutter und zur Schwester ab.

Aufgrund der guten Abfindung musste Alina nicht sofort einen neuen Job finden. Sie war sich sehr unsicher, wie der nächste Schritt aussehen sollte. Bewerbungen schreiben hatte in ihrem Alter wenig Sinn, sie war zu teuer und nicht so versiert mit der neuen Technik wie die jungen Kollegen. Eigentlich wollte sie auch gar nicht zurück in die Medienwelt, sie hatte in den letzten Jahren vielmehr Lust entwickelt, selbst kreativ tätig zu sein. Aber gab es überhaupt einen Markt für ihre Fotos?

Ihr Mann Pim wollte, dass sie wieder irgendetwas machte und nicht den ganzen Tag zu Hause verbrachte. Er ermutigte sie, ein Studio zu mieten, eine Webseite zu gestalten und sich zu präsentieren. Sie hatte ja noch Kontakt zu früheren Kunden. Vielleicht könnte sie ihre Fotoarbeiten ausstellen und verkaufen? Außerdem wäre es nicht schlecht, wenn sie ein wenig abnehmen würde, fügte Pim noch schnell hinzu.

Durch die Antidepressiva und die Zeit zu Hause hatte sie in kurzer Zeit tatsächlich ein paar Kilos zugenommen, aber es fehlte ihr die Kraft, etwas dagegen zu tun. Eine Freundin riet ihr, sich professionelle Hilfe zu suchen, und nach kurzem Zögern meldete sie sich bei einem Therapeuten an. Ein Jahr später arbeitete Alina wieder und zwar als Aushilfskraft bei einer Fluggesellschaft. Wie viel sie arbeitet, hängt immer auch vom Verkauf ihrer Fotoarbeiten ab. Sie fühlt sich frei, unabhängig und ist froh mit den Schritten, die sie unternommen hat. Die Therapie hat sie inzwischen beendet.

Nach einem halben Jahr schickt ihr der Therapeut eine Mail und fragt, wie es ihr gehe. Alina antwortet, sie habe zwischenzeitlich einmal einen kleinen Einbruch gehabt, aber sie sei froh, dass sie aus eigener Kraft wieder herausgekommen sei. »Was vor allem sehr gut funktioniert«, schreibt sie, »ist Ihr Tipp, nicht auf dem Sofa ›auszuruhen‹, sondern etwas zu unternehmen. Wenn es mir nicht gut geht, werde ich nämlich gerade von dem Herumhängen und Schlafen besonders müde. Die beste Medizin ist: Rausgehen. An den Wochenenden verabrede ich mich ganz bewusst, damit ich die lebhaften Abende mit Pims Söhnen nicht mitmachen muss.« Sie hat kohlenhydratarme Ernährung für sich entdeckt. »Ich fühle mich viel fitter und auch viel aufgeweckter! Es ist etwas umständlich, vorbereitete Snacks und Salate mit in die Arbeit zu nehmen, aber es lohnt sich. Ich habe mit der

Diät angefangen, um die zwei Kilo über dem Hosenbund loszuwerden, aber jetzt bin ich vor allem glücklich damit, wie
ich mich fühle. Glücklicherweise war ich nicht in der Gefahr,
wieder auf die Medikamente zurückzugreifen.«

Kindheitstraumata

Wie bei vielen Hochsensiblen spielte auch bei Alina ein
Kindheitstrauma eine Rolle: Misshandlung durch die Mutter
und Vernachlässigung durch ihren stets abwesenden Vater.
Die Folge davon kann sein, dass die HPA-Achse und das vegetative Nervensystem nicht aufeinander abgestimmt sind.
Stress in der Gebärmutter und Stress in der Kindheit wirken
sich auf die Anatomie des Gehirns und dessen Empfindlichkeit gegenüber Stresshormonen aus. Wenn zum Beispiel ein
Kind während einer Hungersnot gezeugt wurde und im Mut-
terleib nicht ausreichend mit Nahrung versorgt wurde, kann
in der Folge die Funktion der Stresshormone herabgesetzt
sein. Als Reaktion auf die Stresssignale wird eine unzureichende Menge an Hormonen freigesetzt.

Pflaster auf den Mund

Babette ist Kreativdirektorin in einer Werbeagentur und hat
ein kleines Sprachproblem. Vor allem bei Wörtern, die mit
einem Konsonanten beginnen, kann es ihr passieren, dass sie
stottert. Mit Schrecken sieht sie Vorstellungsrunden in neuen
Gruppen entgegen. Ihre Vorgesetzte, Carla, wird manchmal
ungeduldig, wenn die Verständigung wegen des Stotterns
lange dauert. Erst kürzlich sagte sie sehr ungeduldig: »Babette, fangen Sie bitte noch einmal von vorne an. Ich kann
Ihnen nicht folgen.« Durch solche Zwischenfälle wird das
Stottern nur noch schlimmer. Dabei weiß Babette, dass sie
ohne Stottern sprechen kann, solange sie tief ein- und aus-
atmet. Dafür fehlt ihr aber oft die Geduld oder es gelingt
nicht, weil die Situation zu stressig ist.

Was ist der Grund für ihr Stottern? Babette weiß bestens Bescheid: »In den ersten Gruppen im Kindergarten war ich sehr lebhaft und redete viel. Die Erzieherin war gemein und zwang mich dazu, den Mund zu halten. Wenn ich das nicht schaffte, klebte sie mir ein Pflaster auf den Mund. Dabei hatte ich das Gefühl, zu ersticken.« Es kann sein, dass das Stottern durch die Misshandlung dieser Erzieherin entstanden ist. Babette erinnert sich auch daran, dass sie zu Hause, als jüngste von fünf Kindern, am Tisch kaum zu Wort kam. Gelang es doch einmal, hörte kaum einer zu. Wenn sie stotterte, konnte sie die Aufmerksamkeit der anderen etwas länger festhalten.

Vergangenes hinter sich lassen

Emma (34) hat zwei Söhne und ist in leitender Position bei einer Kunsteinrichtung beschäftigt. Ihr Mann ist Architekt, der mit der schwierigen Wirtschaftslage zu kämpfen hat. Emma hat sich von der letzten Geburt nie ganz erholt. Seit Monaten gelingt es nicht, die Arbeit wieder aufzunehmen. Immer fühlt sie sich zu schlecht und weist die Versuche des Betriebsarztes, sie zum Wiedereinstieg zu bewegen, zurück. Sie führt ihre Niedergeschlagenheit unter anderem auf eine schwierige Phase in ihrer eigenen Kindheit zurück. Die Mutter war manisch-depressiv und Emma kümmerte sich häufig um sie. Nun ist sie selbst Mutter und wird – wie sie selbst glaubt – ihren Aufgaben nicht gerecht. Das führt bei ihr zu Schuldgefühlen und Versagensängsten. Die Therapeutin ermutigt Emma, den langsamen Wiedereinstieg in die Arbeit zu wagen und nicht zu tief in der Vergangenheit zu graben, also: keine tiefgreifenden, introspektiven Gespräche über die Beziehung zu ihrer Mutter oder deren Krankheit. Keine Grübeleien darüber, ob ihr Mann und sie wirklich zueinander passen. Es gehe um das Leben im Hier und Jetzt, rät die Therapeutin.

Zwei Jahre später schickt Emma ihrer Therapeutin die Nachricht, dass sie wieder Mutter geworden ist. »Ich bin wieder voll berufstätig und absolut glückliche Mutter eines Mädchens«, schreibt sie dazu.

Achtsamer Umgang mit Traumata

Lesen Sie den Abschnitt über Achtsamkeit im vorhergehenden Kapitel und machen Sie die Übung »Achtsam atmen«. Machen Sie diese Übung im Wechsel mit der Gefühlsmeditation (siehe unten), bei der Sie Ihren körperlichen Empfindungen nachspüren. Körperliche Wahrnehmungen sind zum Beispiel: warm, kalt, Hunger, Schmerz, angenehm, verkrampft, voller Magen, energiegeladen, vital, Ermüdung, Erschöpfung. Die Gefühlsmeditation funktioniert genauso wie die Atemübung. Legen Sie vorab fest, wie lange Sie in der Meditation bleiben wollen, und stellen Sie sich am Handy die Zeit ein, nach der Sie zu ihren Beschäftigungen zurückkehren möchten.

Übung »Gefühlsraum«

Sie sitzen aufrecht und mit wachen Sinnen auf einem Stuhl. Sie nehmen Empfindungen in Ihrem Körper wahr. Richten Sie Ihre Aufmerksamkeit auf diese Wahrnehmung. In welchem Körperteil bemerken Sie eine Empfindung? Richten Sie Ihre Aufmerksamkeit auf das Körperteil, in dem Sie das Gefühl am stärksten wahrnehmen. Geben Sie jeder Empfindung Raum, jedes Gefühl hat seine Berechtigung. Lassen Sie es zu. Sie können das Gefühl eventuell benennen, um besser dabei bleiben zu können. Kämpfen Sie nicht dagegen an, wehren Sie sich nicht, dieses Gefühl darf da sein.
Schweift Ihre Aufmerksamkeit ab? Kehren Sie dann wieder zu Ihrem Gefühl zurück. Nach ein paar Minuten richten Sie Ihre Aufmerksamkeit breiter aus, auf Ihre Umgebung und Ihren ganzen Körper.

Achtsamkeit im Umgang mit belastenden Erinnerungen

Machen Sie sich bitte bewusst, dass Ihnen diese Übung einiges abverlangen kann. Praktizieren Sie zuerst die Übungen »Achtsam atmen« und »Gefühlsraum«. Ziehen Sie auch professionelle Hilfe in Erwägung, wenn Sie etwas Einschneidendes und Traumatisierendes erlebt haben. Die beste Behandlung wäre dann EMDR (Eye Movement Desensitization and Reprocessing) oder HAT (Heart Assisted Therapy) (siehe Kapitel 12). Wenn Sie bereits in Therapie sind oder waren und gelegentlich von unangenehmen Gefühlen heimgesucht werden, können Sie diese Übung ausprobieren: Stellen Sie den Wecker auf acht Minuten und halten Sie sich an diese Zeit. Überlegen Sie sich, bevor Sie mit der Übung beginnen, was Sie danach tun werden, beispielsweise eine Freundin anrufen, Essen zubereiten oder ins Fitnessstudio gehen.

Sie sitzen aufrecht auf einem Stuhl und sind mit Ihrer Aufmerksamkeit ganz bei sich. Denken Sie an das Ereignis, das Sie beschäftigt. Gehen Sie mit der Aufmerksamkeit zu dem Moment, der immer noch, auch jetzt in diesem Moment, die stärksten Emotionen auslöst. Stellen Sie – bildlich gesprochen – das Foto dieses Moments scharf, machen Sie ein Videostandbild.

Richten Sie Ihre Aufmerksamkeit auf die Körperregionen, in denen die wachgerufene Emotion aus Ihrem Filmfragment am stärksten spürbar ist.

Ihre Aufmerksamkeit richten Sie jetzt auf die Emotion und kurz danach auf Ihre Atmung, immer abwechselnd. Wenn die Gefühle zu intensiv werden, können Sie sich mehr auf die Atmung ausrichten. Es ist hilfreich, beim Atmen zu zählen: Einatmen, eins, Ausatmen, zwei und so weiter.

Betrachten Sie Ihre Emotionen wie die Wellen auf einem Teich. Die Wellen entstehen, weil Ihr inneres Kind einen Stein in den Teich wirft. Die Wellen sind völlig in Ordnung so wie sie sind, genau wie Ihre Gefühle. Aufmerksam folgen Sie den Kräuselungen, Sie sehen, wie die Wellen kurz nach dem Steinaufschlag groß werden und wie sie dann sehr langsam abebben, bis die Wasseroberfläche wieder glatt ist. Ihr inneres Kind nimmt noch einen Stein und wirft ihn ins Wasser. Wieder geben Sie Ihren Gefühlen, die Sie überschwemmen wie Wellen, Raum, bis sie abebben und das Wasser wieder zur Ruhe gekommen ist.

Wenn die Zeit für die Meditation vorbei ist, kehren Sie mit Ihrer Aufmerksamkeit zurück zu Ihrer unmittelbaren Umgebung, zum Hier und Jetzt. Ihre Aufmerksamkeit wird wieder breiter und umfasst Ihre Umgebung, Ihren Körper. Dann kehren Sie zu Ihren Beschäftigungen zurück.

Das Anti-Stress-Programm für den hochsensiblen Typ

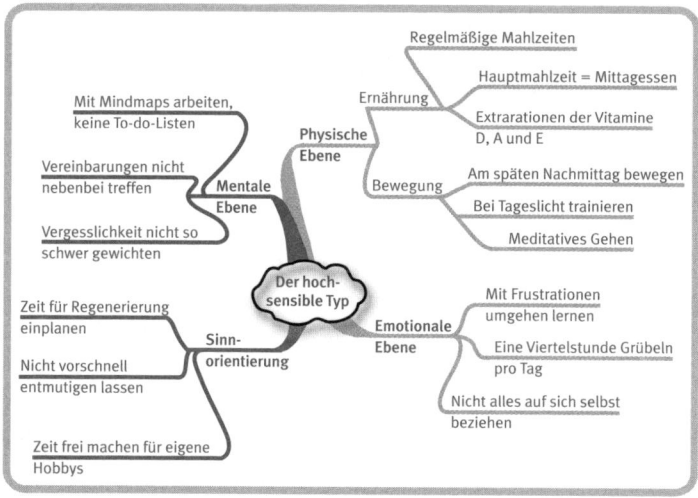

Abgespanntheit, Schmerzen und Stressempfindlichkeit charakterisieren den hochsensiblen Typ. Das Programm zur Regeneration ist darauf ausgelegt, den Cortisolspiegel mit einer regelmäßigen Tag- und Nachtrhythmik zu stabilisieren. Damit verbessert sich die Verbindung zum sympathischen Nervensystem, die Überreaktion auf stressvolle Situationen wird abgeschwächt und das Immunsystem im Zaum gehalten.

Regeneration

Die Regeneration der Hochsensiblen zielt auf die folgenden fünf Punkte:

- chronische Schmerzen lindern oder beheben
- eventuell vorhandene Traumata verarbeiten

- das Energielevel anheben
- das Immunsystem stärken
- das parasympathische System aktivieren

Der hochsensible Typ erholt sich durch regelmäßige Bewegung, gesunde Ernährung, Anti-Grübel-Maßnahmen und indem er schöne, angenehme Dinge tut.

Bewegung

Da Sie, der hochsensible Stresstyp, oft mit chronischen Schmerzen zu kämpfen haben, ist es vorteilhaft, wenn Ihr Körper Endorphine – natürliche Schmerzmittel – herstellt. Jeden Morgen Sport zu treiben, dürfte Ihnen schwerfallen. Wählen Sie deshalb einen geeigneten, festen Zeitpunkt am Tag, zum Beispiel am späten Nachmittag oder am frühen Abend. Versuchen Sie, bei Tageslicht zu trainieren, an der frischen Luft oder an einem geöffneten Fenster. Lassen Sie es ruhig angehen und bauen Sie Ihr Training aus, bis zu dreimal wöchentlich eine halbe Stunde. Machen Sie rhythmische, wenig belastende Bewegungen und integrieren Sie Dehnübungen in Ihr Programm. Dehnen hält die Muskeln geschmeidig und flexibel.

Meditatives Gehen

Gehen Sie langsam und zählen Sie »eins« beim Einatmen. Dann langsam ausatmen und dabei die Luft zum Boden hinblasen. Spüren Sie, wie sich die Schultern senken. Zählen Sie »zwei« bei der nächsten Einatmung und lassen Sie beim Ausatmen wieder los. Beim darauffolgenden Einatmen zählen Sie wieder »eins« und beim nächsten »zwei«. Fahren Sie in diesem Rhythmus fünf Minuten fort. Dann gehen Sie fünf Minuten ohne bewusste Atmung. Wechseln Sie jetzt weiter ab: fünf Minuten Gehen mit Zählen, fünf Minuten ohne Zählen.

Wenn Sie diese Übung gemeinsam mit einer Freundin oder einem Freund machen, produzieren Sie das »Wohlfühlhormon« Oxytocin. Wenn Sie zählen, gehen Sie ohne miteinander zu sprechen, danach können Sie sich unterhalten und als Nächstes zählen Sie wieder.

Ernährung

Alina erzählt in Kapitel 8 (siehe S. 147), wie viel besser sie sich durch die zuckerfreie und kohlenhydratarme Ernährung fühlt. Diese Diät kann man über eine kurze Zeit sehr gut durchhalten. Auch langfristig ist diese Ernährungsweise möglich, wenn Sie sich jeweils einen Tag in der Woche kohlenhydratarm ernähren.

Essen kann uns sehr schöne Gefühle vermitteln. Manche Menschen spüren ihre Schmerzen weniger, wenn sie ein Stück Schokolade essen. Der Körper produziert Endorphine (Glückshormone), wenn wir süße, sahnige Produkte zu uns nehmen. Das ist eine angenehme Sache für Menschen, die sowieso immer schlank bleiben ... Lassen Sie jedoch die Finger davon, wenn Sie zu viel wiegen: Sie haben bereits ausreichend Trostessen zu sich genommen.

Wenn Sie etwas kräftiger sind, können Sie die Produktion von Tryptophan und Tyrosin anregen, indem Sie Eiweiße und Kohlenhydrate kombinieren (Joghurt mit Müsli und Banane). Ihre Ernährung sollte eiweißreich sein, aber auch komplexe Kohlenhydrate enthalten, um die Hormone im Gehirn zu aktivieren. Deshalb ist es nicht empfehlenswert, sich länger als ein paar Wochen kohlenhydratarm zu ernähren.

Wenn Ihr vegetatives Nervensystem chronisch aktiviert ist, sollten Sie weniger Lebensmittel mit schnell resorbierbaren Kohlenhydraten (Süßigkeiten und Mehlprodukte) konsumieren, damit das Insulin weiter gut arbeitet. Setzen Sie Nahrungsmittel, die Antioxidantien enthalten, auf Ihren

Speiseplan. Insulinresistenz oder Diabetes haben so eine geringere Chance. Gegen Entzündungen sollten Sie sich mit Nahrungsmitteln, die ausreichend Omega-3-Fettsäuren enthalten, wie Fisch, Oliven und Walnüsse, versorgen. Essen Sie regelmäßig zum Frühstück ein Ei auf Vollkornbrot.

Spezieller Vitaminbedarf

Wegen der Entzündungen brauchen hochsensible Stresstypen täglich Multivitamin-Präparate. In einigen Fällen hilft auch eine extra Zufuhr an Vitamin D (mindestens 600 IE – internationale Einheiten). Sollten Sie unter einem empfindlichen Darm leiden, können Sie fettlösliches Vitamin A zu sich nehmen (700 IE bis maximal 3000 IE) und Vitamin E (15–1000 Milligramm), da Sie möglicherweise diese Vitamine nicht ausreichend durch die Nahrung aufnehmen.

Zusammenstellung der Mahlzeiten und Essenszeiten

Der Cortisolrhythmus kann durch regelmäßiges Essen unterstützt werden. Ihre Mahlzeiten sollten viel Gemüse und Obst enthalten. Kohl und rote Beete sind roh verzehrt besonders geeignet, die Darmfunktionen anzuregen. Den Prozess können Sie morgens mit einer Tasse Kaffee stimulieren. Trinken Sie im weiteren Verlauf des Tages keinen Kaffee mehr, sondern grünen oder weißen Tee.

Die Mahlzeit am Mittag zeigt die größte Cortisolzunahme, deshalb ist es besonders wichtig, dass Sie mittags gut essen. Nehmen Sie zum Beispiel einen Salat mit gegrilltem Fisch oder Hähnchenfleisch und Gemüse zu sich.

Die Emotionen unter Kontrolle halten

Charakteristisch für hochsensible Typen ist, dass sie auf relativ unbedeutende Dinge mit starken Emotionen reagieren. Ihr Stresspegel schießt in kürzester Zeit in die Höhe. Sie fühlen sich oft frustriert, mit der Folge, dass sie gern »alles hinschmeißen«. Sie gehen dann nicht mehr zum Sport und essen zu viele der süßen, sahnigen Nachspeisen, die ihnen garantiert ein gutes Gefühl geben – außer am nächsten Tag, wenn sie auf die Waage steigen und ein halbes Kilo zugenommen haben. Hochsensible Typen würden schon viel gewinnen, wenn sie besser mit ihren Frustrationen umgehen könnten. Es kostet aber Zeit, sich damit auseinanderzusetzen. Diese Zeit gönnen sich viele hochsensible Typen nicht, schließlich gibt es so viel anderes, um das sie sich kümmern müssen. Die weiter unten beschriebene Übung erleichtert es Ihnen, zu relativieren, sie braucht aber etwas Zeit. Dafür kann sie dabei helfen, Frustrationen abzubauen, das Gewicht zu halten und sich insgesamt besser zu fühlen. Fangen Sie mit dieser Übung aber nur an, wenn Sie genügend Zeit erübrigen können und bei der Sache sind. Macht man diese Übung nur halbherzig, bringt man sie meist gar nicht zu Ende, denn ohne Aufmerksamkeit funktioniert sie nicht. Um ein Ergebnis zu erzielen, sollte man die Übung regelmäßig und häufig machen.

Helfende Gedanken

Ella hat sich wegen Burnout-Beschwerden in meiner Praxis angemeldet. Zu ihrem Beschwerdebild gehören auch körperliche Probleme und ein beachtliches Übergewicht. Sie ist in der Familie und am Arbeitsplatz ein sehr fürsorglicher Mensch. Ihren Kindern soll es an nichts fehlen: Für gesundes Bioessen würde sie sich, wenn es sein müsste, sogar verschulden. Ella besitzt ein ausgeprägtes Verantwortungsgefühl. Trotz ihrer Burnout-Beschwerden hat sie sich noch nie richtig krankschreiben lassen. Sie hat ihre Arbeitszeit krankheitsbedingt vorübergehend halbiert, seit Kurzem arbeitet sie aber wieder die volle Stundenzahl. Ihren Vorgesetzten freut das, denn Ellas Kollegin steht kurz vor der Rente, und aus Kostengründen – der Betrieb muss sparen – soll die Stelle nicht neu besetzt werden. Ella soll einen Großteil der Aufgaben ihrer Kollegin Marlies übernehmen. Ella ist in Panik. Gemeinsam machen wir eine rationale Analyse ihrer Situation.

Der erste Schritt der Analyse beinhaltet die konkrete Beschreibung der Situation, so als würde man sie mit der Kamera aufzeichnen. Ella beschränkt sich auf die Fakten und die lauten, dass ihre Kollegin Marlies zum 1. Juni ausscheidet.

Ich empfehle Ella die folgende Übung: »In die linke Spalte schreiben Sie die negativen Gedanken und Bilder hinein, die Ihnen angesichts der Situation kommen. Wenn Sie denken: ›Wenn meine Kollegin weg ist, bleibt ihre Arbeit an mir hängen‹, ist das kein neutraler Gedanke. Sie geben damit das Urteil ab, dass es für Sie eine unangenehme Sache ist, dass die ganze Arbeit an Ihnen hängen bleibt. Ein negatives Urteil führt zu einem miesen Gefühl. Das negative Gefühl kann in drei Ausrichtungen erscheinen: ängstlich, ärgerlich oder bedrückt. Notieren Sie bitte das Gefühl, das als Folge der negativen Gedanken und Bilder entsteht, in der letzten Zeile der linken Spalte.

In der rechten Spalte bitte ich Sie, aufzuschreiben, was Sie für sich als Ziel der Situation ansehen, und ich bitte Sie, Ihre Gedanken diesbezüglich zu hinterfragen. Was die Situation angeht, schauen Sie bitte zuerst, ob sie richtig wiedergegeben ist. Sind Sie bei den Fakten geblieben? Stimmen die Gedanken, die Ihnen im Zusammenhang mit der Situation kommen? Erreichen Sie Ihr Ziel, das Sie ans Ende der Spalte geschrieben haben, wenn Sie so denken? Kommen Sie nicht unnötig in Konflikt mit sich selbst oder jemand anderem?«

Ellas Beispiel sieht so aus:

Situation:	
Meine Kollegin Marlies verlässt am 1. Juni den Betrieb.	

Gedanken und Bilder

1. Ich bin eine Egoistin, weil es mir auch gut passt, dass sie geht. Egoismus ist schlecht, also bin ich ein schlechter Mensch.	1. Ich bin ein Mensch aus Fleisch und Blut und natürlich darf es mir auch gefallen, dass sie geht. Widersprüchliche Gefühle zu akzeptieren ist wichtig.
2. Aber es ist auch schade: Wir bilden schließlich eine gemeinsame Front gegen unseren Chef.	2. Akzeptanz des Gefühls, dass ich sie vermissen werde, trotz der Erleichterung. Das Gefühl hat seine Berechtigung.
3. Ich bin sauer auf sie, weil sie sich den Erfolg der Abteilung immer auf ihre Fahnen schreibt.	3. Ihr Verhalten nervt mich, weil ich glaube, dass ich dadurch keine Anerkennung bekomme. Aber stimmt das wirklich? Die Beurteilungen sind bisher immer sehr positiv gewesen. Wichtig ist, dass ich meine Beurteilung nicht von ihr abhängig mache, sondern mich selbst anerkenne als geschätzte Mitarbeiterin.
4. Es enttäuscht mich zu sehen, wie sie die Dinge hinterlässt.	4. Es ist, wie es ist. Ich bin nun einmal ganz anders als sie. Einfach das Beste daraus machen.

5. Mir wird das zu viel, wenn ich ihre Arbeit dazubekomme.	5. Das weiß ich jetzt noch nicht, aber ich werde alle zwei Wochen mit meinem Vorgesetzten die Lage besprechen.
6. Ich bin jetzt schon so gestresst in der Arbeit. Wie soll das weitergehen?	6. Was habe ich wirklich in der Hand?
7. Ich habe jetzt schon ein Zeitproblem: • Ich fühle mich gehetzt. • Das Gefühl der Kontrolle ist weg. • Ich habe keine Lust, kein gutes Gefühl bei der Arbeit.	7. Rational denken, Pausen fest einplanen und mich daran halten! Was gibt mir bei der Arbeit ein gutes Gefühl? → Mein Lohn und gelegentlich »der Erfolg«.
8. Die Arbeit ist furchtbar hektisch geworden.	8. Niemand zwingt mich dazu, alles schnell zu machen, ich muss die Arbeit nur gut planen und darf mich nicht verrückt machen lassen.
Gefühl	*Angestrebtes Gefühl, Ziel*
Angst, Ärger	Ruhe, Raum für mich, Zufriedenheit
Verhalten (passiv)	*Verhalten (aktiv)*
Gelebt werden von der Arbeit → passives Verhalten	Energiespender und -fresser aufschreiben → Entscheiden, wie es in der Arbeit weitergehen soll.

Sie können Ihre persönliche Situation mithilfe dieses Schemas ebenso analysieren. Im Anhang finden Sie dazu ein leeres Formular. Sie können die Spalten natürlich auch im PC erstellen und Ihre Texte dort eintragen und speichern. Das hat den Vorteil, dass Sie mehrere Situationen, Gedanken und Gefühle auf einmal anschauen und mit einem Blick Ihre Gedanken- und Gefühlsmuster erkennen können. Ella hat auf diese Weise entdeckt, dass für sie stressige Situationen fast ausnahmslos zu negativen Gedanken über sich selbst führen, nämlich, dass sie ein schlechter Mensch sei, eine Versagerin, nichts tauge und nichts zustande bringe. Es hat sie ein gutes Stück weitergebracht zu lernen, bei stressigen Situationen ihren Ärger nicht automatisch gegen sich selbst zu richten, sondern sich selbst okay zu finden, egal, was passiert. Damit entstand der Raum, um nach Alternativen suchen zu können. Ella wurde deutlich stabiler, bekam mehr Energie und ihre Stimmung besserte sich.

Anti-Grübel-Tipps

Unsere irrationalen Gedanken führen oft zu Gefühlen der Unsicherheit, über die man endlos nachgrübeln kann. Irrationales Denken geht über in Schwarz-Weiß-Denken und verliert sich in Übertreibungen und Katastrophendenken. Stresshormone werden aktiviert, wodurch das negative Denken noch mehr Raum bekommt. Ein Kopfkarussell setzt ein, die Gedanken verselbstständigen sich. Wir nehmen obsessiv alle Gefahren, die uns bedrohen, und jede Katastrophe, die eintreten könnte, wahr. Das Grübeln löst nicht unsere Probleme, sondern sie vergrößern sich durch den Dauerbeschuss der Gedanken nur noch mehr. Wir werden lahmgelegt, werden entscheidungs- und handlungsunfähig, während das Gehirn rotiert.

Fünf praktische Anti-Grübel-Tipps

- Halten Sie eine Woche lang alle Katastrophengedanken, die Ihnen durch den Kopf gehen, fest. Wie viele davon haben sich am Ende der Woche bewahrheitet?
- Gehen Sie Joggen, fahren Sie Rad, besuchen Sie das Fitnessstudio oder gönnen Sie sich einen Wellnesstag. Damit produzieren Sie Endorphine, eine Substanz, die Ihnen Glücksgefühle beschert. Auch Shoppen kann eine gute Idee sein: Dabei wird Dopamin freigesetzt, was ebenfalls ein gutes Gefühl auslöst.
- Denken Sie endlos über manche Fragen, zum Beispiel, wo Sie den Urlaub verbringen wollen, nach? Setzen Sie sich selbst einen Termin. Bestimmen Sie ein Datum, an dem Sie sich entscheiden müssen.
- Grübeln Sie viel über die Arbeit? Denken Sie am Ende des Tages an drei Dinge, die gutgegangen sind.
- Beziehen Sie nicht immer alles auf sich selbst. Wenn jemand nicht sofort auf eine E-Mail antwortet, heißt das noch lange nicht, dass diese Person Sie nicht mehr mag. Vielleicht hatte sie schlicht keine Zeit für eine Antwort.

»Grübeln Sie noch mehr«, rät dagegen Ad Kerkhof, Hochschullehrer für Klinische Psychologie an der Freien Universität von Amsterdam und Autor des Ratgebers *Piekeren* (»Grübeln«). In einem Interview sagte er, es habe keinen Sinn, das Herumwälzen der Gedanken stoppen zu wollen. Man sollte sich – umgekehrt – richtig Zeit dafür nehmen, am besten zweimal am Tag zu festgelegten Zeiten, vielleicht morgens und abends. Grübeln Sie dann eine Viertelstunde lang, am Tisch sitzend und ausgestattet mit Papier und Bleistift. Stellen Sie den Wecker auf eine Viertelstunde, nach dem Signal beenden Sie das Grübeln. Wenn die Gedanken außerhalb der »Grübelzeiten« auftauchen, stoppen Sie die Gedanken für den Moment und sagen Sie sich, dass Sie am Abend mit dem Grübeln weitermachen.

Noch eine Übung: Sorgloses Grübeln oder Tagträumen.

Denken Sie an einen schönen Moment in Ihrem Leben und lassen Sie alle Details dieses Moments Revue passieren. Wenn Sie das fünf Minuten lang machen, haben Sie fünf Minuten Urlaub von den Grübelgedanken genommen. Fotos von tollen Augenblicken in Ihrem Leben unterstützen Sie dabei. Am besten, Sie haben immer ein solches Foto griffbereit, in Ihrer Handtasche oder im Portemonnaie, als positive Erinnerungs- und Gedankenstütze.

Miriam erzählt in einer E-Mail, wie sie es geschafft hat, mit dem Grübeln endgültig aufzuhören: »Als Kind und auch noch als junge Frau habe ich immer viel gegrübelt. Inzwischen habe ich zwei Dinge gelernt, die mich vollkommen von den Grübeleien befreit haben:

1. Ich bespreche die belastenden Gedanken mit anderen Menschen und bitte sie um Rat.
2. Wenn mir jemand etwas sagt, was im Nachhinein bei mir Grübeleien auslöst, spreche ich diese Person immer an und sage, was mir nicht gefällt. Dafür muss ich meistens meinen ganzen Mut zusammennehmen, aber im Ergebnis ist das sehr effektiv: Die meisten Menschen sind froh, dass ich die Sache anspreche, und geben mir ergänzende Informationen, sodass ich mit dem Grübeln über das Thema sofort aufhören kann. Es verlangt viel Mut, ich kann es aber nur jedem empfehlen. Das Leben ist ohne die Grübeleien so viel angenehmer! Richtiges Grübeln ist für mich glücklicherweise Vergangenheit.«

Mentale Fitness

Durch Ihre Überreaktion auf relativ unbedeutende Ereignisse wird Ihr Arbeitsspeicher schnell belastet. Fragen, die nebenbei gestellt werden, bedeuten ein Risiko: Sie bleiben nicht haften. Ihre Vergesslichkeit zwingt Sie dazu, mit immer mehr gelben »Post-its« zu arbeiten. Trainieren Sie Ihr Gedächtnis, arbeiten Sie öfter mit einer Mindmap. Dadurch, dass die Aufzählung von Themen oder Aufgaben nicht linear ist, sondern die Form einer Mindmap hat, gelingt es Ihnen besser, Wichtiges von Unwichtigem zu trennen.

Sie können auch einmal statt eines Protokolls eine Mindmap als Zusammenfassung einer Sitzung machen. Das belastet den Arbeitsspeicher deutlich weniger und so bleibt mehr Raum für die kleinen Dinge. Sie haben dann buchstäblich weniger um die Ohren.

Sinnorientierung

Belastende Erlebnisse, die Tatsache, dass Sie durch Stress leicht zu irritieren sind und Ihnen in der Arbeit dann öfter Fehler unterlaufen, können zur Folge haben, dass Sie den Mut verlieren und denken, es wäre besser, sich einen anderen Job zu suchen. Ihr persönlicher Stress steigert sich durch die Fluchtgedanken nur noch mehr. Manchmal ist es richtig, sich eine andere Arbeit zu suchen, aber meistens geht es darum, das Vertrauen zu sich selbst wiederherzustellen.

Die Berufung als Fallstrick

Menschen, für die der Beruf zugleich Berufung ist, wie das zum Beispiel bei Ärzten und anderen Beschäftigten im Gesundheitssektor öfter vorkommt, scheinen besonders anfällig für Stress zu sein. Aus Studien geht hervor, dass 37 Prozent der Assistenzärzte unter Burnout-Beschwerden leiden. Der Anteil liegt somit weit über dem durchschnittlichen Wert von 10 Prozent aller Arbeitnehmer mit Burnout-Symptomen (Quelle: Niederländische Statistikbehörde). Ärzte haben zudem ein höheres Risiko, an einer Depression zu erkranken. Ihr Suizid-Risiko liegt 1,5- bis zweimal höher als im Durchschnitt.

Weniger leisten wegen Stress

Michael stand in der Ausbildung zum Facharzt. Sein Vorgesetzter war äußerst unzufrieden mit ihm. Er fand, Michaels Leistung habe plötzlich drastisch nachgelassen: Er brachte nichts auf die Reihe, ergriff keine Initiative, machte Fehler, seine Unterlagen waren nicht in Ordnung und er arbeitete unter seinem Niveau. Für den Vorgesetzten war das ein Rätsel.

Anstatt Michael direkt darauf anzusprechen, entschied sich sein Ausbilder für eine stille Strategie. Michaels Problem war, dass er sich im Studium blamiert hatte, weil er eine falsche Diagnose abgegeben hatte. Der Professor hatte ihn daraufhin vor versammelter Mannschaft lächerlich gemacht. Dieser Moment war prägend für Michael, er wurde unsicher. Wenig später entdeckte er, dass seine Freundin ein Verhältnis mit seinem besten Freund hatte. Michael erlitt einen Nervenzusammenbruch. Als er die neue Stelle antrat, machte er einen ausgelaugten, erschöpften Eindruck. Der Ausbilder hatte viel Vertrauen in ihn, schätzte seine Fähigkeiten und kannte solche Situationen aus eigener Erfahrung. Auch er hatte eine schwierige Zeit als Assistenzarzt gehabt, ein Mentor hat ihm damals herausgeholfen. Er stärkte nun seinerseits Michaels Selbstvertrauen, indem er ihm Komplimente machte, obwohl er gar nicht gut arbeitete. Durch diese positive Herangehensweise schöpfte Michael wieder Mut, er lieferte bessere Arbeit ab und konnte schließlich zeigen, dass die Komplimente berechtigt waren.

Widerstand gegen Veränderung

Viele Menschen, die dem hochsensiblen Stresstyp angehören, haben Schwierigkeiten, mit Veränderung umzugehen. Auch wenn sie sich manchmal geradezu in neue Situationen stürzen, kommen sie am Ende doch nicht mit der Veränderung klar. Sie werden krank und können sich zum Beispiel nicht über den Umzug freuen, den sie erst herbeigesehnt haben, oder die Veränderung am Arbeitsplatz nicht genießen, obwohl sie so darauf gehofft hatten.

Denken Sie einmal zurück an wichtige Veränderungen in Ihrem Leben.

- Wie haben Sie auf die Veränderung reagiert?
- Wie würden Sie heute – wissend, wie empfindsam Sie sich bei Stress verhalten – auf diese Veränderung reagieren?
- Gibt es aktuell etwas in Ihrem Leben, das sich ändern sollte? Wie betrachten Sie diese Frage zum jetzigen Zeitpunkt? Sprechen Sie mit einem Menschen darüber, der Ihnen wichtig ist.

Folgen Sie Ihrer Berufung, aber nicht unbedingt beim Arbeiten

Als hochsensibler Mensch neigen Sie dazu, sich von den Bedürfnissen und Interessen anderer leiten zu lassen: Sie stecken zurück. Deshalb wissen Sie oft nicht genau, was für Sie selbst wichtig und wertvoll ist. Vielleicht wollten Sie als Jugendliche Krankenschwester werden, aber konnten das nicht mit dem ebenso vorhandenen tiefen Wunsch vereinbaren, kreativ und gestalterisch tätig zu sein. Sie malen wunderschöne Bilder in Ihrer Freizeit, aber Sie tun damit nichts: Die Bilder liegen auf dem Speicher.

Wenn man bei der Arbeit seine Ziele erreicht hat, Zusatzqualifikationen absolviert und sich spezialisiert hat, dann fängt oft der Schuh zu drücken an. Man ist dann vielleicht 35 oder knapp über 40 und fragt sich, ob man nicht glücklicher wäre, wenn man mehr Zeit für die künstlerische Seite, die man eben auch besitzt, hätte.

Zwei Seelen in einer Brust

Ramona, Juristin und Theaterwissenschaftlerin, hat einen tollen Job als leitende Angestellte bei der Gemeinde. Es ist ihre Aufgabe, bei Großveranstaltungen dafür zu sorgen, dass es nicht zu Zwischenfällen kommt. Sie bespricht die Strategie mit der Polizei und der Feuerwehr. Obwohl sie diese Arbeit schon mehrere Jahre macht und in ihrem Umfeld geschätzt wird, hat sie selbst manchmal das Gefühl, den Job nicht gut zu machen, nicht genug Erfahrung zu haben und eine Anfängerin zu sein. »Ich bring's nicht«, ist ihr dominanter Gedanke. Die Folge ist, dass sie Schlafschwierigkeiten hat und oft hochschreckt, weil sie denkt, etwas sei schiefgegangen oder übersehen worden.

Ramonas Vater ist ebenfalls Jurist, ihre Mutter eine bekannte bildende Künstlerin. Ramona sagt, der ewige innere Zweikampf ermüde sie. Ihre nüchterne Seite redet ihr ein, Arbeit im Theater sei brotlose Kunst, aber ihre künstlerische Seite meint, dass die Büroarbeit nichts für sie sei, dass sie noch so oft den Job wechseln könne, es würde ihr nichts bringen. Die einzige Möglichkeit sei, endlich ihrer Berufung zu folgen und das Drehbuch, das sie angefangen hat, fertig zu schreiben.

Ihr Coach ist der Meinung, dass es Ramona grundsätzlich schwerfällt, Entscheidungen zu treffen, und fordert sie auf, klein anzufangen. Sie bekommt den Auftrag, dreimal am Tag eine Entscheidung zu treffen. Durch diese Übung würde sie auf Dauer bei der Arbeit beschlussfreudiger und selbstbewusster werden: Sie würde aufhören, sich selbst ständig infrage zu stellen. Im Zuge dieser Beratung gelingt es Ramona nun auch, ihrem Wunsch, Drehbuchautorin zu werden, genauer auf den Grund zu gehen. Sie nimmt sich im Rahmen eines Sabbaticals sechs Monate frei und reist nach Italien, wo sie an ihrem Drehbuch arbeiten will.

Work-Life-Balance

Die Sinnorientierung liegt für Hochsensible zum einen in der Berufung und zum anderen im Bereich der Work-Life-Balance sowie der Balance zwischen Träumen und Tun.

- Lassen Sie Ihre Arbeitstage nicht zu lang werden und planen Sie ausreichend viele Pausen ein.
- Schränken Sie Überreizungen ein.

- Bringen Sie eine Sache, mit der Sie beschäftigt sind, immer zu Ende, auch wenn noch so viele andere Dinge Ihre Aufmerksamkeit fordern. Nichts ist so frustrierend, wie eine Idee nicht wirklich ausgearbeitet zu haben und später erleben zu müssen, wie jemand anders damit den großen Auftritt hat.

- Lassen Sie sich nicht von der negativen Energie Ihrer Kollegen beeinflussen. Sie müssen nicht jede Mittagspause mit der Kollegin oder dem Kollegen verbringen, der in Schwierigkeiten steckt und sich alles von der Seele reden möchte.

- Akzeptieren Sie, dass Sie manchmal den anderen voraus sind, dass Sie kreativer und intuitiver sind, weshalb andere sich nicht immer sofort für Ihre Worte begeistern können. Sehen Sie das nicht als persönliche Zurückweisung, sondern lernen Sie, mit Ihren Ideen strategischer umzugehen. Schwächen Sie sie etwas ab, teilen Sie sie in Einzelschritte auf und kreieren Sie zuerst eine »Tragfläche«. Machen Sie sich bewusst, dass es mehr Zeit kostet, eine Idee zu vermitteln, als sie sich einfallen zu lassen. Überlassen Sie manchmal auch anderen die Ehre: Ist Ihr Ziel die Verbesserung der Sache oder Ihr persönlicher Ehrgeiz?

- Akzeptieren Sie, dass Sie in der Arbeit nicht jedes Ihrer Talente einsetzen können, und suchen Sie aktiv Projekte und Aktivitäten in der Freizeit, bei denen Ihre anderen Qualitäten zu ihrem Recht kommen.

Die Balance zwischen Träumen und Tun

Es wäre natürlich schön, wenn andere Menschen Ihre Qualitäten erkennen würden, ohne dass Sie etwas dafür tun müssten. Träumen Sie weiter. Üben Sie sich in Verhaltensweisen, die Sie von anderen erwarten, vor denen Sie selbst aber zurückschrecken. Es lässt sich nicht vermeiden, dass man am Arbeitsplatz auch »Politik« betreiben muss. Denken Sie einmal an die Kollegin, die die Ellbogen einsetzt und sich auf Kosten anderer profiliert. So wollen Sie nicht sein!

Aber diese Kollegin wird befördert. Die anderen können das gar nicht verstehen: »Sie wird sich wohl hochgeschlafen haben …« Wer weiß, vielleicht ist sie einfach nur geschickter darin, sich zu profilieren, und benennt in Besprechungen klipp und klar ihre Stärken und die positiven Rückmeldungen, die sie bekommen hat. Wo ist das Problem? Und warum sollte das unter Ihrer Würde sein? Oft empfinden Sie als der hochsensible Typ solches Verhalten, das Sie als Schaumschlägerei bezeichnen würden, als unwürdig. *Sie* sind wenigstens bescheiden. Erfolgreicher wären Sie aber, wenn Sie Ihre Talente und Qualitäten stärker hervorheben und Ihre Vorgesetzten darauf aufmerksam machen würden. Hochsensible Typen ziehen sich manchmal auch zu stark aus kollegialen Kontakten zurück, um sich selbst zu schützen. Das bedeutet aber, dass man an den informellen Zirkeln am Arbeitsplatz nicht teilnimmt und weder Neuigkeiten noch Klatschgeschichten mitbekommt. Vielleicht sind Sie ja stolz darauf, daran nicht teilzunehmen. Die abwehrende Haltung hilft Ihnen aber leider nicht weiter.

Hören Sie künftig auch damit auf, Ihre hohen Maßstäbe auf Ihre Mitmenschen zu übertragen. Sie sind sich dieses Verhaltens gar nicht bewusst, fühlen sich aber oft von anderen enttäuscht. Die Enttäuschung könnte darauf hindeuten, dass Sie andere zu sehr auf ein Podest stellen. Wenn sich dann herausstellt, dass diese anderen auch mauscheln und manipulieren, nicht ehrlich sind, kurz gesagt, sich fies verhalten, dann fühlen Sie sich tief verletzt. Schon wieder hat ein Mensch Sie enttäuscht. Es bringt nichts, diese Zweiteilung aufrechtzuerhalten, dass der andere schlecht ist und Sie gut.

Selbsterkenntnis

Durchbrechen Sie dieses Muster. Machen Sie sich Ihr eigenes Interesse bewusst und Ihre eigenen »gesunden« Gefühle des Stolzes und der Selbstliebe. Überlegen Sie: Was in Ihrem Leben hat Sie am meisten gekränkt? Können Sie ein paar Beispiele nennen? Welche negativen Eigenschaften sind hier beim jeweils anderen zu erkennen?

Fragen Sie sich nun auch, wie Sie selbst andere gekränkt haben. Nennen Sie ein paar Beispiele. Auf welche negativen Eigenschaften Ihrerseits lässt das schließen? Können Sie Belege dafür finden, dass Ihre schlechten Eigenschaften in manchen Situationen auch hilfreich sein können? Wenn es Sie zum Beispiel gefreut hat, dass Sie durch Ihre gute Arbeit aufgefallen sind, das Verhalten aber unpassend finden, weil es zulasten anderer geht, sollten Sie sich fragen, ob es manchmal nicht doch auch gut sein kann, einen Erfolg zu landen. Zumindest, wenn Sie Anerkennung im Leben bekommen wollen.

Lisas Freund hat sich mit einem Briefchen auf dem Küchentisch verabschiedet: Er fühlte sich eingeengt durch Ihr forderndes Verhalten und wollte nicht so weitermachen. Lisa fühlte sich enorm verletzt und zurückgewiesen. Wie konnte er sie nur verlassen, wo sie kurz davor stand, eine neue Arbeit zu beginnen! Er dachte ja doch immer nur an sich selbst. Welch ein Egoist!

So schwierig es für sie auch war, sie begriff sehr schnell, dass es sie nicht weiterbrachte, wenn sie ständig nur wütend auf ihren Freund war. Er war nicht der Erste, der sie verlassen hat. Was konnte sie bei sich selbst verändern, inwieweit war sie selbst egoistisch? Die Forderungen, die sie an ihn stellte – dass er sie bei Familienbesuchen begleiten sollte, dass er für gemeinsame Ausflüge zur Verfügung stehen sollte –, gingen vielleicht zu weit. Er brauchte mehr Raum für sich. Als er ihr dann in einer SMS schrieb, dass er vielleicht doch eine Zukunft sehen könne und dass er reden wolle, ging sie gerne darauf ein. Wie könnten sie zum Beispiel beide mehr Raum in der Beziehung schaffen? Auch für sie würde sich die Beziehung verbessern, wenn sie sich weniger unterordnete und mehr für sich selbst unternähme.

9. Der Boreout-Typ

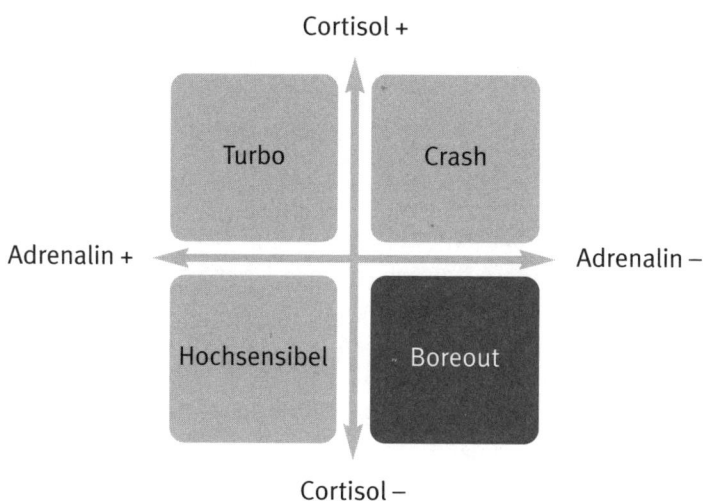

»Ich möchte schon, aber ich fürchte, dass ich es noch nicht kann.« Das ist eine typische Aussage von Menschen, die sich nur mühsam erholen. Sie haben zum Teil Ähnlichkeiten mit dem Crash-Typ, waren womöglich auch schon mal Turbo-Typ, sind aber oft sehr empfindsam und ziehen sich zurück. Eine hochsensible oder überbeschützende Mutter kann in ihrem Leben eine Rolle spielen. Die Regeneration braucht bei ihnen viel Zeit. Sie müssen dabei einschneidende Entscheidungen treffen, vielleicht einen anderen Job suchen, eine andere Ausbildung machen oder kündigen und Freiberufler oder Selbstständiger werden.

Ihr Gefühl dazu ist zwiespältig: Manchmal fließt ihre Energie frei, so als wäre der Burnout überwunden. Einen Tag später sind sie unfähig, irgendetwas zu tun. Oder sie haben genug Energie für sportliche Aktivität, ermüden aber bei sozialen Aktivitäten rasch. Manche können sich zu nichts aufraffen und sind den alltäglichen Anforderungen nicht gewachsen – ein Beschwerdebild, das an chronische Müdigkeit erinnert. Der Boreout-Typ ist weitgehend mit dem Typ HypoP nach der Beschreibung von McClellan und Hamilton identisch.

Niedriger Output – wenig Produktivität

Kennzeichnend für diesen Typ ist ein niedriger Output, ein augenscheinliches Desinteresse und fehlende Motivation. Der Borout-Typ ist wenig produktiv und bekommt infolgedessen kaum positive Rückmeldungen von Kollegen und Vorgesetzten. Das ist entmutigend und kann zu denselben Stressbeschwerden führen, die bei Überlastung auftreten. Menschen, die an Boreout leiden, fühlen sich häufig wie Zuschauer in ihrem eigenen Leben. Sie ziehen sich von der Welt zurück und auch von allem, was in ihnen selbst vorgeht. Sie fühlen sich nicht von anderen angeregt. Außerdem können sie leicht Schwindelgefühle bekommen, vor allem wenn sie schnell aufstehen, und sie sind gefährdet, umzukippen.

Extreme Empfindlichkeit gegenüber Stress gehört ebenfalls zu den Kennzeichen des Boreout-Typs, er fühlt sich schnell hilflos und reagiert passiv auf Rückschläge. Manchmal hat er Schwierigkeiten damit, seine Gefühle zu äußern, oder aber seine Gefühle sind so tief in ihm verborgen, dass er selbst keinen Zugang hat. Nur selten fühlen sich Menschen dieses Stresstyps richtig wohl und zeigen ihre Freude. Sie lächeln nicht oft, rationalisieren gern und reden monoton auf einer Tonhöhe. Wer zu diesem Stresstyp gehört, hat öfter Magenschmerzen und -krämpfe, sieht das aber als rein physisches Problem an. Der Zusammenhang zwischen dem Emotionalen und dem Körperlichen, die Tatsache, dass psychische Probleme und Ängste manchmal körperliche Beschwerden hervorrufen können, sehen Menschen des Boreout-Stresstyps nicht leicht ein.

Anja, eine 52-jährige Frau, erzählt Folgendes: »Leider arbeite ich immer noch drei Tage in der Woche. Ich finde meine Arbeit schrecklich, aber wir sind auf mein Einkommen angewiesen. Ich habe zu viel Arbeit und sie ist schrecklich eintönig. Ich merke gerade, dass ich mich nach den drei Arbeitstagen depressiv und niedergeschlagen, den Tränen nahe und völlig leer fühle. Kann man durch Langeweile in der Arbeit einen Burnout kriegen? Oder würde man das dann anders nennen?«

Wenn einem die Arbeit zu wenig abverlangt, ist man unterfordert. Manche Menschen denken vielleicht: »Was für ein Luxusproblem, ich wollte, bei mir wäre das so!« Doch Unterforderung führt zu ernsthaften Beschwerden wie Stress, Schlafschwierigkeiten, Abgespanntheit und Reizbarkeit. Langfristig führt ein Boreout zu ähnlichen körperlichen und psychischen Problemen wie ein Burnout. Körperliche Auswirkungen können ein erhöhtes Infarktrisiko, erhöhtes Risiko auf Diabetes Typ 2 und Gewichtszunahme sein. Auf der psychischen Ebene kann Unterforderung zu depressiven Gefühlen und Unsicherheit führen. Die Unzufriedenheit nagt an den Betroffenen und lässt sie an sich zweifeln. Aus einer kürzlich veröffentlichten Studie, an der 150 000 niederländische Arbeitnehmerinnen in den 30ern und 40ern teilnahmen, geht hervor, dass sich 3 Prozent der Befragten in der Arbeit langweilen. Oft reden die Betroffenen nicht darüber, weil sie sich dafür schämen. Sie sind von ihrer Arbeit abhängig und wollen das Beschäftigungsverhältnis nicht aufs Spiel setzen. Dennoch ist das der einzig mögliche Weg: sich eingestehen, dass man diese Arbeit nicht mehr machen möchte und Verantwortung für sich selbst und die eigenen Gefühle übernehmen. Dann braucht man eine Bestandsaufnahme: Über welche Kompetenzen verfüge ich und welche Tätigkeit passt dazu? In der Folge kann man einen Plan formulieren, wie man aus der bestehenden Situation herauskommt und welche nächsten Schritte man unternimmt.

Physiologischer Hintergrund

Die HPA-Achse und das vegetative Nervensystem

Das Hormonsystem und das Aktivierungssystem sind beim Boreout-Typ gut aufeinander abgestimmt, laufen aber auf Sparflamme. Die Folgen sind ein Gefühl der chronischen Müdigkeit, rasche Erschöpfung und verminderte Leistungsfähigkeit. Man könnte meinen, es sei durchaus angenehm, wenn der Körper nicht so viele Stresshormone produzierte, aber das Gegenteil trifft zu: Man ist nicht gewappnet, um auf Anforderungen (der Arbeitswelt) entsprechend zu reagieren, die Aktivität reicht nicht aus. Man schafft es nicht, sich anzustrengen und die Herausforderungen zu bewältigen. Für diese Anstrengung würde man sein Gaspedal brauchen: genügend Adrenalin, um das Feuer anzufachen.

In diesem Zustand dominiert der parasympathische Teil des Nervensystems, der Teil, der für Ruhe und Entspannung sorgt. In Kombination mit einem zu niedrigen Cortisolspiegel wirkt sich das vor allem auf den Magen-Darm-Trakt aus. Es besteht sogar das Risiko einer Dickdarmentzündung.

Das Zytomegalievirus (ZMV)

Müdigkeit und Erschöpfung sowie verschiedene undefinierbare Beschwerden können auch auf eine Infektion mit dem Zytomegalievirus (ZMV) und die Lyme-Krankheit hindeuten. Wenn Sie ohne erkennbaren Grund unter starker Müdigkeit und anderen unerklärlichen Beschwerden leiden, sollten Sie auf jeden Fall einen Arzt aufsuchen. 50–80 Prozent der Menschen sind mit dem Zytomegalievirus infiziert. Man kann das Virus in sich tragen und Antistoffe gebildet haben, aber nicht ernsthaft erkrankt sein. Wenn aber ein angeschlagenes Immunsystem oder eine HIV-Infektion dazukommt, fühlt man sich müde und krank, fiebrig oder man bekommt Gelenk-, Muskel- oder Kopfschmerzen. Auch gastrointestinale Beschwerden und Darmprobleme (chronischer Durchfall) können dann auftreten. Das Zytomegalievirus lässt sich im Blut nachweisen. Bei Menschen mit einer HIV-Infektion besteht das Risiko, dass das Zytomegalievirus die Netzhaut befällt und schädigt.

Träger des Zytomegalievirus sind anfälliger für eine Erkrankung mit dem Pfeifferschen Drüsenfieber. Bisher gibt es keine Medikamente gegen diese Viruserkrankung. Die Symptome, wie der Netzhautbefall, können aber behandelt werden.

Lyme-Krankheit

Die Lyme-Krankheit ist eine Infektionskrankheit, die von dem durch Zeckenbisse übertragenen Bakterium *Borrelia burgdorferi* verursacht wird. Bei einem Teil der Übertragungen entsteht eine kreisförmige Rötung an der Bissstelle. Auch grippeähnliche Symptome nach dem Zeckenbiss können auf eine Infektion hindeuten. Um herauszufinden, ob die Zecke, die Sie gebissen hat, das Virus in sich hatte, können Sie die Zecke untersuchen lassen. Lassen Sie sich von Ihrer Ärztin oder Ihrem Arzt beraten.

Wichtig ist, dass Sie bei starker und lang anhaltender Müdigkeit zuerst körperliche Ursachen ausschließen lassen.

Signale für Stressreaktionen

PHYSISCHE EBENE
- Permanente Erschöpfung und Müdigkeit
- Bauchkrämpfe
- Schlaffe Muskulatur
- Alkoholgenuss lässt den Blutdruck stark sinken, sodass Sie eventuell bewusstlos werden. Wenn Sie schnell aufstehen, ist Ihnen schummrig oder schwindlig.
- Asthmatische Beschwerden
- Es kommt leicht zu Entzündungen.

VERHALTEN
- Neigung, sich von Menschen und Aktivitäten fernzuhalten

- Passives Verhalten, kaum Initiativen für Unternehmungen
- Versuche, das wenig positive Selbstbild zu kompensieren, zum Beispiel durch die Lektüre zahlreicher Selbsthilfebücher und durch selbstverordnetes häufiges Fitnesstraining. Oder Sie arbeiten besonders hart, weil Sie sich beweisen wollen und achten nicht auf Ihre Grenzen. Meistens funktioniert das nicht, sodass Ihr Selbstbild eher noch negativer wird.

EMOTIONALE EBENE
- Langeweile bei der Arbeit
- Gefühl der Entfremdung vom eigenen Umfeld, vor allem am Arbeitsplatz
- Mangel an Antrieb und Motivation
- Gefühl der Hilflosigkeit
- Negative Gedanken über die eigene Person
- Alpträume über Misserfolge und Versagenssituationen
- Zweifel an der eigenen Person, dem Aussehen, dem Job, dem Wohnort und den Beziehungen zu anderen Menschen
- Posttraumatische Stresssymptome durch Verlusterfahrungen oder andere stressauslösende Geschehnisse in der frühen Kindheit

KOGNITIVE EBENE
- Fehlendes Vermögen, klar zu denken; das Gefühl von Watte, Nebel oder einer gewissen Trägheit im Kopf

SINNORIENTIERUNG
- Ihre Müdigkeit hält Sie davon ab, Ziele in Ihrem Leben zu definieren beziehungsweise Ziele zu erreichen.
- Es ist schwierig für Sie, eine Entscheidung für einen Arbeitsplatz oder eine Ausbildungsstelle zu treffen.
- Es fällt Ihnen schwer, Verantwortung für sich selbst zu übernehmen.
- Es fehlt Ihnen an Richtung im Leben.

Langsame Regeneration

Florian, ein Grafikdesigner, schickt mir folgende Mail: »Seit
nunmehr drei Jahren befinde ich mich im Regenerationspro-
zess nach einem Burnout. Zuerst blieb ich – entgegen besseren Wissens – bei meinem Arbeitgeber, weil ich nicht in der
Lage war, Bewerbungen zu schreiben. Ich hatte und habe immer noch viele körperliche Symptome, die für neuen Stress
sorgten. Dies in Kombination mit einer Arbeitssituation, die
nicht gesund für mich war, verhinderte meine Regeneration.
Wenn ich mich nur leicht anstrengte, war ich hinterher völlig
erschöpft oder ich wurde sogar krank. Es wurde erst besser,
als ich mich konsequent für mich selbst entschied, das war
das Beste, was ich tun konnte. Im Moment bin ich mein eigener Chef, ich habe das Gefühl, wichtig für meine Kunden zu
sein, und Geld ist glücklicherweise kein Stressfaktor. Ab und
zu habe ich einen schlechten Tag, aber abgesehen davon bin
ich sehr motiviert, wieder ganz gesund zu werden.«

Der Journalist Piet wurde vor drei Jahren krank. Zwei Jahre
lang war er arbeitsunfähig und blieb zu Hause. Seit einem halben Jahr arbeitet er wieder. Er litt unter extremer Müdigkeit,
Übelkeit, Kopfschmerzen, Schlafstörungen, Gelenkentzün-
dungen, Muskelschmerzen, geschwollenen Knien, geschwollenen Lymphdrüsen, plötzlichen Ohnmachtsanfällen und
Muskelschwäche. Am Anfang der Erkrankung nahm er zu,
dann verlor er in kurzer Zeit 30 Kilo an Gewicht. Piet glaubte
zunächst, dass er eine unheilbare Krankheit hatte, vor allem,
als er nach zwei Jahren immer noch genauso müde war wie
am Anfang. »Ich kann gar nichts mehr«, war der alles beherr-
schende Gedanke. Manchmal dachte er, es wäre besser, all
dem ein Ende zu setzen. Zufällig war ihm ein Jahr zuvor ein
Freund in seinem Dorf über den Weg gelaufen, der ihm Mut
machte. Dieser Freund war Sportcoach und er gab Piet genaue Anweisungen, wie viel Bewegung er brauchte und wie
viel Nahrung er zu sich nehmen sollte. Ob er nun Energie

hatte oder nicht, egal, er musste dieses Programm absolvieren. Das Vertrauen in seine Gesundung, das der Freund ihm über das Coaching vermittelte, war letztlich ausschlaggebend. Piet hat jetzt nur noch einige wenige Beschwerden, wie gelegentliche Kopfschmerzen, Rückenschmerzen und manchmal das Gefühl der Leere.

Die Ursachen des Boreout erkennen

In seinem Weg zum Burnout ist Florians (37) Neigung zum Boreout zu erkennen: »Ich hatte mit einer posttraumatischen Belastungsstörung (PTBS) zu tun, war aber nicht in der Lage, damit umzugehen und die Dinge richtig einzuordnen. Die Folge war, dass ich gar nicht mehr zur Ruhe kam. Meine Reaktion darauf war, dass ich extrem viel Sport trieb. Obwohl ich mich körperlich so schlecht fühlte, konnte ich nicht damit aufhören. Zuerst nahm ich zu, dann immer mehr ab und gleichzeitig steigerte sich meine Müdigkeit. Es folgten Verdauungsprobleme, aus denen später eine ernsthafte Erkrankung wurde (Gastritis). Ich zweifelte an allem und obwohl ich total unglücklich bei der Arbeit war, traute ich mich nicht, mich anderswo zu bewerben. Da die PTBS entstanden war, nachdem mich meine Partnerin verlassen hatte, wagte ich auch nicht, eine neue Beziehung anzufangen. Bei meiner Arbeit blieb noch lange alles beim Alten, bis ich nach einer Meinungsverschiedenheit zwischen mir und meinem Vorgesetzten beschloss, mich für mich selbst zu entscheiden.

Da meine Erholungsphase nun schon so lange andauert, wird die Zeit immer wertvoller für mich. Ich bin 37 Jahre alt und hoffe, noch eine gute Partnerin zu finden, im Moment schiebe ich das vor mir her. Ich denke, dass die PTBS inzwischen kein Problem mehr für mich darstellt, weil ich ohne emotional zu werden an die Situation denken kann. Außerdem habe ich viel über mich selbst gelernt, ich kann gut schlafen und werde bei allem, was ich tue, immer entspannter.

Stimmt das wirklich? Wie kann ich mir so sicher sein? Ich gehe – sportlich gesehen – sehr leicht über Grenzen. Ist das wirklich gut? Überlastung und Unterforderung wechseln sich ab, die Krankheit kann jederzeit wieder zuschlagen und kann lange dauern. Ich weiß inzwischen viel über Ernährung, aber welches Sportprogramm ist richtig für mich und meine körperliche Genesung?«

Seine Beschwerden und Ängste halten Florian auf Trab. Er zweifelt, was der nächste Schritt für ihn ist. Er versucht, seine Situation zu analysieren, und schreibt Aufzählungen.

Günstig für meine Erholung waren bisher:

- berufliche Selbstständigkeit, Trennung von meinem Arbeitgeber
- untersuchen, wie es so weit kommen konnte (wenn man die Vergangenheit nicht versteht, wie soll man dann nach vorne schauen?)
- bessere Aufteilung von »Energieräubern« und »Energiespendern«
- Informationen über meine Beschwerden einholen, mich schlau machen, das gibt mir Ruhe und ein Gefühl der Kontrolle
- lesen über Ernährung und richtige Anwendungsmöglichkeiten
- Jazzmusik von Chet Baker (müsste in der Liste eigentlich weit oben stehen!)
- selbst Musik machen (Schlagzeug und Gesang)

Ungünstig für meine Erholung waren:

- dieses unwirkliche Gefühl (Watte im Kopf), das zur Panikreaktion führt. Ich wusste nicht, dass das Burnout-Symptome sind, ich kenne das schon seit Jahren. Ich habe fieberhaft versucht, Klarheit, Frische und Wachheit durch Sport und Ähnliches in mir zu finden. Ich war ein Suchender
- große Unsicherheit über mein Aussehen (vor allem durch

die Situation mit meiner Expartnerin; ich habe alles in Zweifel gezogen)

- Unruhe; auch in meinem Elternhaus fand ich keine Ruhe und keine echte Anteilnahme an meiner Situation, es ist mir schwergefallen, meine Familie aufzusuchen
- kein Verständnis von meinem Arbeitgeber, er hat mich richtig unter Druck gesetzt
- der Konsum von allerlei Nahrungsergänzungsmitteln. Das war nicht gut für meinen Magen und meinen Darm und hat mich müde gemacht
- die Entscheidung, meine Wohnung in der Zeit, in der ich mich von dem Burnout erholte, zu renovieren

Persönlicher Hintergrund

Florian nennt zwei Hauptlinien in der Entwicklung seines Burnouts. Bei unserem Gespräch wird deutlich, dass noch eine dritte und vierte Hauptlinie dazugehören.

Florians Vater war Rektor an der Grundschule in einem kleinen Dorf. Wie seine beiden Geschwister war auch Florian zwei Jahre bei ihm im Unterricht. Um den Eindruck einer bevorzugten Behandlung zu verhindern, war der Vater zu Florian besonders streng. In seinen Augen konnten Florians Leistungen nie gut genug sein. Der Vater war von seinen Kindern enttäuscht, keines glänzte auf intellektuellem Gebiet. »Aus euch wird doch nie etwas werden«, sagte er ihnen fast täglich. Auf jeden Fall würden sie ihm nicht das Wasser reichen können. Der dominante Vater war in Florians Augen immer der Beste. Sein Lebensmotto lautete: »Wenn ich etwas nicht kann, kann es auch kein anderer.« Um den Kindern Disziplin beizubringen, wurden sie vom Vater regelmäßig geschlagen. Manchmal kamen auch Mitglieder des Kirchenvorstands zu Besuch, um den Kindern warnende Worte zu sagen. Es würde schlecht mit ihnen enden, wenn sie ihr sündiges Verhalten fortsetzten. Mit 15 Jahren nahm Florian Reißaus. Er beendete die Mittelschule nicht. Leider fand er bei jemandem Unterschlupf, der Jungen wegen Sex bei sich aufnahm. Obgleich er Florian in Ruhe ließ, fühlte dieser sich nicht in Sicherheit. Für ihn war das der Beweis, dass man am Ende niemandem vertrauen kann.

Vor einigen Jahren hatte Florian eine feste Beziehung mit einer besonders schönen Frau. Florian tat alles für sie, aber es schien ihr nie zu reichen. Sie und ihre Schwestern hatten immer etwas an ihm herumzumäkeln. Nach einem Wintersporturlaub beendete Florian die Beziehung. Er verlor dadurch nicht nur seine Freundin, sondern auch deren Mutter, mit der er sich gut verstand und die ihm eine Art Ersatzzuhause bieten konnte. Zwei Monate später verstarb die Frau plötzlich an einem Herzinfarkt. Obwohl er nicht mehr zur Familie gehörte, war er sehr betroffen. Seine Exfreundin zeigte sich nun von einer anderen Seite, sie war verletzlich, Florian war für sie der Fels in der Brandung. Sie kamen sich wieder näher und die Beziehung schien besser zu sein als vorher. Florian dachte sogar an Kinder.

Genau vier Monate nach dem Tod ihrer Mutter stand seine Freundin mit einem anderen Mann vor seiner Tür. »Darf ich dir meinen neuen Freund vorstellen?« Jetzt war sie an der Reihe und rächte sich für den Schmerz, den Florian ihr mit der Trennung damals angetan hatte.

Seitdem hat Florian keine Beziehung mehr gehabt, sein Vertrauen zu Frauen ist ihm abhandengekommen. Er hat dann eine Weile extrem viel Sport getrieben, um den Schmerz nicht zu spüren und um besser auszusehen. Außerdem liebte er Adrenalinkicks immer schon. Während seiner Beziehung hat er – nach eigener Darstellung – sein gutes Aussehen eingebüßt.

Florian lebt jetzt einsam und zurückgezogen, für manche ist er ein richtiger Einzelgänger. Er ist der Meinung, er sehe nicht mehr gut aus und dass es nur vorübergehend sei, wenn eine Frau Interesse an ihm zeigt. Sie wolle bestimmt nur ein Abenteuer.

Ein Jahr nach der Racheaktion seiner Freundin machte Florian Urlaub in Thailand. Er infizierte sich vor Ort mit einem Virus und musste ins Krankenhaus. Es dauerte Jahre, bis er sich wieder ganz davon erholt hatte. Er konnte sich in der Zeit nicht gut entspannen und auch nicht auf seinen Körper hören, weil er trotzdem arbeiten wollte und Freude an seiner Arbeit hatte. Die Virusinfektion war für ihn der Wendepunkt. Er war so krank gewesen, dass er zeitweise dachte, er würde nie wieder richtig gesund werden, irgendetwas würde von der Erkrankung zurückbleiben. Er spürte die Angst, bleibende Schäden davonzutragen.

Die Arbeit im Angestelltenverhältnis war für Florian ein beträchtlicher Energieräuber. Sein Vorgesetzter schätzte ihn nicht sehr und beide befanden sich in einem ständigen Kampf miteinander. Florian fühlte sich von der Arbeit beherrscht. Als sein Chef ihn schließlich loswerden wollte, konnte er nach zähen Verhandlungen ein Jahresgehalt als Abfindung mitnehmen.

Nun arbeitet er vier Stunden am Tag, ist aber immer noch krank. Er fühlt sich sehr müde und hat mit Magen-Darm-Beschwerden und Verdauungsproblemen zu kämpfen. Letztes Jahr litt er acht Monate an Gastritis. Er sagt über sich selbst, er sei nach einer Anstrengung schnell erschöpft, was er auf den niedrigen Adrenalin- und Cortisolspiegel zurückführt. »Ich fühle mich seit Jahren wie ein Putzlappen«, so seine Feststellung. Gleichzeitig ist er davon überzeugt, auf dem Weg der Besserung zu sein.

Analyse

Florian kam selbst auf den Gedanken, dass es sich bei ihm um eine posttraumatische Belastungsstörung handeln könnte. Natürlich könnte seine ständige Müdigkeit auch auf das chronische Erschöpfungssyndrom zurückgehen. Das wäre sehr problematisch, denn nach wie vor gibt es kein Medikament gegen die chronische Erschöpfung. Sicher ist, dass Spannungen auf jeden Fall eine Rolle spielen, deshalb versucht Florian, zuerst die Symptome der posttraumatischen Belastung loszuwerden.

Das Anti-Stress-Programm für den Boreout-Typ

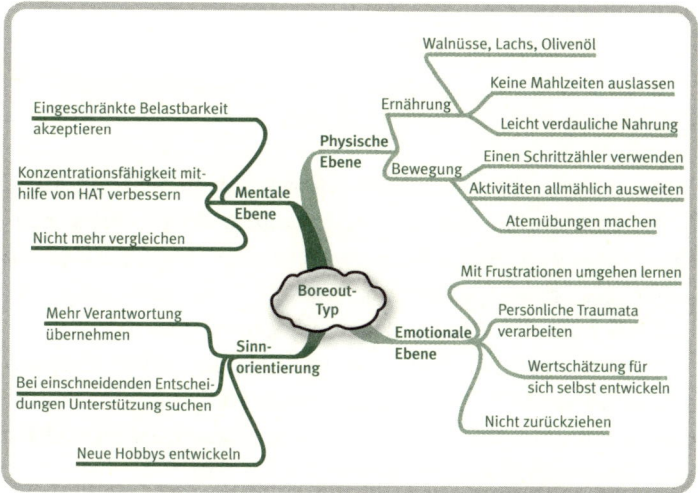

Regeneration

- Rational denken
- Aktivitäten ganz allmählich, Schritt für Schritt, ausweiten
- Atemübungen machen
- Tagebuch führen, um sich bewusst zu machen, wie Emotionen, Gedanken und der Körper miteinander verbunden sind
- Autogenes Training zur Stärkung des sympathischen Nervensystems
- Aromatherapie mit Lavendel und Rosmarin
- Shiatsu-Massage mit Fokus auf die Meridianpunkte im Körper
- Schwedische Massage für den Blutkreislauf
- Die Methode des »Biofeedback« für die Regulierung extremer Stressreaktionen anwenden

Das persönliche Umfeld einer Person kann immer auch eine positive Wirkung auf den Genesungsprozess entfalten, beispielsweise durch Komplimente und durch konkrete Hilfestellungen. Leichter Druck kann bei Boreout-Typen zudem nicht schaden.

Ernährung

Wählen Sie leicht verdauliche Nahrungsmittel wie Obst und Vollkornprodukte. Rohes Gemüse und Milchprodukte können Verdauungsprobleme nach sich ziehen, essen Sie deshalb lieber gekochte Speisen und nehmen Sie statt normaler Milch Schafmilch (und Schafmilchjoghurt) zu sich.

Der niedrige Cortisolspiegel und das überaktive Immunsystem verstärken Ihr Bedürfnis nach Nahrungsmitteln, die eine entzündungshemmende Wirkung haben. Zu empfehlen sind Nahrungsmittel mit einem hohen Anteil an Omega-3, wie Walnüsse, Lachs und Olivenöl. Denken Sie auch an Antioxidantien. Ananascheiben sind ein guter Snack, Ananas enthält ein Antioxidant und wirkt gegen Entzündungen.

Vitamine

Die zusätzliche Einnahme von Multivitaminen ist ratsam. Vitamin D3 sollte zusätzlich eingenommen werden, wenn man wenig in die Sonne kommt. Ebenso sind die fettlöslichen Vitamine A (700 IE bis maximal 3000 IE) und E (15–1000 Milligramm) wichtig, weil man diese oft nicht ausreichend mit der Nahrung aufnimmt.

Zusammenstellung der Mahlzeiten und Essenszeiten

Da Menschen mit einem Boreout eine abgeflachte Cortisolkurve haben, ist es sinnvoll, immer zu möglichst festen Zeiten zu essen. Die Nahrungsaufnahme kann dann den Tag- und Nachtrhythmus unterstützen. Das Mittagessen sollte Ihre wichtigste Mahlzeit am Tag sein, eiweißreich und mit komplexen Kohlenhydraten. Mahlzeiten auszulassen ist keine sehr gute Idee, weil Sie dadurch die Balance weiter stören. Vielleicht brauchen Sie mehr Kohlenhydrate als andere, um gut funktionieren zu können. Kaffeetrinken ist kein Problem, grüner oder weißer Tee ist dennoch die bessere Wahl, unter anderem wegen der darin enthaltenen Antioxidantien.

Einen Boreout kann man überwinden, wie das Beispiel von Florian gezeigt hat. In manchen Bereichen wird es vorteilhaft sein, wenn Florian es ruhiger angehen lässt, wenn er sich entspannt und loslässt. Auf anderen Gebieten, beispielsweise, was das Mentale betrifft, dürfte er sich ruhig etwas mehr anstrengen.

Bewegung

Aktivierung des Sympathikus

Florian berichtet, dass es ihm ziemlich schwerfällt, in Gang zu kommen: »Ich habe damit ein Problem, ›spontan‹ loszulegen. Ich brauche wirklich eine ordentliche Portion Ansporn oder Druck, zum Beispiel eine Deadline oder einen Prüfungstermin.«

Mit regelmäßigem aerobem Training beeinflusst Florian auf positive Weise sein Immunsystem. Sein Plan ist es, die Trainingseinheiten weiter auszubauen und später auch längere Wander- oder Fahrradtouren zu unternehmen. Damit erreicht er, dass die Cortisolproduktion stimuliert wird, was sich wiederum positiv auf das Immunsystem auswirkt.

Dem als »Iceman« bekannt gewordenen Niederländer Wim Hof ist es gelungen, sein Immunsystem so weit zu steuern, dass er eineinhalb Stunden in einem Eisbad ausharren konnte. Forscher an der Universitätsklinik St. Radboud in Nimwegen haben herausgefunden, dass er ganz anders auf eine Injektion mit einem Bestandteil eines Bakteriums reagierte als 240 Versuchspersonen. Meistens verursacht das Eiweiß des injizierten Bakteriums eine starke Abwehrreaktion. Diese äußert sich in Form von Kopfschmerzen und Muskelschmerzen, die Betroffenen zittern am ganzen Körper und ihre Körpertemperatur steigt um ein bis zwei Grad an. Der »Iceman« dagegen spürte nur etwa zehn Minuten lang geringfügige Kopfschmerzen und konnte diese mit Meditation selbst auflösen. Seine körperliche Reaktion war sehr außergewöhnlich, so Peter Pickers, der Leiter der Untersuchung: Das Cortisol nahm bei ihm stärker zu als bei den anderen Versuchspersonen und im Vergleich zu diesen hatte Wim Hof nur halb so viele Entzündungseiweiße im Blut. Die Cortisolmenge, die er produziert hatte, hielt die Entzündungsreaktionen zurück.

Wim Hof glaubt, dass er zu den wenigen Menschen gehört, die ihr vegetatives Nervensystem steuern können. Mithilfe von Atemübungen und Konzentration hält er sein Immunsystem unter Kontrolle. Er ist davon überzeugt, dass jeder Mensch diese Fähigkeit in sich hat, und so arbeitet er inzwischen daran, sein Wissen auf andere Versuchspersonen zu übertragen. Weitere Untersuchungen werden zeigen müssen, ob eine bewusste Kontrolle des Immunsystems wirklich möglich ist. Die Forscher in Nimwegen arbeiten mit Hochdruck daran.

Übung mit einem Schrittzähler

Ziel dieser Übung ist es, die körperliche Aktivität langsam auszuweiten, indem Sie:

- Ihren persönlichen biologischen Rhythmus auf Trab bringen, sodass die Cortisolproduktion steigt,
- dabei unterstützt werden, nach draußen zu gehen und aktiv zu werden,
- Ihre Kraft sowie Ihr Durchhaltevermögen und Ihre Beweglichkeit langsam aufbauen.

Fangen Sie zunächst mit fünf Minuten Bewegung am Tag an, möglichst an der frischen Luft und vorzugsweise in der Sonne. Achten Sie dabei auch auf die Umgebung, in der Sie sich bewegen. Wenn Sie zu Hause üben, legen Sie eine DVD ein, die Ihre Übungen unterstützt. Trainieren Sie, während Sie Fernsehen schauen, Ihre Armmuskulatur mit Hanteln. Besorgen Sie sich einen Schrittzähler. 4000 Schritte am Tag sind ein guter Anfang, steigern Sie die Zahl der Schritte allmählich. Wenn Sie mit einem Schrittzähler arbeiten, können Sie im Nachhinein sehen, wofür Sie Ihre Energie gegeben haben. Vielleicht kommen Sie zu der Einschätzung, dass es schade ist, dreimal am Tag in den Supermarkt zu gehen. Wäre ein schöner Spaziergang nicht eine bessere Alternative?

Traumabewältigung

Bei Florian wurde EMDR (Eye Movement Desensitization and Reprocessing, www.emdr-institut.de) als Methode der Traumatherapie angewendet, um seine traumatischen Erlebnisse in Bezug auf seinen Vater, seine Expartnerin und das thailändische Virus aufzuarbeiten. Entgegen Florians Annahme: »Ich habe das doch schon verarbeitet« zeigte sich, dass seine Traumata bezüglich Vater und Expartnerin noch »roh und schmerzhaft« für ihn waren. Er hatte die Erfahrungen nur verdrängt, sodass sie ihm besonders viel Energie raubten. Ein narzisstischer Vater gibt einem Kind ständig das Gefühl, klein und neben ihm unbedeutend zu sein. Ganz besonders schmerzhaft war der negative Gedanke, der an den traumatischen Ereignissen haftete: »Ich tauge nichts.« Das intensive Arbeiten deutete auf Florians Drang hin, sich zu beweisen: Er wollte unbedingt zeigen, dass er zu etwas taugte.

Florian war das, was im Fachjargon *insecure overachiever,* zu deutsch etwa »unsicherer Überflieger«, genannt wird.

Problematisch war auch das Verharren in der Opferrolle. Florian hatte das Gefühl, dass seine Expartnerin ihm etwas Schwerwiegendes angetan hatte. Er konnte aber nichts dagegen tun und sich nicht rächen, so fühlte er sich ausgeliefert und ohnmächtig. Er hatte keinerlei Kontrolle über die Situation. Die Wiederherstellung des Gefühls von Kontrolle war deshalb für den Verarbeitungsprozess notwendig. Erst dann würde er die Traumata einordnen können, ohne sie weiter verdrängen zu müssen.

Mentale Ebene

Florian konnte sich nie lange am Stück konzentrieren. Nach jeder Anstrengung fühlte er sich schnell erschöpft und legte sich dann eine halbe Stunde aufs Sofa. Das hatte zur Folge, dass er nicht so produktiv sein konnte, wie er es gern gehabt hätte. Mir fiel auf, dass er mit geöffnetem Mund atmete, schneller als die normalen zehn Atemzüge pro Minute. Diese beschleunigte Atmung kann ein Ausdruck für den Stress sein, den er empfunden hat, als er mit mir über seine Probleme redete. Stress kann dafür sorgen, dass die Atmung in Ruhemomenten fünfmal schneller arbeitet als eine »normale« Atmung. Eine unruhige und flache Atmung sorgt allerdings für zu wenig Sauerstoff im Blut und für einen zu hohen CO_2-Ausstoß. Ein leichtes Panikgefühl ist die Folge. Das fühlt sich dann so an, als würde man, obwohl man ruhig am Schreibtisch arbeitet oder ein Gespräch führt, eine enorme sportliche Leistung erbringen. Es kommt zu vorzeitiger Erschöpfung und großer Müdigkeit, Betroffene fühlen sich ängstlich und können sich nicht mehr gut konzentrieren. Ein Spaziergang könnte in einem solchen Moment das Gleichgewicht wiederherstellen, aber diese Möglichkeit ist nicht immer gegeben. Deshalb hat Florian von mir die folgende Energieübung bekommen, die er auch während der Arbeit machen kann.

> **Übung »Heart Assisted Therapy« (siehe Kapitel 12, Seite 221)**
>
> Um sich besser konzentrieren zu können, wird die Aufmerksamkeit auf die Atmung gerichtet. Atmen Sie ruhig und tief in den Bauch hinein. Legen Sie dann beide Hände übereinander auf Ihr Herz und konzentrieren Sie sich auf die Atmung, als würden Sie zu Ihrem Herzen hin- und dann wieder ausatmen.
>
> Sie spüren, wie die Spannung aus den Schultern weicht. Denken Sie an etwas Schönes, das Sie in letzter Zeit gemacht haben: Sie waren aus, Sie haben einen schönen Film gesehen, ein gutes Gespräch geführt, ein Kompliment erhalten, etwas Schönes gekauft. Halten Sie hier kurz inne. Wechseln Sie nun die Hände. Die Hand, die oben lag, kommt nun unter die andere Hand. Konzentrieren Sie sich wieder eine Minute lang auf positive Geschehnisse. Dann wechseln Sie noch einmal die Hände und atmen ruhig dreimal ein und aus. Die Übung braucht vielleicht zwei oder drei Minuten, sie hilft, Spannungen loszulassen, und ermöglicht, anschließend wieder mit gutem Gefühl und konzentriert arbeiten zu können.

Sinnorientierung

Sinnstiftung erleben wir, wenn das, was wir tun, einen weitergehenden Wert hat. Das, was man macht, schenkt innere Erfüllung, man ist für jemanden oder für eine Sache wichtig und wertvoll. Das eigene Handeln und die Erwartungen der Umgebung sind gut aufeinander abgestimmt. Belastung und Leistungsfähigkeit sind im Gleichgewicht.

Die Sinnorientierung ist dann problematisch, wenn die Anstrengung einer Person zu viel abverlangt, wenn sie keine Prioritäten mehr setzen kann und wenn die Arbeit zulasten anderer Leidenschaften und Hobbys beziehungsweise zulasten der Familie und Freunde geht.

Für Florian war der entscheidende Schritt – auch im Hinblick auf seine Sinnorientierung – die Trennung vom Arbeitgeber und der Wechsel in die Selbstständigkeit. Er selbst schätzt, dass ein Teil seiner bisherigen Erholung auf diesen Wechsel zurückzuführen ist. Aber er hat es noch nicht geschafft. Florian stellt hohe Ansprüche an sich selbst, er ist ein Perfektionist. Er ist zu mir gekommen, um die Genesung zu beschleunigen. Sein Perfektionismus entstand als Kompensation für das Gefühl, nichts wert zu sein. In dieser Hinsicht ist er immer noch der unsichere Überflieger: Immer noch möchte er dem Vater beweisen, dass er etwas taugt.

Sein Ziel ist es, nach der Verarbeitung der Traumata tatsächlich von seinem Vater und seiner Exfreundin loszukommen. Die Frage ist: Wie könnte er schon jetzt, in seinem Alltag, im Hier und Heute lernen, sich selbst besser anzunehmen? Florian macht einen Anfang, indem er versucht, sich zur Wehr zu setzen, wenn ihn sein Vater anruft und ihn fragt, wann er denn wieder einmal vorbeikommen werde. Dem Wunsch des Vaters stellt er seine eigenen Bedürfnisse gegenüber: mehr Energie, mehr Genesung. Sein Vater ist für ihn ein Energieräuber und er beschließt, ihm einmal im Monat einen kurzen Besuch abzustatten, und nicht mehr, wie bisher, jede Woche einen Nachmittag lang.

Florian orientiert sich in seinem Alltagsleben verstärkt an seinen eigenen Wünschen und Bedürfnissen. Er lernt, dass er ab und zu der Arbeit auch fernbleiben kann. Bei schönem Wetter fährt er ans Meer und lässt die Aufträge warten. Er kann mit seinen Auftraggebern die Deadlines klar definieren und sich selbst bei der Annahme von Aufträgen Grenzen setzen. Im Grunde genommen ist es für seine Genesung wichtig, dass er einen vier- bis fünfstündigen Arbeitstag akzeptieren lernt, sodass ihm Zeit für andere, schöne Dinge bleibt.

Die Sinnorientierung als wichtigster Faktor

Bei Florian stellte sich heraus, dass er erst eine einschneidende Entscheidung treffen musste, um gesund werden zu können. Tiefgreifende Entscheidungen sind aber oft angstbesetzt und sollten deshalb mit jemandem geteilt werden. Bei Florian war diese Möglichkeit nicht vorhanden, es fehlte ihm an Unterstützung. Vermutlich dauerte seine Genesung dadurch länger als die des Journalisten Piet, der jeden Tag von einem Freund betreut wurde. Doch auch Piet stand vor einer sehr wichtigen Entscheidung. Er arbeitete für ein bekanntes TV-Programm, hatte aber im Lauf der Zeit das Interesse daran verloren. Er fasste den Beschluss, Jura zu studieren und Anwalt zu werden.

Sowohl bei Florian als auch bei Piet kann man gut erkennen, dass der Genesungsprozess erst dann in Gang kam, als sie Verantwortung für sich selbst übernahmen und sich für sich selbst entschieden hatten. Damit kam auch die Hoffnung, wieder gesund zu werden.

10. Konflikte am Arbeitsplatz

Konflikte bei der Arbeit verursachen viel Stress und wirken negativ auf unsere Gesundheit ein. Wir denken ständig an die Arbeit, leiden unter Kopfschmerzen oder Schmerzen im Nacken- und Schulterbereich. Wir schlafen deutlich schlechter als sonst und spüren, wie uns Energie abhandenkommt. Neben diesen unspezifischen Stresssymptomen können weitere, individuell verschiedene Beschwerden, die zum jeweiligen Stresstyp gehören, auftreten beziehungsweise sich durch die Konflikte verschlimmern.

Der **Turbo-Typ** findet keine Ruhe. »Ich bin so unruhig«, klagt er häufig. Er erhöht bei Stress das Tempo und kann sich nicht mehr entspannen. In Ruhe einen Film anschauen, ein Buch lesen oder ein entspannendes Bad nehmen: für sie oder ihn eine Unmöglichkeit. Erst muss dieser Konflikt aus der Welt geschafft werden!

Der **Crash-Typ** hat das Problem, dass er bei Konflikten häufig einen Zusammenbruch erleidet. Personen, die zu diesem Stresstyp gehören, werden krank – und zwar richtig krank. Ihre Widerstandskraft lässt in kurzer Zeit stark nach: Einmal ist es eine Grippe, dann vielleicht sogar eine Lungenentzündung und plötzlich ein Bandscheibenvorfall. Und kein Ende in Sicht. Die Krankheiten lassen den Crash-Typ verzweifeln.

Der **hochsensible Typ** läuft Gefahr, nicht ausreichend zu relativieren und sich Kleinigkeiten sehr zu Herzen zu nehmen. Kritik an seinem perfektionistischen Verhalten erlebt er als äußerst kränkend. Menschen, die zu dieser Gruppe gehören, schmeißen lieber alles hin, als sich immer wieder den Kränkungen auszusetzen. Sie kündigen spontan oder melden sich krank, weil sie »es nicht mehr ertragen können«. Arbeitnehmer dieses Stresstyps träumen oft von einem Sabbatical oder davon, »etwas ganz anderes zu machen«. Sie weigern sich, der Realität ins Auge zu sehen und Lösungen zu finden. Manche suchen ihren Ausweg darin, den Kopf in den Sand zu stecken.

Der »Abtaucher« bei Stress, der **Boreout-Typ**, fühlt sich angesichts von Konflikten am Arbeitsplatz ohnmächtig und handlungsunfähig. Seine Abwehrhaltung und seine Unfähigkeit, sich einzubringen und etwas zu tun, werden immer mächtiger. Diese negative Position fällt auf, Kollegen gehen auf Distanz. Manchmal wird er von seinen Vorgesetzten zum Betriebsarzt geschickt, um untersuchen zu lassen, was mit ihm los ist und der Frage nachzugehen, ob – mithilfe des Unternehmens – eine berufliche Neuorientierung erfolgen muss.

Der Turbo-Typ – Vollgas bei Konflikten

Miranda ist Mitte 30 und eine erfolgreiche, hart arbeitende Psychiaterin. Sie hat eine Vier-Tage-Woche bei einer kommerziellen Organisation, wo sie nach einem bestimmten Protokollverfahren Klienten mit Stressproblemen und Burnout behandelt.

Zu ihrer großen Überraschung stellt sie bei sich selbst dieselben Symptome fest, die sie bei ihren Klientinnen und Klienten beobachtet. Starke Müdigkeit, plötzlich auftretende Weinkrämpfe, hohe Reizbarkeit. Nur mit großer Mühe kommt sie morgens aus dem Bett. In der Arbeit schiebt sie Aufgaben lange vor sich her. Sie liegt bei ihren Verwaltungsarbeiten weit zurück. Sie erkennt sich selbst nicht wieder. »Ich bin von Herzen gern Psychiaterin«, sagt sie, »aber ich fühle mich jetzt wirklich unglücklich bei meiner Arbeit.« Sie glaubt, ihren Kindern keine gute Mutter zu sein, weil sie auch oft noch zu Hause arbeitet, um ihren Rückstand aufzuholen. Als Reaktion auf die Warnsignale und nach der Intervention durch andere hat Miranda ihre Wochenarbeitszeit gekürzt und eine Studie, an der sie arbeitete, vorerst zur Seite gelegt. Eine weitere Nebentätigkeit, die Arbeit als Gutachterin, hat sie aufgegeben. Sie bekennt sich dazu, dass sie an einer milden Form von Arbeitssucht leidet: Sobald irgendwo Zeit frei wird, neigt sie dazu, diese Zeit mit Zusatzarbeiten zu füllen. Miranda ist ein echter Turbo-Typ. Sie befürchtet, sie könne sich langweilen, wenn sie künftig weniger arbeitet.

Miranda stammt aus einem kleinen Dorf und ist mit ihrem Freund, der von Beruf Allgemeinarzt ist, in die Nähe der Großstadt gezogen. Kurz hintereinander bekamen sie zwei Kinder. Für Miranda war die anspruchsvolle Arbeit und die Kombination von Familie und Berufstätigkeit kein Problem, bis sie in Konflikt mit ihrer Vorgesetzten kam. Diese hat in Mirandas Augen einen sehr autoritären Führungsstil, gibt ihren mündigen und kritischen Mitarbeitern keinen Raum und erkennt sie nicht als kompetente Fachkräfte an. Ihre Vorgesetzte schreibt Miranda genau vor, wie sie zu arbeiten hat, erstickt jede Form von Kreativität im Keim und duldet nicht, dass andere auch im Rampenlicht stehen. Miranda wurde gebeten, auf einem internationalen Kongress einen Vortrag über Stress zu halten und bekam zu ihrer Verblüffung genau eine Stunde zusätzliche Arbeitszeit, um sich darauf vorzubereiten. Und das, obwohl die Vorgesetzte sich manchmal wochenlang auf eine Präsentation vorbereitet.

Miranda respektiert ihre Vorgesetzte in der Führungsposition der Abteilung »Stress und Burnout«, möchte selbst jedoch auch Anerkennung für ihre Arbeit bekommen. Nach ihrem Empfinden stößt sie bei der Vorgesetzten aber nur auf eine Mauer aus Unverständnis. Zu allem Unglück bemerkt die Chefin, dass Miranda unter Stress steht. Sie fordert sie auf, den Bogen nicht zu überspannen, damit sie nicht auch so ein »Stresshuhn« wird wie die Menschen, die sie behandelt. Diese Aufforderung empfindet Miranda als herabwürdigend. Umso mehr will sie beweisen, dass sie das alles kann und schafft. Als sie gebeten wird, die Aufgaben eines Kollegen zu übernehmen, der wegen Überarbeitung krank zu Hause ist, stimmt sie zu. Der Tropfen, der das Fass zum Überlaufen bringt, ist die Tatsache, dass dieser Kollege befördert werden soll, sie aber komplett übergangen wurde. Wieder bricht sie zu Hause in Tränen aus.

Situationsanalyse

Miranda schätzt sich selbst als klüger ein als ihre Chefin und geht den Machtkampf mit ihr an. Ihre Vorgesetzte behandelt sie zwar ungerecht, aber Mirandas Ärger darüber ist überproportional. Die Probleme mit der Chefin haben Ähnlichkeiten mit einem stressigen Konflikt aus ihrer Jugend. Miranda lässt diesen Konflikt schließlich erfolgreich mit EMDR behandeln. Damit ist der Raum entstanden, eigene Ziele zu formulieren: mit Freude arbeiten und Anerkennung am Arbeitsplatz bekommen.

Den Kampf gegen Windmühlen aufgeben

Miranda lässt sich zwei Wochen krankschreiben. In dieser Zeit will sie sich ausruhen und mit ihrem Mann und den Kindern etwas unternehmen. Als sie an ihren Arbeitsplatz zurückkehrt, muss sie zum Gespräch mit ihrer Vorgesetzten erscheinen. Sie erfährt, dass sie vorläufig von ihren Aufgaben entbunden ist.

Letztendlich beschließt Miranda, sich einen anderen Arbeitsplatz zu suchen. Noch am selben Tag sieht sie die Ausschreibung einer attraktiven Stelle bei einer anderen Organisation. Sie lässt den Konflikt Konflikt sein und macht sich bewusst, dass sie ihre Ziele auch an einer anderen Stelle verwirklichen kann.

Der Crash-Typ – Selbstakzeptanz lernen

Ronald, Ende 20, hat Mathematik studiert und arbeitet aktuell im Verkauf bei einer Internetfirma. Er sucht Hilfe, weil er am Arbeitsplatz länger ausgefallen ist und sein Arbeitgeber auf Wiedereingliederung drängt. Sein Chef will zu schnell zu viel, das ist Ronalds Angst. Dabei hat der Physiotherapeut chronische Müdigkeit und Erschöpfungssymptome bei ihm festgestellt. Man hat ihm empfohlen, seine Belastbarkeit nach und nach in kleinen Schritten aufzubauen.

Ronalds Frau ist als Beraterin tätig und hat vor Kurzem einen Sohn zur Welt gebracht. Das Baby weint viel und braucht seine Eltern auch nachts. Ronald und seine Frau haben dafür einen Plan entworfen, wer wann an der Reihe ist. Seine Frau kümmert sich bis 2 Uhr nachts um das Baby und dann übernimmt Ronald bis morgens um 10 Uhr.

Schon vor fünf Jahren war Ronald wegen Burnout-Symptomen am Arbeitsplatz ausgefallen. Es waren dieselben Beschwerden, die ihn heute plagen: schlechter Schlaf, das Gefühl, völlig erschöpft zu sein, wenig machen zu können. Nach der Genesung hat er sich eine andere Arbeitsstelle gesucht. Drei Jahre ging das relativ gut, aber vor einem Dreivierteljahr drohte erneut ein Zusammenbruch. Um das zu verhindern, bewarb er sich anderweitig und fand einen neuen Job. Doch jetzt droht erneut ein Absturz. Ronald ist ziemlich verzweifelt und überlegt hin und her, ob er kündigen und sich etwas Neues suchen soll.

Ronald stammt aus einer Familie mit einem hart arbeitenden, leicht autistischen Vater und einer auf sich selbst bezogenen Mutter. Er hat eine Schwester, mit der er sich sehr gut versteht. Mit den Eltern haben beide Schwierigkeiten. Ihr Vater war tyrannisch und schwer einzuschätzen. Einmal saßen Ronald und seine Schwester vor dem Fernseher, als sein Vater hereingestürmt kam und auf den Sohn einschlug, vermutlich weil der Fernseher zu laut war. Später, sie waren noch Jugendliche, ließen sich die Eltern scheiden und Ronalds Mutter suchte Halt bei ihrem Sohn.

Situationsanalyse

Ronald hat eine Arbeit gefunden, bei der er seine mathematischen Fähigkeiten mit seinem Verkaufstalent zusammenbringen kann. Mit dieser Kombination ist er auf dem Arbeitsmarkt begehrt. Es ist ihm noch nie schwergefallen, eine gute Arbeitsstelle zu finden. Ronald ist ständig darum bemüht, Erwartungen zu erfüllen: die Erwartungen, die er an sich selbst hat, und die von anderen – zumindest so, wie er diese Erwartungen interpretiert. In seinem letzten Job war das der Knackpunkt. Er wollte ein Produkt verkaufen, mit dem er sich nicht identifizieren konnte. So musste er zunächst einmal herausfinden, was sein Kunde von ihm wollte und erwartete. Das »Müssen« hat in der Arbeit, aber auch im Privatleben immer mehr das »Wollen« überschattet. Je schlechter er sich körperlich fühlte und je mehr sein Selbstvertrauen schrumpfte, desto stärker wurde das Gefühl der Entfremdung: ein Teufelskreis.

Es fällt Ronald deshalb schwer, sich für sich selbst zu entscheiden.

Behandlung

Ronalds Behandlung richtet sich zunächst auf die Verbesserung seiner Selbstakzeptanz. Er lernt, seine Arbeit aus dem Gefühl der Ruhe und Entspanntheit heraus anzugehen und nicht aus dem Gefühl des »Müssens«. Die Entscheidung für einen anderen Arbeitsplatz soll erst einmal ruhen, die Priorität liegt bei seiner Genesung und dem Wiedereinstieg. Wenn er bei seinem aktuellen Arbeitgeber wieder angefangen hat und wenn es gut läuft, hat er eine gute Ausgangsposition, um sich eventuell für eine neue Arbeitsstelle zu entscheiden.

Rationale Selbstanalyse

Als er eine Mail seiner Kollegin Madeleine bekommt, wird Ronald panisch. Sein Vorgesetzter hat die Kollegin, die Ronald sehr schätzt, gebeten, die Krankheitsvertretung für Ronald zu übernehmen. Der Chef ist ein Meister im Delegieren und Ronald hat so seine Probleme mit ihm. Diese Mail ist die Ausgangssituation, mit der die Selbstanalyse beginnt:

Rationale Selbstanalyse (RSA)	
Die Fakten (Benennung der Situation: Was ist genau vorgefallen?) *Madeleine fragt mich per E-Mail: Kommst du am Montag?*	**Auswahl der Fakten** (Welche Einzelheiten habe ich aus den Fakten herausgefiltert? Wäre auch eine andere Auswahl möglich?) Hilfe bei der Hinterfragung der Auswahl der Fakten und der Interpretation: • Stimmt das wirklich? • Habe ich etwas herausgefiltert (durch Katastrophendenken, stereotypes Denken oder Schwarz-Weiß-Denken)? • Erreiche ich auf diesem Weg mein Ziel (siehe 4.)? • Komme ich nicht unnötigerweise mit mir selbst in Konflikt? • Oder mit anderen?

Interpretation der Fakten (Was denke ich? Was sehe ich?)	Hinterfragen der Interpretation
1. Die Situation ist aussichtslos, ich stehe mit dem Rücken an der Wand und habe keine Optionen mehr. Schrecklich ist das.	1. Unsinn. Ich muss aufhören, mich mit solchen Gedanken selbst zu quälen. Mit meiner Erfahrung und meinen Talenten habe ich viele Möglichkeiten.
2. Mein Chef schiebt die Sache auf Madeleine ab und das finde ich nicht gut. Aber sie kann nichts dafür, dass sie mir diese Frage stellt, ich kann ihr nicht böse sein. Ich fühle mich scheußlich und ohnmächtig.	2. Mein Chef delegiert an eine Kollegin, die mit mir auf einer Stufe steht. Dadurch ist es für mich schwieriger, mich für meine Belange einzusetzen. Es ist aber nicht unmöglich. Ich muss das Gespräch mit meiner Kollegin gut vorbereiten und erklären, dass ich aus gesundheitlichen Gründen noch nicht arbeiten kann.
3. Ich habe bei der Arbeit alle im Stich gelassen und das macht mich traurig.	3. Früher habe ich Menschen, die abgesprungen sind, als Loser betrachtet. Heute sehe ich so etwas mit mehr Empathie. Das gilt auch für mich selbst. Ich würde einem guten Freund in einer ähnlichen Situation auch nicht vorwerfen, die Kollegen im Stich gelassen zu haben.

4. Ich brauche die Unterstützung meiner Familie, wenn ich den Job kündigen will; am Ende ist nicht genug Geld da, das wäre grässlich.	4. Das Wichtigste ist, dass meine Freundin zu mir steht und wir die Situation gemeinsam tragen. Sie möchte aber schon gerne, dass ich etwas mache. Ich kann einen Teil der freien Zeit nutzen, um über das Internet an Projekten zu arbeiten. Ansonsten will ich mich selbst weiterentwickeln.
5. Meine Mutter wird zu einer Kündigung sagen: »Schade um das viele Geld.« Ich möchte von meiner Mutter und meinen Schwiegereltern geschätzt und unterstützt werden. Wenn sie mir das verweigern, fühle ich mich wertlos.	5. Unsinn. Es ist toll, wenn sie mich unterstützen, aber unbedingt notwendig ist es nicht. Meine Freundin und ich, wir gehen unseren Weg.
6. Wenn ich auf diese Weise die Firma verlasse, bekomme ich nirgends anders mehr einen Job und lasse damit meine Familie im Stich. Ich versage und das macht mich sehr traurig.	6. Ich muss aufhören, mich selbst zu quälen. Ich richte die Aggression, die ich spüre, gegen mich selbst. Wichtig ist, dass ich alles dafür tue, in geregelten Bahnen wieder einen Job für mich zu finden.

7. Vielleicht werde ich nie wieder ganz gesund, eine schreckliche Vorstellung.	7. Unsinn. So gut wie alle Menschen werden wieder gesund, warum sollte das bei mir anders sein? Es geht darum, die richtigen Dinge zu tun und meine Belastbarkeit wiederherzustellen. Ich spüre ja, dass es schon etwas besser geht und ich wieder genießen kann.
8. Der Gedanke, den Job zu kündigen, erfüllt mich mit Angst und das ist kein schönes Gefühl.	8. Es ist nur logisch, dass ich mit Angstgefühlen reagiere, das würde jeder andere auch tun. Ich halte das Gefühl aus. Wichtig ist, dass ich die Zügel wieder selbst in die Hände nehme.
Gefühl/Verhalten Drei negative Grundgefühle: verärgert, ängstlich, traurig.	*Erwünschtes Gefühl/* *Erwünschtes Verhalten* Positives Grundgefühl: Freude und Selbstakzeptanz (Machbarkeit und Realität im Auge behalten).
Ich fühle mich verärgert, ängstlich und traurig. Außerdem leide ich unter einer psychischen Erschöpfung, der Konflikt zehrt an den Kräften.	Selbstakzeptanz, Aufrichtigkeit.

Verhalten	Erwünschtes Verhalten
Nichts zustande bringen.	Fokussieren auf die Genesung und sich auf Möglichkeiten der Projektarbeit konzentrieren.

Ronald erklärt sich am Ende bereit, einen Auflösungsvertrag mit guten Bedingungen zu akzeptieren. Er nimmt sich ein halbes Jahr Zeit, um eine neue Stelle zu finden.

Konfliktmanagement des hochsensiblen Typs

Manuela ist Inhaberin einer erfolgreichen Werbeagentur. Die Agentur ist gut aufgestellt, es kommen viele Aufträge herein. Ein fähiger Buchhalter erledigt die Buchführung und einige Verwaltungsarbeiten für sie. Sie selbst hasst es, sich um diese Sachen zu kümmern. Manchmal stand die Agentur deshalb schon kurz vor dem finanziellen Aus. Mit einer großen Aufholjagd beim Rechnungenschreiben konnte sie das Schlimmste immer wieder verhindern.

Nach dem Studium hat sie das Büro gemeinsam mit ihrem Mann aufgebaut. Nach einigen Jahren und einem gemeinsamen Kind scheiterte die Ehe. Manuela hat ihren Mann schließlich ausbezahlt und mit jemand anderem die Agentur weitergeführt. Mit dem neuen Geschäftspartner verstand sie sich zunächst gut und ging auch privat eine Beziehung mit ihm ein. Leider war er nicht sehr kreativ, sodass er mehr Geld kostete, als er einbrachte. Die Situation war schwierig, es gab viel Streit, aber schließlich hat sie die Zusammenarbeit aufgekündigt. Sie konnte ihn nicht mehr in ihrer Nähe ertragen und hat auch die private Beziehung beendet.

Manuela hat jetzt das Gefühl, am Ende ihrer Kräfte zu sein. Sie trinkt viel und hat einen Suizidversuch unternommen, wurde aber noch rechtzeitig von ihrem Sohn, der nicht mehr bei ihr wohnt, gefunden.

Obwohl sie bei den Entwürfen in der Agentur ihre Kreativität einbringen kann, denkt sie darüber nach, den eigenen Betrieb aufzugeben. Als zu groß empfindet sie den Stress mit Mitarbeitern und Auftraggebern. Jede Kleinigkeit kann sie aus ihrem emotionalen Gleichgewicht bringen, oft erfolgt dann der Griff zur Flasche. Da sie alleine wohnt, ist niemand da, der sie daran hindert. Ihr Buchhalter ist strikt dagegen, dass sie das Geschäft verkauft: Sie würde dadurch nicht nur ihr Einkommen verlieren, sondern auch eine gewisse Struktur in ihrem Leben. Er glaubt nicht, dass sie lange von den Einnahmen aus einem Verkauf würde leben können, denn mit ihrer Neigung zu schöner Kleidung und alten Autos wäre das Geld womöglich schnell weg.

Aus Erschöpfung und wegen ihres Dilemmas rund um die Frage, ob sie mit der Agentur weitermachen soll oder nicht, meldet Manuela sich krank.

Situationsanalyse

Von Kindesbeinen an reagiert Manuela sehr sensibel auf ihre Umgebung. Ihre Mutter hat sich das Leben genommen, als Manuela drei Jahre alt war – und auch wenn ihr Vater sein Möglichstes tat, fühlte sie sich dennoch oft allein. Als Kind schlief sie wenig und war sehr geräuschempfindlich. Wenn ihr etwas nicht gelang, konnte sie sehr aufgebracht sein. Sie wurde einmal regelrecht krank wegen einer schlechten Note in der Schule. Manuela merkt selbst, dass sie emotionaler auf so manche Situation reagiert als andere Menschen, und sie fürchtet, den Kontakt zu ihrem Sohn zu verlieren. Wegen ihrer Begabung und ihres Einfühlungsvermögens kam sie mit der kreativen Arbeit gut zurecht. Aber in ihrem Privatleben gelingt es ihr nicht, Stabilität zu finden. Oft fühlt sie sich alleine. Hinzu kommt, dass sie nicht gut in der Lage ist, für sich selbst zu sorgen.

Behandlung: Das Denken verändern

Ihr Buchhalter und ihr Sohn sind für Manuela Rettungs-
anker in einer chaotischen Umgebung. Sie läuft Gefahr, sich
auch von diesen beiden Menschen zu entfremden. Die vielen
Streitigkeiten sprechen dafür. In der Behandlung lernt Manuela, rationaler zu denken. Man kann trainieren, beim Denken nicht länger die Amygdala zu aktivieren, die wesentlich
zu einer emotionalen Reaktion beiträgt, sondern mit dem
präfrontalen Cortex zu denken. Manuela kann so lernen, re-
lativierend und mit konstruktivem Pragmatismus zu reagieren.

Traumabehandlung

An den Tod ihrer Mutter hat Manuela nur noch eine vage
Erinnerung: ein Zimmer, das sie nicht betreten durfte, und
der weinende Vater. Auf Fotos ist ihre Mutter als sehr schöne
Frau zu sehen, die – wie es scheint – liebevoll mit ihrer Tochter umgeht. Später hat Manuela erfahren, dass die Mutter
sich das Leben nahm, weil ihr Vater eine Beziehung zu einer
anderen Frau hatte. Mithilfe von EMDR verarbeitet Manuela
die tragischen Geschehnisse in ihrer Kindheit und das
Trauma, das für sie daraus entstanden war, vor allem in den
Zeiten, in denen sie ihre Mutter besonders vermisste, wie bei
der ersten Menstruation oder als sie zum ersten Mal einen
Freund hatte. Das Verlustereignis war für sie vor allem mit
dem Gefühl verbunden, niemanden zu haben, der sie um-
sorgte und für den sie die absolute Nummer eins war.

Manuela meldete sich für die Gruppentherapie an, weil sie
lernen wollte, mit Konflikten umzugehen, und dass sich,
auch wenn man Streit mit jemandem hat, die Welt weiter
dreht. Sie lernte, Menschen zu vertrauen. Nach der Therapie
führte sie ihre Agentur weiter, aber ohne bei der Arbeit ständig über ihre Grenzen zu gehen.

Boreout-Typ – mit kleinen Veränderungen zur Konfliktlösung

Der 45-jährige Daniel ist ein hochgeschätzter Verkaufsmanager mit mehr als zehn Dienstjahren bei einem international tätigen Betrieb, in dem er auch jetzt noch arbeitet. Seinem Arbeitgeber zufolge steht er in seinem Fachgebiet an der Spitze. Dennoch registriert sein Vorgesetzter in letzter Zeit folgende Symptome bei Daniel:

- Er hat weder Kontrolle noch Übersicht über die Arbeit.
- Er macht sich bei den anderen Mitarbeitern unmöglich.
- Es liegen Beschwerden von den wichtigsten Kunden vor.

Daniel räumt ein, dass er gedanklich manchmal völlig blockiert ist und dass ihm dann nichts mehr gelingen will. Nachts wird er mit Herzrasen wach. Er spürt eine wachsende Entfremdung zwischen sich und der Arbeit sowie den Kunden. Insgesamt hat er kaum noch Motivation, zur Arbeit zu gehen. Wenn er dann einmal im Büro ist, wundert er sich, dass alle Uhren stillstehen. Dinge, die er sonst weggearbeitet hat, schiebt er vor sich her. Er ruft die Kunden nicht an, lässt wichtige Aufgaben liegen. Der Betriebsarzt schlägt vor, Daniel von seiner Stelle abzuziehen, doch der Arbeitgeber möchte, dass er bleibt, denn er hatte immer für den größten Umsatz gesorgt.

Daniels Ehe ist in Gefahr. Seine Frau vereinnahmt ihn zu sehr, sagt er. Früher haben sie abends noch regelmäßig etwas unternommen, aber jetzt bleibt er am liebsten zu Hause, allein mit seinem Computer im Dachzimmer. Er kann den Fernseher nicht ertragen, insbesondere stört ihn der Lärm der Programme, die seine Frau gern ansieht. Manchmal ermuntert sie ihn spätabends, noch auf ein Glas Wein herunterzukommen, aber bis er dann kommt, vergeht gut und gern eine halbe Stunde. Sie hat dann schon aufgegeben und ist ins Bett gegangen.

Situationsanalyse

Es stellt sich heraus, dass Daniel enttäuscht von der Firma ist. Ihm ist es wichtig, Qualität zu liefern, aber dem Konzern geht es ausschließlich um Gewinnmaximierung. Boni werden nicht ausgezahlt, wenn die Zielvorgaben auch nur um ein Haar verfehlt wurden. Ausgeschiedene Mitarbeiter werden nicht ersetzt und Außendienstmitarbeiter müssen auch die Arbeit des Innendiensts übernehmen.

Seine Energie wird jeden Tag weniger, nicht einmal im Urlaub kann er noch Kraft tanken. Zu Hause stapeln sich die Konflikte, seine Frau droht mit Trennung, wenn er sich nicht ändert.

Verantwortung übernehmen

Für Daniel besteht die Lösung darin, kleine Veränderungen im privaten Leben und in der Arbeit anzustoßen. Er kommuniziert in der Arbeit die Voraussetzungen, die er braucht, um sich wieder mit voller Kraft einzusetzen. Mit seiner Frau vereinbart er, dass sie um halb elf den Fernseher ausschaltet und er um diese Uhrzeit ohne Aufforderung nach unten kommt. Es scheint zu funktionieren, es blitzt wieder etwas auf von der früheren Verliebtheit. Ihr nächster Schritt ist, sich für einen Tanzkurs anzumelden.

Vier Stresstypen, vier verschiedene Wege

Die jeweiligen Lösungen für die einzelnen Stresstypen überlappen sich teilweise, unterscheiden sich aber auch voneinander.

Der **Turbo-Typ** muss vor allem »Gas zurücknehmen«. Ist man einmal an die Problemlösungsstrategie »Hart anpacken« gewöhnt, muss man erst wieder andere Fähigkeiten und Kompetenzen entwickeln, sonst wird es ein Kampf gegen Windmühlen.

Der **Crash-Typ** wird etwas anderes tun müssen, als beharrlich weiterackern wie ein Dieselmotor. Es gibt für den Crash-Typ zwei wichtige Punkte. Erstens: einengende Gedanken hinterfragen, wie Ronald es in der rationalen Selbstanalyse gemacht hat. Zweitens: besser auf die Warnsignale des Körpers hören. Atem- und Entspannungsübungen können dabei helfen.

Der **hochsensible Typ** profitiert eigentlich immer von rationalem Denken. Das Denken wird oft durch Emotionen gelenkt (durch die Amygdala, die uns kämpfen oder fliehen lässt). Beim hochsensiblen Typ sind häufig Kindheitstraumata oder andere emotionale Verletzungen vorhanden. Diese lassen sich gut mit EMDR, Achtsamkeit oder der Heart Assisted Therapy behandeln.

Der **Boreout-Typ** geht dem Konflikt meistens aus dem Weg. Personen, die zu diesem Stresstyp gehören, haben das Gefühl, dass sie entweder über oder neben der Sache stehen, und übernehmen deshalb keine Verantwortung. Wenn der Boreout-Typ Verantwortung übernehmen will, muss er Kompetenzen entwickeln, und zwar Konfliktlösungskompetenz, Entscheidungskompetenz und die Fähigkeit zu initiativem Handeln.

11. Konflikte in der Partnerschaft

In Kapitel zwei habe ich die Stressfaktoren der jungen Generation von Fachkräften und Führungskräften beschrieben. Auffallend in ihren Mindmaps war, dass die Familie als Quelle von Stress so gut wie gar nicht vorkam. In einem Workshop stellt man seine private Situation auch nicht unbedingt so ausführlich dar. Im Übrigen ist man sich oft gar nicht bewusst, welchen Einfluss die Familie auf die Leistungsfähigkeit in der Arbeit und die persönliche Weiterentwicklung hat. Man sollte diesen Einfluss auf keinen Fall unterschätzen.

Heute Turbo-Typ, morgen Boreout

Der niederländische Sportler Mark Tuitert gewann in Vancouver olympisches Gold im Eisschnelllauf über 1500 Meter. Er wurde zum Sportler des Jahres 2010 gewählt. Dieses Ergebnis hat er, wie er selbst berichtet, dank einer einschneidenden mentalen Veränderung erzielt. Er musste dafür seine Opferrolle loslassen.

Die Opferrolle ist ein Kennzeichen des Boreout-Typs. Im Sport ist Mark Tuitert allerdings mehr der Turbo-Typ. Wie geht das zusammen? Die Eislaufkarriere von Mark Tuitert begann 1999. Nach einem erfolgreichen Start verlief seine Karriere zunächst mühsam. Rückschläge und die Tatsache, dass er bei den Olympischen Spielen in Turin 2006 verlor, ließen in Mark die Überzeugung reifen, er müsse sich selbst besiegen. Er selbst sei sein größter Gegner.

Große Probleme bereitete ihm die Situation mit seinen Eltern. Jahrelang gab es Spannungen zwischen ihnen. Er befürchtete sogar, dass die Auseinandersetzungen in einem körperlichen Kampf enden könnten. Er schlug sich auf die Seite seiner Mutter und unterstützte sie, als sie sich von seinem Vater trennte. Fünf Jahre sah er seinen Vater nicht, trotzdem konnte er die emotionale Spannung des Konflikts zwischen den Eltern nie ganz loslassen. Mark fühlte sich als Opfer seines Vaters, der – trotz dreier kerngesunder Söhne und eines prächtigen Bauernhofs – einen Scherbenhaufen aus seinem Leben gemacht hatte.

Verantwortung übernehmen

Nach all den Jahren stellte Mark den Kontakt zum Vater wieder her. Obwohl er manches nicht nachvollziehen konnte, verurteilte und beschuldigte er den Vater nicht mehr. Das bedeutete für ihn, sich wieder frei fühlen zu können. In einem Interview erklärte Mark in diesem Zusammenhang: »Mein größter Traum war immer, der beste Eisläufer der Welt zu werden. Ich fand es unfair, dass meine Eltern mich indirekt dabei blockiert haben. An der Weltspitze geht es um Details. Das habe ich selbst lange unterschätzt. Spitzensport besteht zu 70 Prozent aus Training, der Rest ist Talent, so dachte ich bisher. Aber Dinge, die einen emotional berühren, haben eine ähnlich starke Auswirkung auf die persönlichen Leistungen.«

Der Familienkonflikt führte vermutlich dazu, dass er um etwa 5 Prozent weniger Trainingsarbeit erbringen konnte, und damit war er vielleicht 1 Prozent weniger gut im Wettkampf. Auf 1500 Meter, für die er etwa 100 Sekunden benötigt, ist das der Unterschied zwischen dem ersten und dem zehnten Platz. Tuitert hat die Situation mit seiner Familie geklärt, um gewinnen zu können.

Die Last der Familie tragen

Ist man als Nachfolger von Großvater und Vater im elterlichen Betrieb vorgesehen, kann das zu Problemen und psychischen Belastungen führen. Der Druck, den häufig schon die Kinder zu spüren bekommen, ist riesig. Nicht jeder hält diesem Druck stand.

Hans zeigt Symptome einer Depression und leidet unter Stresssymptomen, seit er den elterlichen Betrieb verkauft hat. Schon drei Jahre zuvor hatte er nach einem Sabbatical den Betrieb mit mehreren Hundert Mitarbeitern verkaufen wollen. Der Aufsichtsrat hatte ihn damals dazu überredet, mit dem Verkauf noch zu warten. Der Betrieb würde im Wert steigen. Als er den Betrieb schließlich verkaufte, war der Wert allerdings durch die Finanzkrise gesunken. Hans fiel in ein tiefes Loch, er sah sich als absoluten Versager.

Zu den trübsinnigen Gedanken kamen seine Schuld- und Schamgefühle noch hinzu. Er konnte sich kaum konzentrieren und war schnell aufgebracht oder irritiert. Es fehlte ihm ein Fokus: Er war sehr aktiv, aber es ergaben sich nie Aufträge. Getrieben durch seine perfektionistische Einstellung hielt er das Nichtstun seit dem Verkauf für Zeitverschwendung. Dazu kamen die körperlichen Probleme.

Von Kindesbeinen an war für Hans klar, dass er den Familienbetrieb übernehmen würde, er war das intelligenteste der drei Kinder und hatte als Einziger studiert. Gern erfüllte er die Erwartungen seines willensstarken Vaters. Somit war es letztlich sehr schwer für ihn, sich eingestehen zu müssen, dass er den Betrieb nicht weiterführen wollte.

Hans ist ein sozialer Typ, extravertiert, analytisch, empfindsam und fordernd. Letzteres ist derzeit für ihn ein Problem, er fordert nämlich von sich selbst Unmögliches. Er ist der Meinung, dass er immer mit etwas beschäftigt sein muss. Die permanente Geschäftigkeit dient sicher auch dem Zweck, schwierigen Gefühlen zu entkommen. Er glaubt, dass die Lösung darin besteht, ständig irgendetwas zu tun zu haben. Wie ein kopfloses Huhn rennt er umher, aber es fehlen ihm ein Fokus und ein Ziel.

Loslassen und den eigenen Traum entdecken

Hans entspricht zwar dem Turbo-Typ, in der Beziehung zu seinem dominanten Vater fühlt er sich jedoch machtlos und empfindet sich als Opfer. Er wagt es kaum, gegenüber dem Vater von seinen Plänen und seinen Zielen zu sprechen. Ihm gegenüber verhält er sich wie der Boreout-Typ. Die Schritte zur Veränderung ähneln denen, die Mark Tuitert gehen musste: Übernimm Verantwortung und gehe die Konfrontation mit dem Vater an. Hans braucht noch etwas Zeit, um seinen Traum zu entdecken und sein Bedürfnis zu spüren. Er muss möglichst auch das Turboverhalten hinter sich lassen, weil er dann besser wahrnehmen kann, was in ihm vorgeht, und besser mit Zukunftsfantasien experimentieren kann.

Hans lernt, sich auf seine Atmung zu konzentrieren und die Spannung loszulassen. Vorläufig möchte er als Berater kleiner Betriebe tätig sein, und das gelingt ihm, wie sich zeigt, ziemlich gut.

Turbo-Typ liebt Hochsensible

Gegensätze ziehen sich an, sie sind wichtige Bestandteile in einer Beziehung. Bei Paaren, die schon länger zusammen sind, lösen sie aber auch Irritationen aus. Was anfangs so attraktiv war, wird zum Ärgernis.

Jasmin und Martin, beide Ende 20, sind seit drei Jahren zusammen. Sie haben kürzlich ein Haus gekauft, in dem sie vorläufig mehr oder weniger campen, weil noch Renovierungsarbeiten gemacht werden müssen. In den wenigen Monaten in ihrem neuen Haus häufen sich die Spannungen zwischen den beiden. Jasmin ist genervt von undichten Leitungen und dem baufälligen Zustand des Hauses. Sie wird regelmäßig krank. Martin führt die Gespräche mit dem Bauunternehmer und konzentriert sich auf den Umbau. Vom frühen Morgen bis in den späten Abend ist er am Arbeiten. In der knappen Freizeit, die ihm bleibt, kann er sich kaum noch entspannen. Für ihn gilt in erster Linie: weiter-machen.

Jasmin braucht Entspannung, sie organisiert einen Wo-chenendtrip, merkt aber, dass keine gute Stimmung auf-kommen will. Martin will nur die Zeitung lesen und sich mit Architektur beschäftigen. Er hat kein Bedürfnis nach tief-schürfenden Gesprächen über ihre Beziehung, über einen möglichen Kinderwunsch oder Jasmins Probleme mit dem Zustand des Hauses. Scherzend nennt er sie seine Drama-Queen und fragt sich besorgt, ob das denn so bleiben wird.

Jasmin fühlt sich unverstanden, sie erlebt Martin wie ei-nen Betonklotz und ist den Tränen nahe; für sie kann es so nicht weitergehen. Martin kann das Jammern und Klagen nicht mehr hören. Er ist froh, dass er am Montag wieder an die Arbeit gehen kann. Er beschäftigt sich nicht sehr mit Jas-mins Gefühlen. Jasmin hat das Gefühl, sich selbst verloren zu haben, und denkt über Trennung nach.

Von gegensätzlich zu allergisch

Anfangs fühlte sich Jasmin zu Martins Heiterkeit, Nüchtern-heit und Tatkraft hingezogen. Er war ein guter Gegenspieler für ihren Hang zur Trübseligkeit. Martin verstand es immer gut, sie mit seinen Vorschlägen für gemeinsame Unterneh-mungen aufzuheitern. Er fühlte sich seinerseits zu Jasmin hingezogen, wegen ihrer Empfindsamkeit, ihrem Stil und guten Geschmack. Sie sah immer gut aus und konnte sich gut in ihn einfühlen. Noch nie hatte er sich so gut verstanden ge-fühlt. Durch den Renovierungsstress kamen die Fallstricke der Beziehung zum Ausdruck. Jasmin wurde übersensibel und bedürftig nach Aufmerksamkeit, sie klammerte sich an Martin. Er hingegen wollte in Ruhe gelassen werden, damit er sich auf die Renovierung und seine Arbeit konzentrieren konnte. Martins Neigung, sich zurückzuziehen, verschärfte den Konflikt.

Bremse und Gaspedal in Beziehungen

An Ostern mieten Martins Eltern immer ein großes Haus auf der Nordseeinsel Ameland. Dort verbringen sie das Wochenende mit den Kindern, deren Partnern und den Enkelkindern. Jasmin denkt dieses Jahr mit Beklemmung an das Wochenende, sie bräuchte dringend ein paar ruhige Tage. Martin hat sich einen Kompromiss ausgedacht: Sie beide mieten eine Ferienwohnung in der Nähe und können dann mehr Zeit für sich haben. Sie vereinbaren, dass sie auf jeden Fall die Abende in ihrer Ferienwohnung verbringen werden. Es ist angenehm und lustig mit den anderen im großen Haus und sie bleiben doch länger als geplant. Um halb zehn steht Jasmin auf, Martin will nur noch ein Glas Wein trinken. Nach einer Stunde folgt er Jasmin in die Wohnung und findet sie völlig aufgelöst vor. Sie wirft ihm vor, die Vereinbarung gebrochen zu haben, keine Zeit für sie zu haben, dass er gar nicht zu zweit sein wolle und keine Rücksicht auf ihre Wünsche nehme. Sie sieht für sich keinen Ausweg mehr und findet es selbst auch entsetzlich, immer als »Bremse« in der Beziehung zu fungieren. Martin hat – genau wie der Rest seiner Familie – viel Energie und Jasmin kann mit dem Tempo nicht mithalten. Obwohl sie sich über Martin ärgert, möchte sie eigentlich nur eines, dass er sie in den Arm nimmt und tröstet.

Unterschiede annehmen

Es wäre doch ziemlich langweilig, wenn wir uns immer nur mit jemandem wohlfühlen würden, der uns und unseren Stresstyp sehr genau versteht und sich in uns hineinversetzen kann, jemand, der aus demselben Holz geschnitzt ist. Es lohnt sich, die Unterschiede wahrzunehmen und zu akzeptieren. Natürlich kann man mit einem Turbo-Typ gute Gespräche führen, aber das Timing spielt hier eine wichtige Rolle. Der Turbo-Typ sollte zum Beispiel erst seine Sachen, die er machen möchte, erledigen dürfen und dann kann man mit ihm reden. Erst ins Fitnessstudio und dann ins Café auf ein gutes Gespräch.

Umgekehrt sollte der Turbo-Typ das Ruhebedürfnis und den Wunsch nach Intimität eines hochsensiblen Typs anerkennen. Nicht erst nach einem aufgeregten Streit sollte man dem Partner Aufmerksamkeit schenken, sondern selbst die Initiative ergreifen, um Zeit freizumachen, Gas zurückzunehmen und Entspannung zu suchen.

Beiden Typen tut es gut, einige Eigenschaften des jeweils anderen zu übernehmen. Der hochsensible Typ kann etwas mehr Adrenalin vertragen und etwas mehr Bewegung, auch wenn er oder sie nicht unbedingt Lust dazu hat. Der Turbo-Typ könnte sich für Aktivitäten erwärmen, die die Adrenalinproduktion senken, zum Beispiel Yoga oder ein Achtsamkeitsseminar. Hochsensible sollten bedenken: Das ist für einen Turbo-Typ schon richtig viel Entgegenkommen!

Akzeptanz statt Machtkampf

»Bei mir läuft es in der Arbeit hervorragend«, mailte Doris. »Leider gilt das nicht für meine Beziehung. Anton hat erfahren, dass er möglicherweise unfruchtbar ist. Es könnte sich um eine unveränderliche medizinische Tatsache handeln, es könnte aber auch an den Lebensumständen liegen. Ich habe schon seit Jahren das Gefühl, dass er zu angespannt ist, den ›Pausenknopf‹ nicht findet und sich eigentlich dringend einmal zurücknehmen müsste. Ich habe versucht, mit ihm darüber zu reden, aber er will sich dem Thema nicht stellen. Immer öfter haben wir deshalb Auseinandersetzungen. Einerseits möchte ich ihm unter die Arme greifen, andererseits bin ich verärgert, weil er sich entzieht. Mir ist bewusst, dass ich durch meine ärgerliche Reaktion das Problem eher verschärfe, ich wüsste aber nicht, wie ich anders damit umgehen sollte.«

Doris hat sich vor einigen Jahren wegen ihrer Hochsensibilität behandeln lassen. Ihrer Beschreibung zufolge müsste Anton eher der Turbo-Typ sein. Doris hat ihre Traumata aus der Vergangenheit bearbeitet und ihr Leben in Ordnung gebracht.

Anton beschäftigt sich vorrangig mit seiner beruflichen Karriere. Er ist daran gewöhnt, dass die Dinge so laufen, wie er das möchte. Bisher war alles in seinem Leben machbar gewesen. Sich mit der Mitteilung, möglicherweise unfruchtbar zu sein, auseinanderzusetzen hätte etwas anderes von ihm verlangt als das übliche »Anpacken und angehen«. Als Doris aus dem Thema Kürzertreten eine Machtfrage machte, zementierte sie das Verhalten bei ihm, das sie ändern wollte. Natürlich war es auch für sie schwierig, sich der Tatsache zu stellen, dass es möglicherweise nicht selbstverständlich sein würde, Kinder zu bekommen. Ich empfahl beiden, sich der Situation zu stellen und sie zu akzeptieren, was allerdings nicht heißen sollte, dass sie sich damit abfinden mussten. Sie konnten Möglichkeiten eruieren, ob und wenn ja wie sie trotzdem ein Kind bekommen konnten, indem sie zum Beispiel über Adoption nachdachten. Es ging zunächst darum, ihr übliches Verhalten von Kampf und »Unter-Druck-Setzen« hinter sich zu lassen.

Sie gibt Gas, er stürzt ab

Die Teilzeitarbeit von Frauen (oder seltener auch Männern) kann besonders stressig sein, weil Berufstätige in Teilzeit viele Bälle in der Luft halten müssen. Da eine vorgegebene Struktur fehlt, gibt es immer wieder Entscheidungen zu treffen: Wie kriegt man Arbeit, Kinder, Freunde und Familie unter einen Hut? Die vielen Einzelprojekte führen zu mehr Stress, man ist nur noch am Rennen. Natürlich soll der Mann auch seinen Teil übernehmen, aber was, wenn er kaputt ist, sobald er mal frei hat?

Sonja ist Inhaberin eines Webshops für Secondhand-Bekleidung. Sie hat eine Vier-Tage-Woche. Ihr Webshop ist in einem großen Bürogebäude untergebracht, 20 Mitarbeiter hat sie beschäftigt. Ihr Mann ist Angestellter, er kümmert sich um die Wartung von Maschinen und die anfallenden

Verwaltungsaufgaben. Für seine Arbeit ist er regelmäßig in den europäischen Nachbarländern unterwegs. Konkret heißt das, dass er oft frühmorgens das Haus verlässt und spätabends zurückkommt. Am Wochenende ist er ausgelaugt und verbringt die Zeit mit Fernsehen auf dem Sofa. Bei der Erziehung der drei Söhne fühlt Sonja sich allein gelassen. Sie erlebt es als äußert anstrengend, Arbeit, Familie und soziales Leben miteinander zu vereinbaren. In besonders stressigen Zeiten fühlt es sich für sie so an, als würde sie neben einem galoppierenden Pferd herlaufen und es nicht schaffen, in den Sattel zu kommen. Sie bekommt die Zügel einfach nicht in die Hand. Sie verbraucht viel Energie dafür, alles zu organisieren, und wenn sie abends im Bett liegt, gehen ihr die Gedanken durch den Kopf, was sie noch hätte tun wollen, aber letztlich vergessen hat. Manchmal fragt sie sich traurig, welche Höhepunkte sie an diesem Tag erlebt hat. Wenig, ist die Antwort, ihr Leben besteht aus Arbeit und Hetze.

Selbstfürsorge – sich auch um sich selbst kümmern

Sonja ist nicht die Einzige mit diesem Problem. Viele Männer verbringen deutlich weniger Stunden mit Arbeiten im Haushalt als ihre Frauen. Besonders schwierig wird es, wenn der Mann zudem ein Crash-Typ ist. Das sollte man miteinander besprechen. Sagen Sie Ihrem Mann, was stört und welchen Beitrag Sie gerne von ihm hätten. Betrachten Sie den Haushalt als gemeinsames Ziel, bitten Sie ihn um seine Lösungsvorschläge. Vielleicht sieht er die Sache anders als Sie und vielleicht hat er Ideen, wie Sie es sich leichter machen können. Suchen Sie nach einer gemeinsamen Lösung, besprechen Sie, welche Aufgaben wer zu erledigen hat und wie viel Zeit jeder im Haushalt beschäftigt ist. Wenn Sie mit Ihrem Mann oder Freund zu keiner (schnellen) Lösung kommen, denken Sie dann an Kinderbetreuung und eine Haushaltshilfe, sodass Sie selbst auf etwa drei Stunden Hausarbeit pro Woche kommen.

Sonja entscheidet sich für Letzteres und freut sich, dass sie nun Zeit hat, um nachmittags Tennis spielen zu gehen beziehungsweise im Winter auf die Kunsteisbahn zum Schlittschuhlaufen. Wenn Sie Sport macht, gelingt es ihr, den Kopf leer zu kriegen und sich gut zu fühlen.

Boreout-Frau liebt Turbo-Typ

Manche Frauen sehen sich als Opfer und ziehen sich zurück. Sie sind häufig nicht ausgelastet, treiben wenig Sport und leiden so unter schneller Gewichtszunahme. Sie sehen sich als Opfer der Gesellschaft, der Kultur, der Familie und ihres Mannes. Viele sind mit einem Mann verheiratet, der nicht oft zu Hause ist und der viel unternimmt.

Eline, Mitte 30, ist verheiratet mit Mike. Sie haben einen Sohn und sind beide stolz darauf, dass Eline nicht arbeiten muss, sondern sich zu Hause um das Kind kümmern kann. Kürzlich hat Eline erfahren, dass ihr Mann auf einem Betriebsfest eine Frau aus der Buchhaltung geküsst und nach Hause gebracht hat. Mike beteuert, dass nichts läuft zwischen ihm und seiner Kollegin, und er versichert Eline, es gebe für ihn nur sie. Trotzdem hat Eline einen Zusammenbruch. Nichts gelingt ihr mehr, sie kommt kaum noch aus dem Bett. Sie versorgt sich schlecht. »Diese Buchhalterin«, geht es ihr fortwährend durch den Kopf, »ist eine flotte, schlanke Frau. Und ich bin ein dickes Schwein. Mike will mich nicht mehr, weil er sich vor mir ekelt.«

Die Macht des Opfers

Egal, was Mike tut, er kann Eline nicht erreichen. Aus Verzweiflung stürzt er sich noch mehr in die Arbeit, in großer Angst vor einer Scheidung. Er will Eline nicht verlieren, zum Flirt mit der Kollegin ist es unter Alkoholeinfluss gekommen und für ihn war es das gewesen. Die Kollegin arbeitet außerdem gar nicht mehr in derselben Firma.

Als der Sohn in der Schule Probleme hat und schlechte Noten bekommt, sprechen Mike und Eline mit einem Psychologen. Die Gefahr besteht, dass Eline sich auch für die schlechten Noten schuldig fühlt und sich noch mehr in sich zurückzieht. Der Psychologe kann das verhindern, indem er ihr Komplimente dafür macht, was sie schon alles erreicht hat, und indem er sie fragt, was sie braucht. Eline erzählt, dass sie nicht akzeptieren kann, was Mike getan hat. Sie kann es nicht relativieren, nicht einordnen. Sie wurde daraufhin an einen EMDR-Psychologen überwiesen und kommt langsam wieder auf die Beine. Mit Mike bespricht sie, dass sie wieder häufiger etwas gemeinsam unternehmen wollen, nichts Großes, sondern kleine Dinge, so wie früher. Die beiden kommen sich wieder näher und die Spannungen lassen nach. Mike verändert sein Verhalten drastisch. Er kümmert sich um eine bessere Balance zwischen Familienleben und Beruf und ermutigt Eline, dass sie ihrerseits mehr für sich macht, während er sich um das Kind kümmert. Die Wunde, die Mikes Flirt bei Eline hinterlassen hat, heilt nicht schnell, aber sie lernt, die Rolle des Opfers wieder loszulassen.

Stressmanagement nach Maß für alle Stresstypen

Wir sind nicht unser Leben lang ein und derselbe Stresstyp. Nicht nur die einzelnen Typen verändern sich, eine Person kann im Lauf der Zeit sogar ein völlig anderer Typ werden. Auch die Umgebung spielt eine Rolle: In einer Umgebung ist man mehr der eine, in einer anderen mehr der andere Typ.

Die Einteilung in Stresstypen ist in erster Linie eine Handhabe, ein Instrument, um die Unterschiede zu erforschen und Alternativen aufzuzeigen. Das Konzept kann uns dabei helfen, ein anderes Stressmanagement zu entdecken, um einen neuen Umgang zu finden mit den vorhandenen Problemen.

Sieben Stressstrategien

- Aktiv handeln (ein Problem lösen)
- Unschöne Gefühle überdecken (mehr trinken, shoppen, essen)
- Vermeidungsverhalten (Beispiel: Buchführung vor sich herschieben)
- Sozialen Beistand suchen (mit einem Freund oder einer Kollegin reden)
- Passiv bleiben (nichts unternehmen)
- Emotionen rauslassen (sich abreagieren)
- Beruhigen (denken: »Das wird schon wieder«, obwohl Handeln erforderlich wäre)

Jede Stressstrategie hat ihre Vor- und Nachteile. Je nach Situation kann eine Strategie einmal besser und ein anderes Mal weniger gut funktionieren oder ein bestimmtes Verhalten effektiver sein als ein anderes. Wenn man beispielsweise eine Situation grundsätzlich nicht ändern kann, ist die Stressstrategie »Aktiv handeln« keine gute Wahl. Oder: In einer negativen Betriebskultur endet die Suche nach sozialem Beistand gern in Klagen und Meckertiraden.

Der **Turbo-Typ** tut gut daran, mit anderen mehr zu teilen und sich für sinnliche Erfahrungen – den Genuss eines Konzerts, den Duft eines Jasminstrauchs oder die Wärme einer Berührung – zu öffnen. Oft kann ein Turbo-Typ von seinem Gegenstück, dem Boreout-Typ, etwas lernen, zum Beispiel, sich einmal auf die faule Haut zu legen.

Für den **Crash-Typ** ist die verletzliche Seite des hochsensiblen Typs interessant: sich trauen, jemanden um Hilfe zu bitten, sich einmal eingestehen, dass man etwas nicht kann, sich für die eigenen Bedürfnisse und Wünsche einsetzen. Also: nicht sich selbst über den Haufen rennen und die Signale des Körpers missachten, wie der Crash-Typ es gerne macht.

Der **hochsensible Typ** kann das Übermaß an dramatischen Gefühlen reduzieren, wenn er sich an der Nüchternheit des Turbo- oder Crash-Typs orientiert. Das emotionsorientierte Stressmanagement, das der hochsensible Typ von Natur aus zeigt, also mit Wut, Frust oder Angst auf schwierige Situationen zu reagieren, kann durch die Strategie »Aktiv handeln« ausgeglichen werden oder durch beruhigende Gedanken.

Für den **Boreout-Typ** ist es fast immer vorteilhaft, wenn er sich dazu durchringen kann, Verantwortung zu übernehmen, ein Verhalten, das von Natur aus dem Crash-Typ nahe ist. Gefühle von Angst und Ärger stehen dem allerdings oft im Weg. Deshalb muss auch der Boreout-Typ sein emotionsorientiertes Stressmanagement durch eine Strategie des aktiven Handelns ersetzen.

12. Praktisches Selbstmanagement zur Stressbewältigung

Heart Assisted Therapy

Die Heart Assisted Therapy (HAT) ist eine innovative Form der Psychotherapie, die sich auf das Bewusstsein, die Herzfunktion, Herzenergie, die Elektrophysiologie des Körpers, die Atmung und Achtsamkeit stützt. Als Ziel gilt die therapeutische Veränderung, Verbesserung und letztendlich die Heilung psychischer Problematiken, wie zum Beispiel Angststörungen, posttraumatische Symptome, Stress- und Burnout-Symptome, Depressionen, Suchterkrankungen und Blockaden. HAT kann zudem (sportliche) Höchstleistungen fördern. Die Therapie vereinigt Elemente aus verschiedenen Therapierichtungen, aus der kognitiven Verhaltenstherapie, dem klientenzentrierten Ansatz von Rogers, psychoanalytischen Einsichten, der Hypnotherapie, EMDR, Mindfulness und der Thought Field Therapy (TFT).

Der amerikanische Psychologe Dr. John Diepolt hat HAT entwickelt, um die Kompetenz von Psychotherapeuten zu erweitern. Der klientenfreundliche Ansatz ermöglicht es den Patientinnen und Patienten, Probleme und Blockaden loszulassen und eine Veränderung in ihren Gefühlen zu erleben, sodass sie sich wieder für die Zukunft öffnen können.

Das HAT-Modell wurde 2010 vom nordamerikanischen Fachverband für Psychologie APA (American Psychological Association) als Form der Psychotherapie anerkannt. Es ist hervorgegangen aus der Thought Field Therapy (TFT) von James Callahan und ist verwandt mit der Emotional Freedom Technique (EFT). Diese »Akupunktur ohne Nadeln« wurde von Dr. John Diepold ausgearbeitet und erforscht. 2003 führte er ein energiepsychologisches Protokoll ein (nachzulesen in seiner Publikation von 2004) und kam später zu der Erkenntnis, dass die Energie des Herzens mindestens genauso effektiv wirkte wie die Energie der Meridianpunkte und in der Praxis einfacher anzuwenden und zu erlernen war.

Eine echte Neuheit beim HAT-Modell ist die Schlüsselrolle des Körpers: Die elektromagnetische Physiologie des Körpers spielt eine wichtige Rolle. Der Körper kann gewissermaßen blockiert und wie versperrt sein oder aber offen für Veränderung. Vergleichbar mit der Polarität zweier Magnete, die sich abstoßen oder anziehen. Indem man die Polarität des Körpers beeinflusst, wird es möglich, die Heilkräfte des Körpers zu nutzen.

Über den *Nervus vagus* sind Kopf und Herz miteinander verbunden, wie bereits Charles Darwin entdeckte. Die Emotion, die das Herz bewegt, beeinflusst das Gehirn und kann für ein Gefühl der Unruhe oder der Freude sorgen. Der Stellenwert des Herzens spiegelt sich schon in den vielen unterschiedlichen Redewendungen wider: sich etwas zu Herzen nehmen, ein gebrochenes Herz haben, aus tiefstem Herzen wünschen, jemandem etwas ans Herz legen, da geht mir das Herz auf, etwas auf dem Herzen haben, er hat das Herz am rechten Fleck, jemandem aus dem Herzen sprechen ...

Das HAT-Modell knüpft bei der Herzkohärenz-Methode an, wie von D. Childre (1999) und später David Servan-Schreiber (2006) in »*Die neue Medizin der Emotionen*« beschrieben. Der Begriff »Herzkohärenz« verweist auf die Herzfrequenzvariabilität, die kohärent oder chaotisch sein kann. Eine nicht kohärente Herzfrequenz und Stresshormone, die das Herz antreiben, können zu Erschöpfung führen. Die Herzatmung der HAT fördert die Herzkohärenz.

HAT hat sich bei der Behandlung mehrerer psychologischer Problemfelder als wirksam erwiesen, wie zum Beispiel Traumata, posttraumatische Belastungsstörungen, Ängste und Phobien, Stress und Burnout, Sport und Spitzen-leistung, Probleme mit Selbstkontrolle, Wutmanagement und Schmerzbehandlungen.

Seit 2003 habe ich an den Schulungen von John Diepold teilgenommen und mich – auch in Zusammenarbeit mit Kollegen – in der Anwendung seiner Methode immer weiter qualifiziert. HAT ist ein Bestandteil in der Behandlung von Stress und Burnout geworden, neben EMDR, kognitiver Verhaltenstherapie und Achtsamkeit. Der Vorteil, den HAT gegenüber EMDR hat, ist, dass die Klienten zu Hause und bei der Arbeit ein vereinfachtes Basisprotokoll anwenden können.

Im Folgenden finden Sie das vereinfachte Basisprotokoll, mit dem ich arbeite. Es geht zurück auf das von John Diepold entwickelte Protokoll für Psychotherapeuten.

Basisprotokoll für die Heart Assisted Therapy

In Balance kommen

Setzen Sie sich bequem hin, legen Sie Ihre Hände gekreuzt übereinander auf Ihr Herz und atmen Sie gewissermaßen zu Ihrem Herzen hin. Lassen Sie die Augen geöffnet. Machen Sie diese Herzatmung dreimal hintereinander und vertauschen sie nun die Hände. Die Hand, die unter der anderen Hand lag, kommt jetzt nach oben. Wenn also Ihre linke Hand unter der rechten lag, legen Sie jetzt die rechte Hand unter die linke und beide Hände wieder auf Ihr Herz. Atmen Sie nun wieder dreimal zum Herzen hin. Bringen Sie dann Ihre Hände wieder in die Ausgangsposition zurück.

Die Augen sollten geöffnet bleiben, weil bei geschlossenen Augen möglicherweise unangenehme Gedanken oder Ereignisse hochkommen könnten. Falls – trotz geöffneter Augen – unangenehme Gedanken aufkommen, gehen Sie achtsam mit ihnen um: Lassen Sie sie zu, akzeptieren Sie sie, ohne näher darauf einzugehen, und kehren Sie zurück zur Atmung.

Die Übung nutzt die Energie, die zwischen Ihren Händen vorhanden ist, und die Energie des Herzens. Sie können die Energie zwischen Ihren Händen spüren, wenn Sie Ihre Hände weit auseinander nehmen, ungefähr in Brusthöhe, und sie dann langsam zueinander führen. Wenn die Hände kurz davor sind, einander zu berühren, können Sie die Energie zwischen den beiden Händen wahrnehmen.

Das elektromagnetische Feld des Herzens ist größer als das des Gehirns, so das Ergebnis einer Untersuchung von Childre. Wir können die Energie eines anderen Menschen auf einige Meter Distanz fühlen. Die Übung der Herzatmung öffnet die Pforte des Körpers und stellt die neurologische Balance her. Die Übung schenkt Ruhe und Gelassenheit; der Übende findet zu sich selbst.

Die Therapie selbst anwenden

Das HAT-Modell kann zur Behandlung von Ängsten, negativen Erlebnissen, blockierenden Gedanken, Schmerzen und störenden Gefühlen angewendet werden. Auf alles, was Sie aus dem Gleichgewicht bringt, können Sie diese Übung anwenden und Ihre Leistungsfähigkeit zurückgewinnen.

Wichtig ist, dass Sie die Situation, die Sie aus dem Gleichgewicht bringt, oder aber eine Situation, die sie gern ändern und verbessern wollen, als Ausgangspunkt nehmen und nicht das dazugehörige Gefühl. Das Gefühl ist eine Folge der Situation.

Bitte beachten Sie, dass es um eine Situation gehen sollte, der Sie auch gewachsen sind. Bearbeiten Sie mithilfe dieser Methode keine überwältigenden Erlebnisse, wie eine Panikattacke, einen Überfall, eine Vergewaltigung oder Misshandlung. Solche Erfahrungen sind für diese Art der Selbsthilfe nicht geeignet.

Negative Gedanken oder Gefühle

Nehmen Sie als Ausgangspunkt eine negative Erfahrung. Das ist die ursprüngliche Situation. Als ursprüngliche Situation gilt nie ein Gefühl, sondern die Situation, in der das Gefühl entstanden ist. Legen Sie Ihre beiden Hände übereinander auf Ihr Herz und konzentrieren Sie sich auf Ihre Atmung. Führen Sie nun drei Herzatmungen durch und machen Sie sich bewusst, was bei Ihnen an Bildern, Gedanken und Gefühlen hochkommt. Wenn es ein negativer Gedanke oder ein negatives Gefühl ist, sagen Sie dann dreimal laut: Ich liebe mich selbst und akzeptiere mich, auch wenn ich mich wütend fühle (oder traurig, ängstlich, unsicher, eifersüchtig, erschöpft, schuldig, beschämt) oder in Momenten, wenn ich Schmerzen habe.

Bei den Gefühlen kann es sich durchaus auch um Empfindungen wie Übelkeit, Kälteempfinden, (Kälte-)Schauer oder die Wahrnehmung von Kopfschmerzen handeln. Gehen Sie mit diesen Wahrnehmungen genauso um wie mit den anderen Gefühlen. Tauschen Sie nun die Hände und sagen Sie sich die oben genannten Worte noch dreimal laut vor. Bringen Sie dann die Hände zurück in die Ausgangsposition, atmen Sie ein paarmal durch und nehmen Sie wahr, was alles in Ihnen vorgeht.

Neutrale Gedanken oder Gefühle

Wenn Gedanken oder Emotionen bei Ihnen aufkommen, die nicht emotional beladen sind, nehmen Sie sie einfach nur wahr. Mehr nicht. Atmen Sie ruhig weiter, mit den Händen gekreuzt übereinander auf Ihrem Herzen, und nehmen Sie den Gedanken oder die Emotion wahr. Kehren Sie dann mit Ihrer Aufmerksamkeit zur ursprünglichen Situation zurück.

Positive Gedanken oder Gefühle

Manchmal entsteht auch Raum für ein positives Gefühl. Vor allem, wenn zuerst schon die unangenehmen Gefühle an der Reihe waren. Wenn das Gefühl positiv ist, nehmen Sie es wahr und geben Sie ihm Raum. Verstärken Sie den positiven Gedanken oder das positive Gefühl. Auch Wahrnehmungen wie Leichtigkeit, Sanftheit oder Ruhe und Gelassenheit sind hier gemeint.

Zurück zur ursprünglichen Situation

Wenn Sie Ihr negatives Gefühl akzeptiert, das neutrale Gefühl wahrgenommen und das positive verstärkt haben, kehren Sie mit Ihrer Aufmerksamkeit zur ursprünglichen Situation zurück. Die Hände befinden sich in der Ausgangsposition. Atmen Sie dreimal bewusst ein und aus und machen Sie sich bewusst, was in Ihnen aufkommt. Dann wenden Sie die oben beschriebenen Schritte an, abhängig davon, um welche Art von Gedanke oder Gefühl es geht (Selbstakzeptanz bei negativem Gefühl, neutrale Wahrnehmung bei neutralem Gefühl und positive Verstärkung bei einem positiven Gefühl).

Keine Gedanken oder Gefühle mehr

Sie sind mit Ihrer Aufmerksamkeit wieder zur ursprünglichen Situation zurückgekehrt und merken, dass nun eigentlich nichts mehr in Ihnen hochkommt. Gut, das ist wunderbar. Tauschen Sie wieder die Hände und achten Sie darauf, was jetzt in Ihnen hochkommt. Oft gelangt man so zu einer anderen Kette von Gedanken oder Gefühlen. Behandeln Sie diese genauso wie oben beschrieben. Wenn Sie am Ende zu der ursprünglichen Situation zurückkehren und keine neuen Gefühle oder Gedanken mehr auftauchen, sind Sie fertig.

Zukunftsbild

Nehmen wir einmal an, bei Ihrer negativen Erfahrung geht es darum, bei einer Prüfung zu scheitern. Sie haben frühere negative Erfahrungen verarbeitet und Sie richten Ihre Aufmerksamkeit nun auf eine zukünftige Situation. Sie sehen sich ganz ruhig im Saal arbeiten. Bei diesem Zukunftsbild halten Sie Ihre Hände übereinander auf Ihrem Herzen. Mit der Situation verknüpfen Sie das angenehme Gefühl, das Sie spürten, als Sie die ursprüngliche, negative Situation verarbeitet und neu wahrgenommen hatten. Sie lieben und akzeptieren sich selbst, auch wenn Sie eine Prüfung haben.

Angst- und Panikattacken

Eine Violinistin hat auf der Bühne so starke Angst- und Panikattacken, dass sie nicht mehr spielen kann. Sie ist im Grunde eine starke Frau, denn trotz der Ängste hat sie, so gut es eben ging, 20 Jahre lang in einem Orchester gespielt. Der Tropfen, der das Fass zum Überlaufen brachte, war die Tatsache, dass sie bei einem Konzert wegen einer Panikattacke nicht erscheinen konnte. Sie schämte sich deswegen sehr. Nach dem Konzert meldete sie sich krank.

Auf die Frage, was sie so ängstlich gemacht hat, entgegnet sie, dass sie als kleines Mädchen ständig von ihrem Vater kritisiert wurde, der immer alles besser konnte und von ihr enttäuscht war. Das ohnmächtige Gefühl, in seinen Augen nicht zu genügen, überfällt sie jedes Mal, wenn sie die Augen des Publikums auf sich gerichtet sieht. Egal, wie viele Komplimente man ihr macht, es reicht nie, um sie von dieser Angst zu befreien.

Positive Richtung

In den ersten Sitzungen von jeweils eineinhalb Stunden verarbeitet sie die Erfahrungen mit ihrem Vater. Sie konzentriert sich auf eine Situation, in der er Kritik an ihr übte, und wendet die Herzatmung an. Sie lernt, unterschwellige Gedanken und Gefühle loszulassen. Diese Sitzungen werden beendet, nachdem sie die schlimmsten Erfahrungen mit ihrem Vater verarbeitet hat.

In den folgenden Sitzungen vergegenwärtigt sich die Klientin neuere Erfahrungen auf der Bühne. Es fällt ihr nicht leicht, aber letztendlich kann sie die Gefühle der Angst, Scham und Schuld loslassen und Raum schaffen für positive Gefühle. Ihr Herz schlägt für die Musik, es wäre schrecklich für sie, nie mehr spielen zu können.

Nachdem wir die Sitzungen zu diesem Gefühl beendet haben, ist das Problem vermutlich noch nicht gelöst. Man kann sich die Behandlung wie eine zweifarbige spiralförmige Zuckerstange vorstellen: Nicht nur die Spirale der Vergangenheit ist wichtig, sondern auch die Entwicklung einer positiven Zukunftsausrichtung.

Was sind ihre Ziele für die Zukunft? Wird sie wieder auf die Bühne gehen und kann sie sich klar vorstellen, mit Freude zu spielen? Ja, sie will von Herzen gern wieder spielen. Sie stellt sich vor, wie sie im Orchester zwischen ihren Kollegen ihren Platz einnimmt. Sie sieht sich mit Freude spielen und sie erkennt, dass sie einen Fehler machen darf und dass davon die Welt nicht untergeht. Es ist vielleicht nicht wünschenswert, aber Tatsache ist, dass keiner ihrer Musikerkollegen völlig fehlerfrei spielt. Jeder hat einmal einen Aussetzer. Sie hat das Thema nun für sich abschließend behandelt und liefert den Beweis, indem sie wieder zurückkehrt in die Welt der Musik.

Mit belastenden Bildern umgehen

Beispiel einer Anleitung für eine Klientin

Die 25-jährige Astrid hat es noch nicht geschafft, ihr Studium abzuschließen, weil sie immer wieder mit Angst- und Panikattacken zu kämpfen hat. Der Stresstypen-Test ergibt die höchste Punktzahl beim hochsensiblen Typ. Negative Bilder im Fernsehen bringen sie aus dem Gleichgewicht. Es ist keine Lösung, deshalb gar nicht fernzusehen. Dasselbe passiert auch, wenn sie entsprechende Bilder in der Zeitung sieht oder mit jemandem spricht, der von schlimmen Ereignissen erzählt.

Schritt 1: Das Bild beschreiben, den dazugehörigen Gedanken und das Gefühl benennen.
Denken Sie an das Bild. Bei Ihnen geht es häufig um schreck-

liche Bilder von Gewalt oder Mord, die Sie im Fernsehen sehen. Die Bilder rufen bei Ihnen den Angstgedanken hervor, dass so etwas auch Ihnen selbst passieren könnte.

Überlegen Sie, während Sie hier auf dem Stuhl sitzen, welcher Gedanke über Sie selbst zu diesem Bild passt (also nicht der Gedanke, den Sie hatten, als Sie zum ersten Mal diese Situation erlebten). Wenn Sie jetzt an das Bild denken, denken Sie vielleicht: Ich verliere die Kontrolle über mich selbst.

Was fühlen Sie? Wo im Körper fühlen Sie das? Es dürfte sich bei dem Gefühl oft um Angst handeln.

Wie würden Sie gern über sich selbst denken? Ein positiver Gedanke wäre: Ich schaffe das. Das positive Gefühl dazu wäre mehr Freiheit, Unbekümmertheit, Hingabe, Akzeptanz.

Schätzen Sie auf einer Skala von 0–10, wie belastend es ist, das Bild im Fernsehen zu sehen, zusammen mit dem Gedanken, dass Sie die Kontrolle verlieren und mit einem Gefühl von Angst und Panik.

Schritt 2: Behandeln
Denken Sie an das Bild, so konkret es Ihnen möglich ist, und stellen Sie sich vor, Sie wären mit auf dem Bild. Lassen Sie Ihr negatives Gefühl des Kontrollverlusts zu. Sie fühlen die Angst und konzentrieren sich nun mit Ihren beiden Händen über der Herzgegend auf die Atmung. Sagen Sie sich bei allen aufkommenden Gedanken: Ich akzeptiere mich und liebe mich, auch wenn ich die Kontrolle verlieren sollte. Beachten Sie einen neutralen Gedanken und intensivieren Sie einen positiven Gedanken.

Machen Sie sich hin und wieder bewusst, wie belastend es ist, das schreckliche Bild anzusehen. Wenn es nicht mehr belastend für Sie ist, konzentrieren Sie sich dann auf genau dasselbe Bild mit dem positiven Gedanken: Ich schaffe das. Wenn sich das richtig anfühlt, dann sind Sie bereit für den letzten Schritt:

Schritt 3: Zukünftige Situation
Stellen Sie sich vor, Sie sehen in einer künftigen Situation fern und es kommt ein Bericht über einen Mord. Stellen Sie sich den Moment vor, mit dem positiven Gefühl und dem positiven Gedanken dazu (»Ich schaffe das«). Wenden Sie wieder die Behandlungsmethode an, und zwar so lange, bis es sich wirklich als wahr anfühlt.

Der Umgang mit Emotionen nach dem rational-emotiven Training (RET)

Mithilfe des folgenden Modells können Sie einen besseren Umgang mit Ihren Emotionen einüben. Sie lernen vor allem zu relativieren. Gehen sie folgendermaßen vor:

- **Schritt 1:** Sie nehmen wahr, dass Sie sich schlecht/elend/ miserabel/mies fühlen. Wann genau fing es an, dass Sie sich so fühlten? Welche Situation ging dem schlechten Gefühl voraus? Beschreiben Sie die Situation so objektiv wie möglich, als würden Sie sie durch eine Kamera betrachten. (Punkt 1, linke Spalte oben)
- **Schritt 2:** Gehen Sie Ihrem Gefühl auf den Grund. Was fühlen Sie genau? Sind Sie verängstigt, verärgert oder traurig? Unterscheiden Sie zwischen Gefühlen und Gedanken, indem Sie sich fragen: Was fühle ich? Viele Menschen denken zum Beispiel, dass Unsicherheit ein Gefühl sei. Wenn man aber nach den Gefühlen fragt, antworten sie, dass sie Angst spüren. »Ich fühle mich unsicher« ist ein Gedanke, Angst ist das Gefühl. Schreiben Sie auch auf, wie Sie sich verhalten, wenn Sie sich so fühlen. Ziehen Sie sich zurück? Essen, trinken oder shoppen Sie viel aus Frust?
- **Schritt 3:** Es ist immer die Frage, wie und aus welchem Blickwinkel man eine Sache betrachtet. Die Fakten führen nicht unmittelbar zu einem bestimmten Gefühl, aber sie rufen Gedanken hervor. Was sind das für Gedanken? Dass

niemand Sie mag, dass Sie ein Loser, ein Versager sind, dass Sie noch auf der Straße landen werden? Oder dass Ihr Chef nicht gut auf Sie zu sprechen ist? Schreiben Sie die Gedanken auf und fügen Sie hinzu, wie Sie die einzelnen Gedanken beurteilen. Beispiel: Ich werde bestimmt bald meinen Job verlieren und das finde ich furchtbar. »Das finde ich furchtbar« lässt den Gedanken schmerzhaft werden. Ohne dieses (Wert-)Urteil wäre der Gedanke neutral, eine bloße Feststellung.

- **Schritt 4:** Schreiben Sie hier auf, wie Sie sich gerne fühlen würden (froh, entspannt, gelassen und ruhig) und welches Ziel Sie verfolgen. Welches Verhalten passt dazu? Meistens geht das passende Verhalten in die Richtung, sich für sich selbst einzusetzen, die eigenen Interessen zu verteidigen oder aktiv zu handeln.

- **Schritt 5:** Hier geht es um eine Überprüfung Ihrer Notizen unter Punkt 1. Wenn Sie sich auf die Fakten beschränkt haben, können Sie weitergehen zu Schritt 6.

- **Schritt 6:** Der schwierigste Schritt im ganzen Prozess: Sie müssen sich von Ihrer Denkweise, Ihren eigenen Vorstellungen, die Sie bei Punkt 3 aufgeschrieben haben, lösen. Meistens hilft es, wenn man sich überlegt, was man einer guten Freundin oder einem guten Freund sagen würde, wenn er oder sie die Dinge aussprechen würde, die Sie bei Punkt 3 aufgeschrieben haben. Stellen Sie sich vor, dass Sie der guten Freundin folgende Fragen stellen:

- Stimmt das wirklich?
- Erreichst du auf diesem Weg dein Ziel?
- Kommst du nicht unnötigerweise mit dir selbst in Konflikt?
- Kommst du nicht unnötigerweise mit anderen in Konflikt?

Macht man diese Übung regelmäßig mindestens einmal in der Woche, merkt man, dass man weniger emotional in seinen Reaktionen wird und dass man Situationen, die einem nicht

gefallen, distanzierter, sachlicher anschauen kann. Schamgefühle lassen nach, man wird wieder mutiger und traut sich
mehr zu. Man kann viel für sich gewinnen, aber man muss
dafür etwas tun.

1. Die Fakten (Wie war die Situation, was ist genau vorgefallen?)	**4. Auswahl der Fakten** (Welche Einzelheiten haben Sie aus den Fakten heraus-gefiltert? Schauen Sie das Gesamtbild an, wäre auch eine andere Auswahl mög-lich?)
2. Interpretation der Fakten (Was denken Sie? Was sehen Sie?)	**5. Hinterfragen der Interpretation** ● Stimmt das wirklich? ● Habe ich etwas herausge-filtert (durch Katastro-phendenken, stereotypes Denken oder Schwarz-Weiß-Denken)? ● Erreiche ich auf diesem Weg mein Ziel (siehe 6.)? ● Komme ich nicht unnöti-gerweise mit mir selbst in Konflikt? ● Oder mit anderen?
3. Gefühl/Verhalten Drei negative Grund-gefühle: verärgert, ängstlich, traurig	**6. Erwünschtes Gefühl, erwünschtes Verhalten** Positives Grundgefühl: Freude, Selbstakzeptanz (auf Machbarkeit und Rea-lität achten).
Verhalten	**Erwünschtes Verhalten**

Zehn Tipps zur Verbesserung der Work-Life-Balance

Arbeiten macht müde, aber zu Hause herumsitzen ermüdet ebenfalls. Mit dem Arbeiten aufzuhören oder sich krank zu melden ist nicht immer die richtige Entscheidung, wenn es darum geht, leere Energiespeicher wieder aufzufüllen. In der US-amerikanischen Managementzeitschrift *Harvard Business Review* ist 2011 eine Liste mit Tipps zur Verbesserung der Work-Life-Balance erschienen. Diese Tipps wurden anhand der Artikel der letzten zehn Jahre zu diesem Thema zusammengestellt. Hier die besten zehn:

1. Oft investieren wir nicht den größten Teil an Energie, Zeit und Geld in die Dinge, die uns wirklich wichtig sind. Nehmen wir einmal an, es ist Ihnen sehr wichtig, gute Kontakte zu Ihrer Familie, zu Freundinnen und Freunden zu unterhalten, aber es fehlt Ihnen die Zeit dafür. Das bedeutet, dass Sie auch nicht sehr viel Energie und Geld in die Kontaktpflege investieren. Nehmen wir an, die Arbeit ist Ihnen wichtig, aber Sie merken, dass Sie dabei sind, sich auf eine 60-Stunden-Woche zuzubewegen. Die Arbeit schenkt Ihnen längst nicht mehr so viel Erfüllung wie früher und damit bekommen Sie auch nicht mehr so viel Energie durch die Arbeit. Oder: Sie würden sich gerne für die Gesellschaft engagieren, sehen aber nicht, woher Sie die Zeit nehmen sollen. Außerdem würden Sie immer noch gerne Musikunterricht nehmen.

Machen Sie eine Bestandsaufnahme. Erstellen Sie eine Tabelle mit fünf Spalten und überlegen Sie, welche Werte Ihnen im Leben wirklich wichtig ist. Bitte keine Zensur! Es geht nicht um Werte, die Sie gern hätten, sondern um die Werte, die Sie tatsächlich empfinden. Schreiben Sie jetzt auf, welchen Anteil (in Prozent) Ihres Einkommens Sie für jeden der genannten Werte ausgeben und welchen Anteil Ihrer Zeit und Ihrer Energie Sie jeweils wofür investieren. Beantworten Sie außerdem die Frage: Gibt Ihnen diese Beschäftigung Energie oder kostet sie Sie Energie? Die Antwort auf diese Frage schreiben Sie bitte in die fünfte Spalte. Beispiel: Interessante Arbeit ist Ihnen wichtig, aber Ihre momentane Arbeit ist für Sie ein Energieräuber. Was tun Sie dafür, um an interessante Arbeit heranzukommen? Netzwerken? Schreiben Sie in die übrigen Spalten, wie viel Geld, Zeit und Energie Sie in das Netzwerken stecken und ob Sie davon Energie bekommen oder nicht. Vielleicht beansprucht Ihre Arbeit Sie so stark, dass Sie für das Netzwerken oder die Suche nach Jobangeboten im Internet gar keine Zeit mehr haben. Wenn das so ist, tut sich ein Graben zwischen dem Wert »Interessante Arbeit« und Ihrer heutigen Situation auf. Sie könnten den Graben verkleinern, indem Sie zum Beispiel weniger Energie in Ihre Arbeit stecken würden, öfter einmal ein paar Urlaubstage nehmen würden, um zur Ruhe zu kommen, und – sooft es möglich ist – frische Energie investieren, um attraktive Netzwerke aufzuspüren.

2. Die verfügbare Energie ist begrenzt. Aufgaben, die wir gewohnheits- oder routinemäßig erledigen, belasten unser Energiesystem nicht mehr. Deshalb: Jede neue Aufgabe, die zur Routine wird, bedeutet: ein Energieräuber weniger.

3. Unterbrechen Sie in hektischen Phasen die Arbeit und verhindern Sie so, in die Gefahrenzone zu geraten, in der die Arbeitsbelastung umschlägt in negativen Stress und Überlastung. Vertiefen Sie sich in ein vertracktes Problem oder einen komplizierten Auftrag und tun Sie Ihr Möglichstes. Wenden Sie sich aber rechtzeitig von der Arbeit ab, tun Sie etwas anderes, machen Sie Atemübungen, holen Sie Kaffee, ruhen Sie sich kurz aus oder plaudern Sie mit Kollegen. Lassen Sie Dinge, die Sie gedanklich beschäftigen, los und spüren Sie, wie Ihre Kreativität und Ihre Problemlösungskompetenz wieder gestärkt werden. Gehen Sie mit dieser Einsicht und mit neuem Selbstbewusstsein wieder an Ihre Aufgabe heran.

4. Schaffen Sie Raum für Aktivitäten, die Ihnen Energie geben. Verabreden Sie sich regelmäßig mit einer Freundin für einen Kinoabend oder sorgen Sie für Kinderbetreuung, damit Sie ins Fitnessstudio gehen können.

5. Wenn Sie eine lebhafte Familie haben, stehen Sie eine halbe Stunde früher auf und beginnen den Tag in Ruhe. Sie werden das Haus dann weniger gestresst verlassen.

6. Wandeln Sie Ihre Begrenzungen oder Einschränkungen um in persönliche Kraft. Sie überlegen, mit der Arbeit aufzuhören, weil Sie Zwillinge bekommen haben? Überlegen Sie zuerst, wie Sie die Arbeit und das Familienleben doch unter einen Hut bekommen könnten. Wenn Ihre Priorität deutlich bei der Familie liegt, könnten Sie sich für Flexibilität am Arbeitsplatz einsetzen und sich für gute Bedingungen am Arbeitsplatz und in der Familie starkmachen. Fokussieren Sie auf Resultate.

7. Machen Sie eine Ausbildung, Fortbildung oder Schulung, wenn Sie nicht weiter arbeiten wollen, um für die Familie da zu sein. Eine Zusatzqualifikation erhöht später Ihre Chancen auf dem Arbeitsmarkt und macht sich gut im Lebenslauf. Mit dem Arbeiten vorübergehend aufzuhören bedeutet Gehaltseinbußen, die Sie nie wieder aufholen können (wer drei Jahre nicht arbeitet, bekommt nur noch 63 Prozent des Gehalts einer Kollegin oder eines Kollegen, der durchgehend in der Firma war). Mit einer zusätzlichen Ausbildung können Sie den Nachteil abmildern und zeigen, dass Sie motiviert sind.

8. Sagen Sie Nein. Üben Sie das Neinsagen in kleinen, weniger wichtigen Dingen und stärken Sie so diese Kompetenz bei sich.

9. Schließen Sie nicht zu viele Kompromisse, die zu Ihren Lasten gehen. Lassen Sie es nicht zu, dass die Arbeit Sie vereinnahmt und Sie völlig ausgepowert nach Hause kommen und zu müde sind, um noch etwas für sich zu tun. Dann wäre ein Kompromiss zulasten der Arbeit besser, zum Beispiel eine Aufgabe, die Sie nicht in vollem Umfang erledigen konnten.

10. Experimentieren Sie in möglichst vielen Bereichen mit kleinen Veränderungen: in der Arbeit, bei sich selbst, in Ihrem Zuhause, in der Gesellschaft. Beispiel: Richten Sie es so ein, dass Sie an einem Nachmittag von zu Hause aus arbeiten können. Holen Sie sich jeden Freitag Blumen ins Haus. Lassen Sie die hohen Ansprüche los und gehen Sie nachsichtig mit sich selbst um. Bieten Sie Ihre Dienste und Ihr Können ein paar Stunden einer kulturellen Einrichtung oder einer Non-Profit-Organisation an.

Quelle: *Harvard Business Review on Point*, Balancing work and life, proven strategies from successful practitioners, Herbst 2011.

Was wirklich zählt

Christina arbeitet als Beraterin bei einer international operierenden Firma. Erst vor Kurzem ist sie in eine andere Abteilung gewechselt, kann aber ihre frühere Abteilung noch nicht richtig loslassen. Immer wieder kommt es vor, dass sie Aufträge für beide Abteilungen übernimmt. Es fällt einigen Kollegen auf, dass sie mehr Fehler macht und manchmal ihre Projekte nicht fertig bekommt. Auf Stress reagiert Christina mit körperlichen Problemen, Gürtelrose und kleinen Geschwüren im Mund (Aften). Diese Beschwerden plagen sie in letzter Zeit verstärkt und führen dazu, dass Christina ziemlich abgespannt ist. Zu Hause ist sie zu ausgepowert zum Kochen oder um die Kinder ins Bett zu bringen. Mit ihrem Partner Sven streitet sie sich über dessen mangelnden Einsatz im Haushalt. Warum kann er nicht öfter zu Hause sein? Sie fragt sich, wie sie ihre Familiensituation und ihre Arbeit besser in Balance bekommen könnte, und erarbeitet sich Lösungen mithilfe der untenstehenden Tabelle.

In die erste Spalte schreibt sie, worum es für sie in erster Linie im Leben geht, was für sie wertvoll ist. In der zweiten, dritten und vierten Spalte trägt sie ein, wie viel Geld, Zeit und Energie sie jeweils dafür aufwendet. In der fünften Spalte trägt sie ein, welcher der Punkte in Spalte 1 ihr Energie verleiht und welcher Energie kostet. Für die von ihr investierte Energie (Spalte 4) notiert Sie ein ›+‹, wenn die Energiebilanz stimmt und sie fokussiert bei der Sache ist, und ein ›–‹, wenn sie sich erschöpft fühlt. In der fünften Spalte steht ein ›+‹ für Energiespender und ein ›–‹ für Energieräuber.

Was ist für mich das Wichtigste?	Geld, das ich investiere	Zeit, die ich investiere	Energie, die ich investiere	Energie, die ich bekomme
Für meine Kinder da sein, mit ihnen spielen. Auch ab und zu einen Abend allein mit Sven verbringen.	35 % Hypothek, 10 % Sport und Musikunterricht für die Kinder 15 % Lebensmittelkosten	15 Std. Haushalt, 5 Std. die Kinder erziehen, 2 Std. Stress mit Sven	–/+ – –	– – –
Schöne Arbeit, die mich fordert und mich fasziniert.		Derzeitiger Job nimmt 60 Std. in Beschlag. Das kann nicht so weitergehen!!!	+	+/–

Was ist für mich das Wichtigste?	Geld, das ich investiere	Zeit, die ich investiere	Energie, die ich investiere	Energie, die ich bekomme
Entspannung, Zeitung lesen, tagträumen, einmal nichts tun		30 Min. im Zug beim Pendeln. In letzter Zeit arbeite ich manchmal auch im Zug weiter.	+/–	++/–
Sport mit Freundinnen	2 %	Komme ich nicht mehr dazu.		
Fürsorge für die Eltern, Kontakt mit der Familie		Ich sage oft in letzter Minute ab, fühle mich deshalb schuldig.	–	–
Führungsarbeit	2 %	Da immer so große Hektik herrscht, kann ich mich nicht gut vorbereiten und bin über meinen Beitrag unzufrieden.	+/–	–

Nach dieser Bestandsaufnahme sieht sich Christina die Lücke genauer an, die zwischen ihren favorisierten Beschäftigungen und der Aufmerksamkeit (in Form von Geld, Zeit, Energie), die sie diesen Bereichen entgegenbringt, klafft. Verzweifelt denkt sie an den Umbau, der gemacht werden soll, und die neue Küche. Das ausgefüllte Modell konfrontiert sie mit der Tatsache, dass sie jetzt schon keine Zeit zum Kochen hat und dass sie zu Hause wenig Freude erlebt. Sie fasst einen Beschluss: Sie wird an ihrem Arbeitsplatz ein Coaching beantragen, um zu lernen, wie sie ihre Arbeitszeit verkürzen könnte. Sie möchte sich nicht schuldig fühlen, wenn sie Nein zu den Kollegen sagt. Mit Sven einigt sie sich darauf, den Umbau zu verschieben und stattdessen über Weihnachten eine schöne Reise zu buchen. Für den Sport mit Freundinnen wird künftig der Freitagabend fest reserviert und an den Wochenenden wollen sie und Sven öfter etwas Schönes unternehmen. Das sind keine Entscheidungen, die das Ruder herumreißen, aber kleine Veränderungen im täglichen Leben, die am Ende doch zu einer Verbesserung der Work-Life-Balance und der Energiebilanz führen.

Literatur

Bargh, J. A. & Shalev, I., *The Substitutability of Physical and Social Warmth in Daily Life*, Online-Publikation, 23. Mai 2011.

Beck, Judith S., *The Beck Diet Solution*, 2007.

Dreyfus, H. & Kelly, S. D., *All Things Shining: Reading the Western Classics to Find Meaning in a Secular Age*, Free Press, 2011.

Erickson, K., et al., Proceedings of the National Academy of Sciences, 31. Januar 2011.

IHT, *Searching for Balance as Gadgets Tip the Scale toward Work*, 7. Februar 2011.

Kouwer, B. J., *Spel van de persoonlijkheid*, Utrecht, Erven J. Bijleveld, 1963.

Mc Clellan, S. & Hamilton, B., *So Stressed*, Simon & Schuster, 2010. Deutsche Ausgabe: *Frauen unter Strom*. München: Goldmann, 2011.

Morewegde, C. K., Huh, Y. E. & Vosgerau, J., »Thoughts for Food: Imagined Consumption Reduces Actual Consumption«, Science, 2010, Vol. 330, S. 1530–1533.

Porges, S. W., »The Polyvagal Perspective«, Biological psychology 74 S. 116–143, 2008.

Taylor, Shelley E., »Tend and Befriend: Biobehavioral Bases of Affiliation under Stress«. In: Current Directions in Psychological Science, Teil 15, Nr. 6, S. 273–276, 2006.

Turkle, S., *Alone Together, Why we Expect More from Technology and Less from Each Other*, Basic Books, 2011. Deutsche Ausgabe: *Allein unter 100 Freunden: Wie wir in der digitalen Welt seelisch verkümmern*. München: Riemann Verlag, 2012.

Vente, W. de, *Sick and Tired: Psychological and Physical Aspects of Work-Related Stress*. Universität von Amsterdam, 2011.

Literatur zur Heart Assisted Therapy

Callahan, R. J. (1985). *Five minute phobia cure*. Wilmington, DE: Enterprise.

Childre, D. & Martin, H. (1999). *The HeartMath Solution*. San Francisco: Harper.

Diamond, J. (1985). *Life Energy: Using the meridians to unlock the hidden power of your emotions*. New York: Paragon House.

Diepold, J. H. Jr. & Goldstein, D. M. (2009). »Thought field therapy and QEEG changes in the treatment of trauma: A case study«, Traumatology (03/2009) Vol. 15: S. 85–93.

Diepold, J. H. Jr., Britt, V., & Bender, S. S. (2004). *Evolving Thought Field Therapy: The Clinician's Handbook of Diagnoses, Treatment and Theory*. New York: W.W. Norton.

Servan-Schreiber, D.: *Die neue Medizin der Emotionen: Stress, Angst, Depression: Gesund werden ohne Medikamente* (aus dem Französischen übersetzt). Goldmann, 2006.